中国城市
绿色竞争力报告

（2022—2023）

REPORT ON THE GREEN COMPETITIVENESS OF CHINESE CITIES

关成华 赵峥 宋涛 ◎ 著

经济日报出版社

·北京·

图书在版编目（CIP）数据

中国城市绿色竞争力报告.2022—2023/关成华，赵峥，宋涛著.—北京：经济日报出版社，2024.6
ISBN 978-7-5196-1305-1

Ⅰ.①中… Ⅱ.①关…②赵…③宋… Ⅲ.城市经济—绿色经济—竞争力—研究报告—中国—2022—2023 Ⅳ.①F299.2

中国国家版本馆CIP数据核字（2023）第053865号

中国城市绿色竞争力报告（2022—2023）
ZHONGGUO CHENGSHI LÜSE JINGZHENGLI BAOGAO（2022—2023）

关成华　赵峥　宋涛　著

出　版：	经济日报出版社
地　址：	北京市西城区白纸坊东街2号院6号楼710（邮编100054）
经　销：	全国新华书店
印　刷：	北京建宏印刷有限公司
开　本：	787mm×1092mm　1/16
印　张：	14.75
字　数：	287千字
版　次：	2024年6月第1版
印　次：	2024年6月第1次
定　价：	68.00元

本社网址：edpbook.com.cn，微信公众号：经济日报出版社
未经许可，不得以任何方式复制或抄袭本书的部分或全部内容，版权所有，侵权必究。
本社法律顾问：北京天驰君泰律师事务所，张杰律师　举报信箱：zhangjie@tiantailaw.com
举报电话：010-63567684
本书如有印装质量问题，请与本社总编室联系，联系电话：010-63567684

目 录
CONTENTS

第一章 总 论 ··· 1
 一、提升城市绿色竞争力，促进区域协调发展 ···························· 2
 二、中国城市绿色竞争力评价指标体系设计原则 ························ 4
 三、中国城市绿色竞争力评价指标体系 ···································· 5
 四、中国城市绿色竞争力测算方法 ··· 7
 五、中国城市绿色竞争力的测算结果及分析 ······························ 8

第二章 经济基础与科技进步测算及分析 ································· 31
 一、经济基础与科技进步的测算结果 ······································ 32
 二、经济基础与科技进步比较分析 ·· 50

第三章 自然资产与环境压力测算及分析 ································· 65
 一、自然资产与环境压力的测算结果 ······································ 66
 二、城市自然资产与环境压力比较分析 ··································· 89

第四章 资源与环境效率测算及分析 ······································ 103
 一、资源与环境效率的测算结果 ·· 104
 二、资源与环境效率比较分析 ··· 124

第五章 政策响应与社会福利测算及分析 ······························ 139
 一、政策响应与社会福利的测算结果 ····································· 140
 二、政策响应与社会福利比较分析 ··· 161

第六章 提升城市群绿色竞争力，构建大中小城市绿色协调发展格局 …… 175
  一、五大城市群绿色竞争力表现 …… 176
  二、五大城市群绿色竞争力区域差异 …… 179
  三、五大城市群绿色竞争力区域差异分解与来源 …… 182
  四、结论与建议 …… 186

第七章 注重公众参与对绿色竞争力的作用，打造以人为本的城镇化 …… 187
  一、背景 …… 188
  二、模型设定、变量选取与数据说明 …… 190
  三、实证结果 …… 192
  四、结论与建议 …… 195

第八章 以"双碳"目标为绿色城镇化重要抓手，打造城市空间协调模式 …… 197
  一、背景 …… 198
  二、碳排放对城市绿色竞争力影响的实证分析 …… 199
  三、城市绿色竞争力的时空格局演化特征分析 …… 204
  四、研究结论与对策建议 …… 209

参考文献 …… 212

附　录　中国城市绿色竞争力指数测算指标解释及数据来源 …… 219

第一章

总 论

一、提升城市绿色竞争力，促进区域协调发展

党的二十大报告指出：促进区域协调发展。深入实施区域协调发展战略、区域重大战略、主体功能区战略、新型城镇化战略，优化重大生产力布局，构建优势互补、高质量发展的区域经济布局和国土空间体系。以城市群、都市圈为依托构建大中小城市协调发展格局，推进以县城为重要载体的城镇化建设。坚持人民城市人民建、人民城市为人民，提高城市规划、建设、治理水平，加快转变超大特大城市发展方式，实施城市更新行动，加强城市基础设施建设，打造宜居、韧性、智慧城市。到二〇三五年，我国发展的总体目标是：广泛形成绿色生产生活方式，碳排放达峰后稳中有降，生态环境根本好转，美丽中国建设目标基本实现。

斯蒂格利茨曾说，21世纪影响人类社会进程的最主要的两件大事：一是美国的技术革命，二是中国的城市化。城市化对社会经济有着深远的影响。城市的绿色发展是我国城镇化发展的崭新阶段，是经济、社会和资源环境协调发展的城镇化。

城市绿色发展，要求在城镇化过程中以人为本，通过科技创新提高城市信息化水平，注重城市发展过程中的资源节约和环境友好，实现城镇人口增长、城镇面积增加、城镇产业结构调整和经济效益的提高。课题组认为，绿色城镇化是在发展经济学的范围里，对城镇化过程进行的理论分析，其理论在不同的国家和不同发展程度的国家里又会根据具体的国情而产生不同的战略发展方式，如中国的新型城镇化战略，就是绿色城镇化理论在中国的具体应用，是具有中国特色的城镇发展战略。

城市绿色竞争力是衡量城市绿色发展的重要指标。城市绿色竞争力的概念是由城市竞争力的概念演变而来的。所谓"竞争力"，一般意义上是指两个或两个以上竞争者在竞争过程中所表现出来的相对优势、比较差距、吸引力与收益力的一种综合力。课题组将绿色引入竞争力领域，以绿色的方式提升竞争力，即绿色竞争力——其内涵集中表现在发展度（强调包容性，特别是经济与环境双赢的社会效果）、协调度（强调经济、环境与社会的协调统一）和持续度（强调保持长期可持续的竞争优势）三方面。课题组认为，城市绿色竞争力是指"一个城市在竞争和发展过程中，基于可持续发展目标，以资源节约、环境友好的方式创造物质和生态财富，增进社会福利，进而获取竞争优势的系统合力"。城市绿色竞争力是一个复杂系统。这个复杂系统由经济基础与科技进步、自

然资产与环境压力、资源与环境效率、政策响应与社会福利四大子系统及其内部要素构成。系统内部的各要素存在复杂的交互作用关系，只有这些要素之间实现了正向反馈和有效耦合，才能逐级往上促进绿色竞争力系统的良性运转。我们的指标体系也是根据这个来构建的。

课题组长年致力于中国绿色发展研究，并连续多年推出《中国城市绿色竞争力报告》。《中国城市绿色竞争力报告（2022—2023）》主要由两个部分组成：报告的总论和第二到第五章是中国城市绿色竞争力指数研究部分，报告的第六到第九章是中国城市绿色竞争力实证与专题研究部分。

《中国城市绿色竞争力报告（2022—2023）》的指数研究部分由总论、城市经济基础与科技进步测算与分析、城市自然资产与环境压力测算与分析、城市资源与环境效率测算与分析、城市政策响应与社会福利测算与分析以及新时期中国城市绿色发展战略研究和附录组成。各部分围绕"城市绿色竞争力"这一主题，从不同角度对全国287个城市的绿色竞争力进行了测度、分析和专题研究。

在中国城市绿色竞争力指数研究部分，课题组着眼于分析城市绿色发展的内在要求。对城镇化发展质量的追求，以及践行两山论和实现"双碳"目标是推动城市绿色发展的根本内在要求。城市绿色发展，不仅要考虑传统的城镇化的状况，还要充分考虑生态环境对城市发展的承载能力，确保城市发展的生态屏障安全，努力保持城市系统与环境系统之间的平衡稳定，把绿色城镇化与城市生态化结合起来，走环境友好的城镇化道路。

在中国城市绿色竞争力实证与专题研究部分，课题组着眼于破解影响城市绿色发展的关键因素，以及分析城市绿色竞争力的区域特征与空间差异。城镇化发展不同阶段具有不同的特征，而影响其发展的因素也是多方面的。同时，各个地区或者国家由于社会经济制度的不同，城镇化的主要影响因素也会存在一定的差异。绿色城镇化的外部影响因素是多方面的，从宏观角度来看，影响因素主要包括资源禀赋、对外开放环境、政治法律、政府与市场因素等。国家或者地区的资源禀赋包括该地区的自然资源优势、地理交通优势等多方面的因素，其中地区的资源禀赋对绿色城镇化的发展起到了决定性的作用。对外开放战略对绿色城镇化发展的影响是多方面，既有促进其快速发展的一面，也可能由于大量污染而制约绿色城镇化水平的提升。政府与市场对绿色城镇化的影响是最为直接和显著的。从中观和微观角度来看，影响因素主要包括产业结构、公众参与等。城市经济的产业结构对绿色城镇化的开展具有直接影响，一般而言，产业结构越优化，绿色城镇化水平相对越高。公众的环境意识是绿色城镇化的重要推动力，公众环保意识越强，工业企业的行为受到的约束也就越强。从空间和地理角度来看，影响因素主要包括城市群、城市带的辐射带动作用、时空格局演化特征等。

二、中国城市绿色竞争力评价指标体系设计原则

在城市竞争力和绿色发展的理论框架下，经过专家研讨及课题组论证，本报告最终确定了中国城市绿色竞争力评价指标体系的设计原则。

（一）逻辑性原则

中国城市绿色竞争力指标体系并非经济运行和社会发展指标的简单堆砌，而是在已有扎实理论研究的基础之上，从绿色竞争力构成的各个方面，整体全面、逻辑严谨地总结城市绿色竞争力形成和发展的一般规律。同时，同一层级的各个指标可以独立反映上一层级指标的不同方面，各个指标相互支撑，共同反映上一层级的指标特征。

（二）代表性原则

城市绿色竞争力的形成是相关要素系统运行的集成结果，因此，构成城市绿色竞争力的指标体系必须采用重要且有代表性的指标。既要避免指标体系过于庞杂，又要避免指标过于单一对于测评结果和测评价值的削弱。同时，指标的代表性也意味着相应数据的可得性，这些对于研究目的的实现有着重要的意义。

（三）可比性原则

课题组在设计城市绿色竞争力指标评价体系时，力求所选指标具有明显的可度量性，尽可能采用国际通用指标，以求在较长时期内和更广区域内更好地分析城市绿色竞争力形成的特点，为今后开展城市绿色竞争力的动态监测和对比提供扎实的系统支撑。

（四）导向性原则

课题组在进行指标选取时，同时注重指标蕴含的现实指导意义和绿色发展潜力，指标体系设计紧密结合城市绿色竞争力形成和发展的实际，选取的指标具有导向性。这既有助于发现城市绿色竞争力形成过程中存在的短板，通过评价引导城市绿色发展，又可以通过具备前瞻性导向的评价指标体系激励城市绿色竞争力的培养和形成，为城市绿色发展指明方向。

三、中国城市绿色竞争力评价指标体系

基于经济增长和国家竞争力理论，结合绿色增长的理论内涵，并借鉴OECD绿色增长评价指标体系、"世界经济论坛"国家竞争力指标体系的设计方法，课题组分别从经济基础与科技进步、自然资产与环境压力、资源与环境效率、政策响应与社会福利四个方面全面设计并最终形成中国城市绿色竞争力指标体系。

具体而言，"经济基础与科技进步"反映城市的经济实力以及经济增长的源泉，包括技术进步、教育等因素，体现的是绿色竞争力第一大支柱，即"经济"层面的内容。"自然资产与环境压力""资源与环境效率"主要反映各个城市的资源与环境状况，体现的是绿色竞争力第二大支柱，即"资源环境"层面的内容。需要说明的是，城市"资源环境"内容既包括城市本身的资源环境状况，也包含经济运行过程中资源环境的使用状况。且由于绿色竞争力更加注重资源利用与环境保护，如果只设计1个一级指标并不能全面衡量资源环境所涵盖的全部内容。因此，经过专家研讨及课题组反复论证之后，将"资源环境"分解为2个一级指标，即"自然资产与环境压力"和"资源与环境效率"。前者体现城市的自然资本和环境负荷，后者则重点反映经济运行过程中的资源环境的生产效率。"政策响应与社会福利"反映政府和社会对环境的投资管理以及人民生活质量状况，体现绿色竞争力第三大支柱，即"社会"层面的内容。

在中国城市绿色竞争力评价体系的基础之上，2022—2023年，课题组在前期中国城市绿色竞争力评价体系的基础之上，专家组经过多次研讨和论证，对中国城市绿色竞争力指标的选取进行了多次调整和完善，并参考指标的可获得性，最终形成中国城市绿色竞争力指标体系。该体系包括4个一级指标、8个二级指标以及37个三级指标。基于最新的评价体系，课题组计算了最新的中国城市绿色竞争力水平，分析了城市绿色竞争力各个子指标的发展情况，并对比分析了2010年、2015年和2020年中国城市绿色竞争力指数的时空演变。（图1-1）

同时，考虑到党的二十大对社会经济发展提出的新要求，以及绿色发展的新形势、新进展，课题组最终确定一级指标权重设计的思路为：将"资源与环境效率""政策响应与社会福利"的指标权重分别定为20%和20%，同时，分别给予"自然资产与环境压力""经济基础与科技进步"各30%的权重。在此基础上，确定三级指标在一级指标下的平均权重，然后"倒推加总"计算出相应的二级指标权重。具体指标体系设置如表1-1所示。

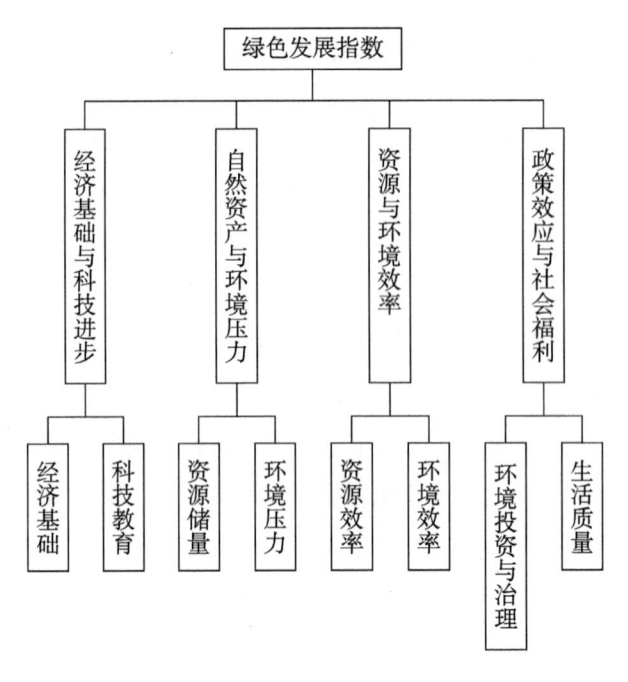

```
                        绿色发展指数
          ┌──────────┬──────────┬──────────┐
    经济基础与      自然资产与     资源与       政策效应与
    科技进步        环境压力      环境效率     社会福利
    ┌───┬───┐    ┌───┬───┐   ┌───┬───┐  ┌────┬───┐
  经济  科技   资源  环境    资源  环境    环境投资  生活
  基础  教育   储量  压力    效率  效率    与治理    质量
```

图1-1　体系框架图

表1-1　中国城市绿色竞争力评价指标体系

一级指标	二级指标	三级指标	
经济基础与科技进步	经济基础	1.人均地区生产总值	2.地区财政收入
		3.第一产业劳动生产率	4.第二产业劳动生产率
		5.第三产业劳动生产率	6.第三产业增加值比重
	科技教育	7.科技投入占公共财政支出比例	8.万名从业人口中科学技术人员数
		9.教育投入占公共财政支出比例	10.每万人在校大学生人数
自然资产与环境压力	资源储量	11.人均耕地面积	12.人均水资源量
		13.人均绿地面积	14.森林覆盖率
	环境压力	15.单位土地面积二氧化硫排放量	16.人均二氧化硫排放量
		17.单位土地面积化学需氧量排放量	18.人均化学需氧量排放量
		19.单位土地面积氮氧化物排放量	20.人均氮氧化物排放量
		21.单位土地面积氨氮排放量	22.人均氨氮排放量
资源与环境效率	资源效率	23.单位地区生产总值用水量	24.工业固体废物综合利用率
	环境效率	25.单位地区生产总值二氧化硫排放量	26.单位地区生产总值化学需氧量排放量
		27.单位地区生产总值氮氧化物排放量	28.单位地区生产总值氨氮排放量

续表

一级指标	二级指标	三级指标	
政策响应与社会福利	环境投资与治理	29.节能保护支出占财政支出比重	30.城市市容环境卫生投资占市政公用设施建设固定资产投资比重
		31.每万人拥有公共交通车辆	32.城市污水处理率
		33.生活垃圾无害化处理率	
	生活质量	34.城镇居民人均可支配收入	35.商品房销售均价
		36.建成区绿化覆盖率	37.空气质量达到二级以上天数

注：本表内容由课题组于2022年在多次专家研讨会上讨论确定。

四、中国城市绿色竞争力测算方法

中国城市绿色竞争力的测算需要保证评价方法和测度结果客观科学，以更好地反映中国城市绿色竞争力探索的实践。为此，课题组与专家经过反复研讨及论证，最终确定采用"极差标准化法"（本报告统一简称为"基期极差法"）对2020年中国城市绿色竞争力指数进行测度[①]。

本报告采用基期极差法对城市绿色竞争力指数进行测算，主要是对37个三级指标进行标准化处理。需要注意的是，这一标准化过程需要区分指标与城市绿色竞争力之间相关性的正负特征。正向指标与逆向指标的标准化过程存在一定区别。其具体处理过程如下：

若是正向指标，即指标值越大，越有利于城市绿色竞争力的形成和发展，则该指标标准化的计算公式为

$$X_i = \frac{x_i - x_{\min,2010}}{x_{\max,2010} - x_{\min,2010}}$$

若是逆向指标，即指标值越大，越不利于城市绿色竞争力的形成和发展，逆向指标的标准化计算即采用2010年的最大值减去该指标值，再除以2010年为基期计算的最大值和最小值的差，随后进行如下公式标准化：

$$X_i = \frac{x_{\max,2010} - x_i}{x_{\max,2010} - x_{\min,2010}}$$

其中，X_i为标准化处理之后的值；x_i为指标原始值；$x_{\min,2010}$为2010年样本最小值；$x_{\max}$为2010年样本最大值。

---

① 数据的标准化是将数据按比例缩放，使之落入一个小的特定区间。这样可去除数据的单位限制，将其转化为无量纲的纯数值，便于不同单位或量级的指标能够进行比较和加权。其中，最典型的就是"极差法"和"标准化法"。

采用基期极差法进行数据标准化的好处是，以指标数据2010年的极值为参照系，对原始数据进行线性变换，所得测算结果将会落到一个区间内部的区间，这样将使得数值之间差异较小、分布紧凑，且无负值产生。更为重要的是，基期极差法能够更好地实现城市绿色竞争力指数的纵向比较，可以保证后续《中国城市绿色竞争力报告》在测算方法上的可比性，避免测算方法改变可能引起的结果偏差。

在经过基期极差法处理之后，按照确定的指标权重将各指标进行加权合成，即可得到上一级指标的综合得分。将四个一级指标加权综合后便可得出相应的城市绿色竞争力指数。

五、中国城市绿色竞争力的测算结果及分析

在中国城市绿色竞争力评价指标体系的基础之上，课题组测算了2020年中国287个城市的"绿色竞争力指数"，具体测评城市如表1-2所示。

表1-2 中国城市绿色竞争力指数测评城市

省（区、市）	城市个数	具体城市	省（区、市）	城市个数	具体城市
北京市	1	北京市	河南省	17	郑州、开封、洛阳、平顶山、安阳、鹤壁、新乡、焦作、濮阳、许昌、漯河、三门峡、南阳、商丘、信阳、周口、驻马店
天津市	1	天津市	湖北省	12	武汉、黄石、十堰、宜昌、襄阳、鄂州、荆门、孝感、荆州、黄冈、咸宁、随州
河北省	11	石家庄、唐山、秦皇岛、邯郸、邢台、保定、张家口、承德、沧州、廊坊、衡水	湖南省	13	长沙、株洲、湘潭、衡阳、邵阳、岳阳、常德、张家界、益阳、郴州、永州、怀化、娄底
山西省	11	太原、大同、阳泉、长治、晋城、朔州、晋中、运城、忻州、临汾、吕梁	广东省	21	广州、韶关、深圳、珠海、汕头、佛山、江门、湛江、茂名、肇庆、惠州、梅州、汕尾、河源、阳江、清远、东莞、中山、潮州、揭阳、云浮

续表

省（区、市）	城市个数	具体城市	省（区、市）	城市个数	具体城市
内蒙古自治区	9	呼和浩特、包头、乌海、赤峰、通辽、鄂尔多斯、呼伦贝尔、巴彦淖尔、乌兰察布	广西壮族自治区	14	南宁、柳州、桂林、梧州、北海、防城港、钦州、贵港、玉林、百色、贺州、河池、来宾、崇左
辽宁省	14	沈阳、大连、鞍山、抚顺、本溪、丹东、锦州、营口、阜新、辽阳、盘锦、铁岭、朝阳、葫芦岛	海南省	2	海口、三亚
吉林省	8	长春、吉林、四平、辽源、通化、白山、松原、白城	重庆市	1	重庆
黑龙江省	12	哈尔滨、齐齐哈尔、鸡西、鹤岗、双鸭山、大庆、伊春、佳木斯、七台河、牡丹江、黑河、绥化	四川省	18	成都、自贡、攀枝花、泸州、德阳、绵阳、广元、遂宁、内江、乐山、南充、眉山、宜宾、广安、达州、雅安、巴中、资阳
上海市	1	上海	贵州省	6	贵阳、六盘水、遵义、安顺、毕节、铜仁
江苏省	13	南京、无锡、徐州、常州、苏州、南通、连云港、淮安、盐城、扬州、镇江、泰州、宿迁	云南省	8	昆明、曲靖、玉溪、保山、昭通、丽江、普洱、临沧
浙江省	11	杭州、宁波、温州、嘉兴、湖州、绍兴、金华、衢州、舟山、台州、丽水	西藏自治区	1	拉萨
安徽省	16	合肥、芜湖、蚌埠、淮南、马鞍山、淮北、铜陵、安庆、黄山、滁州、阜阳、宿州、六安、亳州、池州、宣城	陕西省	10	西安、铜川、宝鸡、咸阳、渭南、延安、汉中、榆林、安康、商洛
福建省	9	福州、厦门、莆田、三明、泉州、漳州、南平、龙岩、宁德	甘肃省	12	兰州、嘉峪关、金昌、白银、天水、武威、张掖、平凉、酒泉、庆阳、定西、陇南

续表

省（区、市）	城市个数	具体城市	省（区、市）	城市个数	具体城市
江西省	11	南昌、景德镇、萍乡、九江、新余、鹰潭、赣州、吉安、宜春、抚州、上饶	青海省	2	西宁、海东
山东省	15	济南、青岛、淄博、枣庄、东营、烟台、潍坊、济宁、泰安、威海、日照、德州、聊城、滨州、菏泽、临沂	宁夏回族自治区	5	银川、石嘴山、吴忠、固原、中卫
			新疆维吾尔自治区	2	乌鲁木齐、克拉玛依

（一）中国城市绿色竞争力指数测算结果

根据2020年的数据，按照中国城市绿色竞争力指标体系，课题组测算了中国287个城市的绿色竞争力指数。其具体指数及其排名如表1-3所示。

表1-3 中国287个城市绿色竞争力指数及其排名

城市	绿色竞争力		一级指标							
			经济基础与科技进步		自然资产与环境压力		资源与环境效率		政策响应与社会福利	
	指标值	排名	指标值	排名	指标值	排名	指标值	排名	指标值	排名
杭州市	0.7062	1	0.2048	2	0.1568	215	0.1949	1	0.1498	8
上海市	0.7051	2	0.1986	3	0.1534	260	0.1949	2	0.1582	4
深圳市	0.6998	3	0.1709	10	0.1444	286	0.1863	21	0.1981	1
北京市	0.6921	4	0.2149	1	0.1557	229	0.1713	90	0.1502	7
南京市	0.6833	5	0.1898	5	0.1593	155	0.1915	7	0.1427	15
天津市	0.6768	6	0.1670	13	0.1553	241	0.1946	3	0.1599	2
宁波市	0.6764	7	0.1938	4	0.1505	273	0.1931	5	0.1390	20
广州市	0.6754	8	0.1786	8	0.1531	265	0.1849	25	0.1588	3
绍兴市	0.6624	9	0.1825	7	0.1534	262	0.1919	6	0.1345	28
苏州市	0.6520	10	0.1759	9	0.1483	281	0.1900	10	0.1378	23
珠海市	0.6509	11	0.1664	14	0.1508	270	0.1834	29	0.1504	6
合肥市	0.6499	12	0.1829	6	0.1627	76	0.1880	17	0.1163	73
湖州市	0.6316	13	0.1598	16	0.1545	252	0.1900	11	0.1273	43
台州市	0.6277	14	0.1544	21	0.1544	253	0.1882	16	0.1306	35
佛山市	0.6266	15	0.1555	20	0.1514	269	0.1838	28	0.1359	25
舟山市	0.6229	16	0.1344	51	0.1605	116	0.1934	4	0.1346	27

续表

城市	绿色竞争力		一级指标							
			经济基础与科技进步		自然资产与环境压力		资源与环境效率		政策响应与社会福利	
	指标值	排名	指标值	排名	指标值	排名	指标值	排名	指标值	排名
青岛市	0.6224	17	0.1503	27	0.1603	124	0.1785	45	0.1332	29
福州市	0.6221	18	0.1678	12	0.1540	256	0.1770	56	0.1232	49
嘉兴市	0.6200	19	0.1488	30	0.1501	275	0.1905	8	0.1306	36
长沙市	0.6199	20	0.1557	19	0.1578	199	0.1804	35	0.1261	45
无锡市	0.6138	21	0.1416	39	0.1468	284	0.1903	9	0.1351	26
济南市	0.6132	22	0.1506	26	0.1580	192	0.1772	54	0.1274	42
肇庆市	0.6128	23	0.1706	11	0.1554	237	0.1751	62	0.1117	109
大庆市	0.6113	24	0.1019	108	0.2062	6	0.1615	138	0.1417	16
南通市	0.6086	25	0.1523	24	0.1543	254	0.1886	15	0.1135	94
镇江市	0.6068	26	0.1421	36	0.1560	227	0.1887	14	0.1200	55
哈尔滨市	0.6066	27	0.0993	117	0.2051	10	0.1577	155	0.1444	13
茂名市	0.6053	28	0.1648	15	0.1550	245	0.1756	60	0.1100	120
龙岩市	0.6053	29	0.1570	18	0.1565	221	0.1754	61	0.1163	71
盐城市	0.6043	30	0.1537	22	0.1581	187	0.1854	23	0.1071	135
威海市	0.6041	31	0.1487	31	0.1605	114	0.1767	57	0.1181	63
常州市	0.6040	32	0.1405	42	0.1500	276	0.1896	12	0.1239	47
芜湖市	0.6024	33	0.1597	17	0.1534	261	0.1814	32	0.1079	130
扬州市	0.6016	34	0.1461	33	0.1547	250	0.1888	13	0.1120	108
东莞市	0.5995	35	0.1232	65	0.1467	285	0.1821	31	0.1474	11
厦门市	0.5986	36	0.1396	43	0.1484	280	0.1776	52	0.1330	30
丽水市	0.5984	37	0.1325	53	0.1579	196	0.1849	26	0.1231	50
温州市	0.5979	38	0.1203	71	0.1540	258	0.1870	20	0.1366	24
鄂尔多斯市	0.5973	39	0.1290	59	0.1905	20	0.1391	264	0.1387	21
金华市	0.5970	40	0.1231	67	0.1551	243	0.1861	22	0.1327	31
衢州市	0.5963	41	0.1324	54	0.1574	208	0.1871	19	0.1195	57
三明市	0.5951	42	0.1497	29	0.1566	219	0.1741	65	0.1148	83
阳江市	0.5945	43	0.1520	25	0.1597	142	0.1739	67	0.1089	124
呼和浩特市	0.5925	44	0.1111	88	0.1979	16	0.1361	270	0.1475	10
泰州市	0.5917	45	0.1364	47	0.1550	246	0.1877	18	0.1125	101
烟台市	0.5917	46	0.1373	46	0.1596	143	0.1772	55	0.1175	65
长春市	0.5915	47	0.1111	86	0.1855	21	0.1666	122	0.1282	39
郑州市	0.5913	48	0.1427	35	0.1600	133	0.1803	36	0.1084	127

续表

城市	绿色竞争力 指标值	排名	经济基础与科技进步 指标值	排名	自然资产与环境压力 指标值	排名	资源与环境效率 指标值	排名	政策响应与社会福利 指标值	排名
武汉市	0.5912	49	0.1498	28	0.1575	205	0.1773	53	0.1066	137
南昌市	0.5911	50	0.1413	40	0.1619	85	0.1611	141	0.1268	44
黑河市	0.5902	51	0.1043	104	0.2069	2	0.1576	156	0.1214	52
徐州市	0.5887	52	0.1465	32	0.1574	207	0.1842	27	0.1006	187
江门市	0.5885	53	0.1409	41	0.1553	240	0.1782	49	0.1140	91
惠州市	0.5881	54	0.1255	62	0.1556	233	0.1796	39	0.1274	40
东营市	0.5869	55	0.1284	60	0.1610	104	0.1783	47	0.1193	59
湛江市	0.5867	56	0.1457	34	0.1553	239	0.1729	77	0.1127	99
淮安市	0.5853	57	0.1419	37	0.1583	184	0.1853	24	0.0998	194
连云港市	0.5821	58	0.1379	45	0.1619	84	0.1825	30	0.0999	193
中山市	0.5799	59	0.1214	69	0.1478	282	0.1794	41	0.1314	33
漳州市	0.5796	60	0.1363	48	0.1540	257	0.1730	76	0.1163	72
包头市	0.5779	61	0.1092	91	0.1940	19	0.1349	272	0.1398	18
大连市	0.5768	62	0.1417	38	0.1602	128	0.1572	159	0.1177	64
南平市	0.5767	63	0.1360	49	0.1561	224	0.1703	98	0.1143	89
宁德市	0.5758	64	0.1346	50	0.1554	238	0.1725	79	0.1134	95
株洲市	0.5756	65	0.1333	52	0.1555	234	0.1720	82	0.1148	82
唐山市	0.5745	66	0.1193	75	0.1495	279	0.1602	146	0.1456	12
佳木斯市	0.5744	67	0.0955	130	0.2065	4	0.1519	190	0.1206	53
清远市	0.5737	68	0.1382	44	0.1566	217	0.1702	99	0.1086	126
石家庄市	0.5734	69	0.1110	89	0.1611	98	0.1627	135	0.1386	22
廊坊市	0.5718	70	0.1004	112	0.1570	212	0.1601	148	0.1543	5
韶关市	0.5707	71	0.1306	58	0.1566	218	0.1715	89	0.1120	105
秦皇岛市	0.5692	72	0.1028	107	0.1590	164	0.1584	153	0.1490	9
重庆市	0.5668	73	0.1195	73	0.1585	178	0.1786	44	0.1102	117
泉州市	0.5653	74	0.1125	83	0.1532	264	0.1757	58	0.1238	48
三亚市	0.5651	75	0.1321	55	0.1471	283	0.1661	126	0.1198	56
湘潭市	0.5634	76	0.1320	56	0.1507	271	0.1716	87	0.1091	122
双鸭山市	0.5633	77	0.0868	161	0.2065	3	0.1547	171	0.1154	79
宿迁市	0.5628	78	0.1282	61	0.1587	174	0.1812	34	0.0947	227
西安市	0.5601	79	0.1206	70	0.1610	101	0.1664	123	0.1121	104
马鞍山市	0.5590	80	0.1111	85	0.1564	222	0.1813	33	0.1102	118

续表

城市	绿色竞争力		一级指标							
			经济基础与科技进步		自然资产与环境压力		资源与环境效率		政策响应与社会福利	
	指标值	排名	指标值	排名	指标值	排名	指标值	排名	指标值	排名
兰州市	0.5586	81	0.1160	77	0.1730	37	0.1605	144	0.1091	123
昆明市	0.5583	82	0.1163	76	0.1658	56	0.1648	132	0.1115	110
承德市	0.5580	83	0.0974	122	0.1626	77	0.1563	165	0.1416	17
贵阳市	0.5572	84	0.1240	64	0.1621	81	0.1719	85	0.0993	199
太原市	0.5565	85	0.1221	68	0.1644	66	0.1573	157	0.1127	100
鸡西市	0.5564	86	0.0812	187	0.2064	5	0.1537	176	0.1151	81
牡丹江市	0.5554	87	0.0788	203	0.2036	12	0.1456	241	0.1274	41
淄博市	0.5546	88	0.1075	95	0.1595	147	0.1730	75	0.1146	86
沈阳市	0.5540	89	0.1232	66	0.1648	63	0.1586	152	0.1074	133
绥化市	0.5530	90	0.0845	170	0.2026	13	0.1496	213	0.1162	74
铜陵市	0.5500	91	0.1056	99	0.1614	93	0.1799	38	0.1031	162
伊春市	0.5497	92	0.0731	230	0.2157	1	0.1438	245	0.1171	66
海口市	0.5492	93	0.0938	140	0.1573	209	0.1778	51	0.1202	54
潍坊市	0.5488	94	0.1119	84	0.1596	146	0.1697	106	0.1077	131
黄山市	0.5478	95	0.0830	177	0.1786	35	0.1802	37	0.1061	141
成都市	0.5474	96	0.1316	57	0.1503	274	0.1547	172	0.1108	113
齐齐哈尔市	0.5469	97	0.0717	239	0.2051	11	0.1472	230	0.1228	51
蚌埠市	0.5466	98	0.1089	93	0.1593	156	0.1793	42	0.0991	200
云浮市	0.5455	99	0.1159	78	0.1550	244	0.1697	103	0.1048	153
河源市	0.5445	100	0.1128	82	0.1561	225	0.1697	105	0.1060	143
洛阳市	0.5432	101	0.1091	92	0.1578	200	0.1740	66	0.1023	170
鹤岗市	0.5418	102	0.0732	228	0.2057	7	0.1499	208	0.1129	98
沧州市	0.5402	103	0.0865	163	0.1581	189	0.1565	164	0.1391	19
宜昌市	0.5385	104	0.1194	74	0.1576	203	0.1700	100	0.0915	254
松原市	0.5382	105	0.0787	204	0.1834	26	0.1566	163	0.1195	58
张家口市	0.5381	106	0.0791	198	0.1608	105	0.1544	173	0.1439	14
乌鲁木齐市	0.5380	107	0.0968	126	0.1789	34	0.1516	194	0.1108	114
汕尾市	0.5366	108	0.1007	111	0.1548	249	0.1709	95	0.1102	119
宣城市	0.5360	109	0.0897	154	0.1642	69	0.1783	46	0.1037	159
滨州市	0.5352	110	0.1056	98	0.1591	161	0.1685	115	0.1020	173
日照市	0.5351	111	0.1055	101	0.1575	204	0.1690	113	0.1031	163
莆田市	0.5345	112	0.0951	133	0.1516	268	0.1722	81	0.1157	77

续表

城市	绿色竞争力		一级指标							
			经济基础与科技进步		自然资产与环境压力		资源与环境效率		政策响应与社会福利	
	指标值	排名	指标值	排名	指标值	排名	指标值	排名	指标值	排名
九江市	0.5344	113	0.1054	102	0.1612	97	0.1521	186	0.1158	76
汕头市	0.5343	114	0.0972	124	0.1497	278	0.1731	72	0.1143	87
鹰潭市	0.5341	115	0.1131	79	0.1549	248	0.1529	178	0.1132	97
揭阳市	0.5339	116	0.1031	106	0.1550	247	0.1697	104	0.1061	140
新余市	0.5338	117	0.1108	90	0.1537	259	0.1522	183	0.1171	67
宜春市	0.5334	118	0.1111	87	0.1594	152	0.1509	199	0.1120	107
岳阳市	0.5318	119	0.1002	114	0.1556	232	0.1730	74	0.1029	164
白山市	0.5317	120	0.0733	227	0.1852	22	0.1599	149	0.1132	96
滁州市	0.5295	121	0.0939	139	0.1610	100	0.1794	40	0.0951	224
七台河市	0.5293	122	0.0610	274	0.2052	9	0.1468	234	0.1164	70
榆林市	0.5290	123	0.0931	144	0.1701	45	0.1613	139	0.1044	155
通化市	0.5286	124	0.0800	192	0.1835	25	0.1590	151	0.1060	144
吉林市	0.5285	125	0.0749	221	0.1832	27	0.1549	170	0.1154	78
衡阳市	0.5280	126	0.0911	150	0.1587	175	0.1720	83	0.1062	139
梅州市	0.5279	127	0.0974	123	0.1559	228	0.1637	133	0.1109	112
盘锦市	0.5232	128	0.1130	80	0.1600	135	0.1558	166	0.0944	231
漯河市	0.5232	129	0.0992	119	0.1546	251	0.1737	69	0.0957	220
泰安市	0.5228	130	0.0921	147	0.1589	168	0.1655	129	0.1063	138
衡水市	0.5228	131	0.0806	190	0.1603	125	0.1527	180	0.1291	38
济宁市	0.5225	132	0.0949	135	0.1584	181	0.1663	124	0.1028	165
赣州市	0.5225	133	0.1007	110	0.1610	102	0.1488	222	0.1120	106
三门峡市	0.5223	134	0.0964	127	0.1598	140	0.1736	70	0.0925	247
抚州市	0.5222	135	0.1001	115	0.1603	123	0.1496	211	0.1121	103
克拉玛依市	0.5216	136	0.1527	23	0.1403	287	0.1184	280	0.1103	116
吉安市	0.5215	137	0.0968	125	0.1605	117	0.1496	212	0.1146	85
白城市	0.5214	138	0.0695	249	0.1837	24	0.1569	162	0.1113	111
安庆市	0.5209	139	0.0808	189	0.1636	71	0.1782	48	0.0983	206
辽源市	0.5209	140	0.0681	251	0.1820	28	0.1573	158	0.1135	93
景德镇市	0.5209	141	0.0922	146	0.1610	103	0.1511	197	0.1165	69
乌海市	0.5208	142	0.0772	210	0.1842	23	0.1290	275	0.1304	37
永州市	0.5208	143	0.0818	184	0.1687	47	0.1698	102	0.1006	186
焦作市	0.5204	144	0.0955	129	0.1566	220	0.1731	73	0.0952	222

续表

城市	绿色竞争力		一级指标							
			经济基础与科技进步		自然资产与环境压力		资源与环境效率		政策响应与社会福利	
	指标值	排名	指标值	排名	指标值	排名	指标值	排名	指标值	排名
南宁市	0.5199	145	0.1069	96	0.1581	188	0.1531	177	0.1018	174
南阳市	0.5195	146	0.0932	143	0.1618	89	0.1705	97	0.0939	235
襄阳市	0.5195	147	0.1068	97	0.1572	210	0.1684	116	0.0869	274
郴州市	0.5191	148	0.0826	182	0.1600	132	0.1710	92	0.1055	145
玉溪市	0.5187	149	0.0997	116	0.1583	185	0.1554	168	0.1053	148
辽阳市	0.5184	150	0.1196	72	0.1647	64	0.1501	207	0.0840	277
新乡市	0.5180	151	0.0943	138	0.1578	198	0.1708	96	0.0952	223
信阳市	0.5175	152	0.0943	137	0.1607	111	0.1713	91	0.0913	255
荆门市	0.5174	153	0.0993	118	0.1584	182	0.1677	119	0.0920	250
保定市	0.5172	154	0.0754	219	0.1596	144	0.1507	201	0.1315	32
池州市	0.5172	155	0.0792	197	0.1615	91	0.1789	43	0.0976	210
许昌市	0.5170	156	0.0950	134	0.1523	266	0.1735	71	0.0963	216
开封市	0.5168	157	0.0938	141	0.1585	179	0.1718	86	0.0927	245
巴彦淖尔市	0.5164	158	0.0838	173	0.1978	17	0.1205	278	0.1143	88
常德市	0.5156	159	0.0837	174	0.1560	226	0.1724	80	0.1035	160
绵阳市	0.5150	160	0.1017	109	0.1591	162	0.1522	184	0.1020	172
驻马店市	0.5145	161	0.0899	153	0.1608	107	0.1699	101	0.0940	234
呼伦贝尔市	0.5145	162	0.0772	212	0.2013	14	0.1176	281	0.1184	61
萍乡市	0.5139	163	0.0953	131	0.1554	236	0.1491	217	0.1141	90
鹤壁市	0.5136	164	0.0915	149	0.1557	230	0.1716	88	0.0949	225
四平市	0.5134	165	0.0720	237	0.1796	32	0.1543	174	0.1075	132
邯郸市	0.5133	166	0.0744	223	0.1567	216	0.1513	196	0.1309	34
阜新市	0.5133	167	0.1253	63	0.1667	53	0.1421	252	0.0791	284
鄂州市	0.5128	168	0.1002	113	0.1498	277	0.1692	111	0.0936	236
雅安市	0.5111	169	0.0961	128	0.1606	113	0.1522	185	0.1023	169
怀化市	0.5109	170	0.0816	185	0.1602	129	0.1695	108	0.0996	196
德州市	0.5108	171	0.0918	148	0.1593	159	0.1667	121	0.0930	243
益阳市	0.5106	172	0.0828	179	0.1569	214	0.1694	109	0.1015	175
上饶市	0.5106	173	0.0878	159	0.1605	118	0.1485	225	0.1139	92
临沂市	0.5104	174	0.0828	178	0.1600	131	0.1626	136	0.1050	151
西宁市	0.5103	175	0.0896	155	0.1638	70	0.1387	265	0.1182	62
濮阳市	0.5103	176	0.0869	160	0.1579	194	0.1710	93	0.0944	230

续表

城市	绿色竞争力		经济基础与科技进步		自然资产与环境压力		资源与环境效率		政策响应与社会福利	
	指标值	排名	指标值	排名	指标值	排名	指标值	排名	指标值	排名
淮北市	0.5102	177	0.0824	183	0.1588	172	0.1781	50	0.0909	258
银川市	0.5086	178	0.0911	151	0.1676	48	0.1449	243	0.1051	150
丹东市	0.5083	179	0.1129	81	0.1675	49	0.1459	237	0.0820	282
潮州市	0.5082	180	0.0816	186	0.1522	267	0.1691	112	0.1053	146
咸宁市	0.5075	181	0.0900	152	0.1614	95	0.1662	125	0.0899	264
汉中市	0.5069	182	0.0759	216	0.1729	39	0.1569	160	0.1012	179
娄底市	0.5063	183	0.0755	218	0.1563	223	0.1694	110	0.1052	149
锦州市	0.5061	184	0.1086	94	0.1654	59	0.1479	227	0.0842	276
商丘市	0.5060	185	0.0837	175	0.1589	169	0.1689	114	0.0945	229
本溪市	0.5045	186	0.0890	158	0.1797	31	0.1520	188	0.0838	279
孝感市	0.5043	187	0.0859	166	0.1590	163	0.1659	128	0.0934	240
延安市	0.5041	188	0.0750	220	0.1593	158	0.1612	140	0.1087	125
宝鸡市	0.5041	189	0.0841	171	0.1590	165	0.1610	142	0.1000	190
石嘴山市	0.5037	190	0.0991	120	0.1805	29	0.1292	274	0.0948	226
荆州市	0.5036	191	0.0866	162	0.1604	119	0.1655	130	0.0911	256
淮南市	0.5032	192	0.0758	217	0.1601	130	0.1757	59	0.0916	252
金昌市	0.5030	193	0.0789	201	0.1670	52	0.1418	255	0.1153	80
通辽市	0.5026	194	0.0776	209	0.1983	15	0.1100	285	0.1166	68
鞍山市	0.5022	195	0.0949	136	0.1645	65	0.1507	202	0.0922	248
安阳市	0.5022	196	0.0790	200	0.1578	197	0.1695	107	0.0958	219
抚顺市	0.5019	197	0.1055	100	0.1661	54	0.1473	229	0.0829	281
黄石市	0.5015	198	0.0858	167	0.1553	242	0.1661	127	0.0944	232
咸阳市	0.5015	199	0.0833	176	0.1592	160	0.1602	147	0.0988	203
十堰市	0.5013	200	0.0828	180	0.1602	127	0.1667	120	0.0916	253
张家界市	0.5012	201	0.0700	244	0.1594	153	0.1719	84	0.0999	192
嘉峪关市	0.5011	202	0.0827	181	0.1600	136	0.1427	251	0.1158	75
邢台市	0.5009	203	0.0698	246	0.1593	157	0.1478	228	0.1240	46
平顶山市	0.5007	204	0.0852	168	0.1576	202	0.1710	94	0.0868	275
六安市	0.5007	205	0.0699	245	0.1619	86	0.1743	64	0.0946	228
德阳市	0.5001	206	0.0953	132	0.1554	235	0.1519	189	0.0975	211
张掖市	0.4998	207	0.0767	214	0.1732	36	0.1486	224	0.1013	178
枣庄市	0.4997	208	0.0801	191	0.1575	206	0.1622	137	0.1000	191

续表

城市	绿色竞争力		一级指标							
			经济基础与科技进步		自然资产与环境压力		资源与环境效率		政策响应与社会福利	
	指标值	排名	指标值	排名	指标值	排名	指标值	排名	指标值	排名
乌兰察布市	0.4982	209	0.0664	257	0.2054	8	0.1115	284	0.1147	84
铜仁市	0.4982	210	0.0862	164	0.1620	82	0.1579	154	0.0920	249
桂林市	0.4977	211	0.0929	145	0.1598	141	0.1494	215	0.0956	221
自贡市	0.4965	212	0.0894	157	0.1580	193	0.1518	192	0.0974	212
攀枝花市	0.4965	213	0.0860	165	0.1571	211	0.1523	181	0.1010	182
晋中市	0.4960	214	0.0799	194	0.1654	58	0.1410	257	0.1097	121
酒泉市	0.4960	215	0.0810	188	0.1624	79	0.1400	259	0.1125	102
武威市	0.4958	216	0.0732	229	0.1720	44	0.1468	233	0.1038	158
赤峰市	0.4957	217	0.0705	243	0.1977	18	0.1086	286	0.1189	60
邵阳市	0.4953	218	0.0696	247	0.1605	115	0.1684	117	0.0968	214
营口市	0.4945	219	0.0895	156	0.1642	68	0.1514	195	0.0895	266
安康市	0.4944	220	0.0656	262	0.1727	40	0.1553	169	0.1008	185
柳州市	0.4920	221	0.0937	142	0.1533	263	0.1464	235	0.0985	205
曲靖市	0.4916	222	0.0746	222	0.1619	83	0.1518	191	0.1033	161
拉萨市	0.4915	223	0.0794	196	0.1650	62	0.1469	232	0.1003	189
周口市	0.4914	224	0.0727	232	0.1600	134	0.1681	118	0.0905	261
乐山市	0.4913	225	0.0772	211	0.1607	108	0.1521	187	0.1012	180
朔州市	0.4908	226	0.0725	235	0.1607	109	0.1496	210	0.1080	129
聊城市	0.4893	227	0.0779	208	0.1584	180	0.1595	150	0.0934	239
朝阳市	0.4890	228	0.1046	103	0.1650	61	0.1418	254	0.0776	285
亳州市	0.4887	229	0.0667	255	0.1604	120	0.1737	68	0.0878	271
宿州市	0.4883	230	0.0659	261	0.1599	137	0.1745	63	0.0880	270
葫芦岛市	0.4877	231	0.0984	121	0.1657	57	0.1420	253	0.0816	283
晋城市	0.4873	232	0.0728	231	0.1607	110	0.1464	236	0.1074	134
黄冈市	0.4869	233	0.0725	236	0.1618	87	0.1629	134	0.0897	265
遵义市	0.4866	234	0.0840	172	0.1557	231	0.1543	175	0.0927	246
铜川市	0.4862	235	0.0663	260	0.1606	112	0.1607	143	0.0986	204
宜宾市	0.4862	236	0.0791	199	0.1569	213	0.1509	200	0.0994	198
安顺市	0.4862	237	0.0783	205	0.1590	166	0.1554	167	0.0936	238
商洛市	0.4860	238	0.0637	266	0.1729	38	0.1529	179	0.0966	215
铁岭市	0.4850	239	0.1038	105	0.1673	51	0.1396	262	0.0743	287
随州市	0.4848	240	0.0714	241	0.1604	122	0.1654	131	0.0876	272

续表

城市	绿色竞争力		一级指标							
^	^		经济基础与科技进步		自然资产与环境压力		资源与环境效率		政策响应与社会福利	
^	指标值	排名	指标值	排名	指标值	排名	指标值	排名	指标值	排名
渭南市	0.4845	241	0.0738	225	0.1603	126	0.1569	161	0.0936	237
毕节市	0.4845	242	0.0789	202	0.1604	121	0.1523	182	0.0929	244
阜阳市	0.4840	243	0.0621	271	0.1599	138	0.1726	78	0.0894	267
北海市	0.4836	244	0.0848	169	0.1505	272	0.1488	221	0.0994	197
眉山市	0.4833	245	0.0726	234	0.1580	190	0.1503	205	0.1024	168
内江市	0.4827	246	0.0739	224	0.1584	183	0.1506	203	0.0998	195
泸州市	0.4827	247	0.0718	238	0.1594	150	0.1493	216	0.1022	171
丽江市	0.4817	248	0.0630	269	0.1643	67	0.1502	206	0.1042	156
钦州市	0.4798	249	0.0779	207	0.1615	92	0.1472	231	0.0932	242
临沧市	0.4787	250	0.0643	265	0.1659	55	0.1505	204	0.0980	207
遂宁市	0.4782	251	0.0695	248	0.1577	201	0.1495	214	0.1015	176
菏泽市	0.4779	252	0.0674	253	0.1593	154	0.1605	145	0.0907	260
白银市	0.4775	253	0.0615	272	0.1724	43	0.1386	267	0.1050	152
广元市	0.4771	254	0.0648	263	0.1608	106	0.1491	218	0.1024	167
广安市	0.4770	255	0.0684	250	0.1585	176	0.1491	219	0.1009	183
南充市	0.4769	256	0.0680	252	0.1589	167	0.1490	220	0.1009	184
大同市	0.4769	257	0.0605	277	0.1630	75	0.1428	250	0.1106	115
保山市	0.4762	258	0.0631	268	0.1624	80	0.1497	209	0.1011	181
长治市	0.4755	259	0.0624	270	0.1613	96	0.1437	246	0.1082	128
阳泉市	0.4747	260	0.0615	273	0.1614	94	0.1457	239	0.1060	142
运城市	0.4738	261	0.0726	233	0.1631	74	0.1376	269	0.1005	188
达州市	0.4727	262	0.0673	254	0.1588	173	0.1486	223	0.0980	208
平凉市	0.4725	263	0.0599	278	0.1727	42	0.1359	271	0.1040	157
思茅市	0.4710	264	0.0597	279	0.1652	60	0.1518	193	0.0944	233
资阳市	0.4704	265	0.0648	264	0.1588	171	0.1479	226	0.0988	202
防城港市	0.4680	266	0.0764	215	0.1541	255	0.1457	240	0.0919	251
天水市	0.4674	267	0.0585	280	0.1727	41	0.1315	273	0.1046	154
崇左市	0.4670	268	0.0780	206	0.1594	151	0.1459	238	0.0838	280
六盘水市	0.4645	269	0.0799	193	0.1585	177	0.1510	198	0.0750	286
临汾市	0.4633	270	0.0609	275	0.1626	78	0.1384	268	0.1014	177
玉林市	0.4632	271	0.0663	259	0.1579	195	0.1429	249	0.0961	218

续表

城市	绿色竞争力		一级指标							
			经济基础与科技进步		自然资产与环境压力		资源与环境效率		政策响应与社会福利	
	指标值	排名	指标值	排名	指标值	排名	指标值	排名	指标值	排名
梧州市	0.4622	272	0.0707	242	0.1589	170	0.1435	248	0.0891	268
来宾市	0.4610	273	0.0666	256	0.1595	148	0.1444	244	0.0905	262
吕梁市	0.4608	274	0.0531	285	0.1617	90	0.1393	263	0.1066	136
中卫市	0.4601	275	0.0796	195	0.1698	46	0.1173	282	0.0933	241
贵港市	0.4597	276	0.0716	240	0.1582	186	0.1400	261	0.0899	263
忻州市	0.4582	277	0.0535	284	0.1635	73	0.1387	266	0.1026	166
巴中市	0.4565	278	0.0555	282	0.1599	139	0.1449	242	0.0962	217
百色市	0.4564	279	0.0664	258	0.1596	145	0.1415	256	0.0888	269
贺州市	0.4559	280	0.0635	267	0.1580	191	0.1436	247	0.0908	259
吴忠市	0.4544	281	0.0769	213	0.1795	33	0.1141	283	0.0838	278
昭通市	0.4523	282	0.0507	286	0.1635	72	0.1402	258	0.0979	209
庆阳市	0.4476	283	0.0544	283	0.1594	149	0.1285	276	0.1053	147
固原市	0.4453	284	0.0735	226	0.1799	30	0.1007	287	0.0911	257
河池市	0.4444	285	0.0559	281	0.1611	99	0.1400	260	0.0874	273
定西市	0.4400	286	0.0607	276	0.1618	88	0.1186	279	0.0989	201
陇南市	0.4391	287	0.0471	287	0.1673	50	0.1274	277	0.0972	213

注：1. 本表根据"中国城市绿色竞争力评价指标体系"，依据各指标2020年数据测算而得。

2. 本表中各测评城市按照绿色竞争力综合指数的指数值从大到小排序。

3. 本表中绿色竞争力综合指数等于经济基础与科技进步、自然资产与环境压力、资源与环境效率和政策响应与社会福利4个一级指标分数之和。

4. 本表测算结果保留4位小数，如果指数相同、排名相同，说明两市测算的指数完全相同；如果指数相同但排名不同则是小数点四舍五入的结果，说明指数值在小数点后4位之后有差异，后续计量等分析为保证其准确性采取四位小数进行分析。

5. 以上数据及排名根据《中国统计年鉴2021》《中国城市统计年鉴2021》《中国环境统计年鉴2021》《中国生态环境统计年报2021》《中国省市经济发展年鉴2021》《中国城市建设统计年鉴2021》《国泰安数据库—经济研究系列区域经济库》等测算。

（二）城市绿色竞争力指数的分布与比较

在参与测算的287个城市中，城市绿色竞争力综合指数平均值为0.5332，其中，有118个城市的绿色竞争力指数高于平均水平，169个城市的绿色竞争力指数低于平均水平。综合指数最高的城市是杭州，达到了0.7062；最低的城市是陇南市，仅为0.4391。

对比2010年中国城市绿色竞争力指数与2020年中国城市绿色竞争力指数可得，在

284个城市中，2010年中国主要城市绿色竞争力较高的城市大多分布在东部地区，中部地区和西部地区大多城市绿色竞争力较低，而2020年城市绿色竞争力排名更加偏向于东部沿海地区，东北地区绿色城市竞争力排名下降。

综合指数排在前20位的城市依次是：杭州市、上海市、深圳市、北京市、南京市、天津市、宁波市、广州市、绍兴市、苏州市、珠海市、合肥市、湖州市、台州市、佛山市、舟山市、青岛市、福州市、嘉兴市、长沙市。根据表1-3，报告绘出了2020年中国城市绿色竞争力指数排名前20的城市和排名后20的城市的比较图，具体分布情况如图1-2所示。

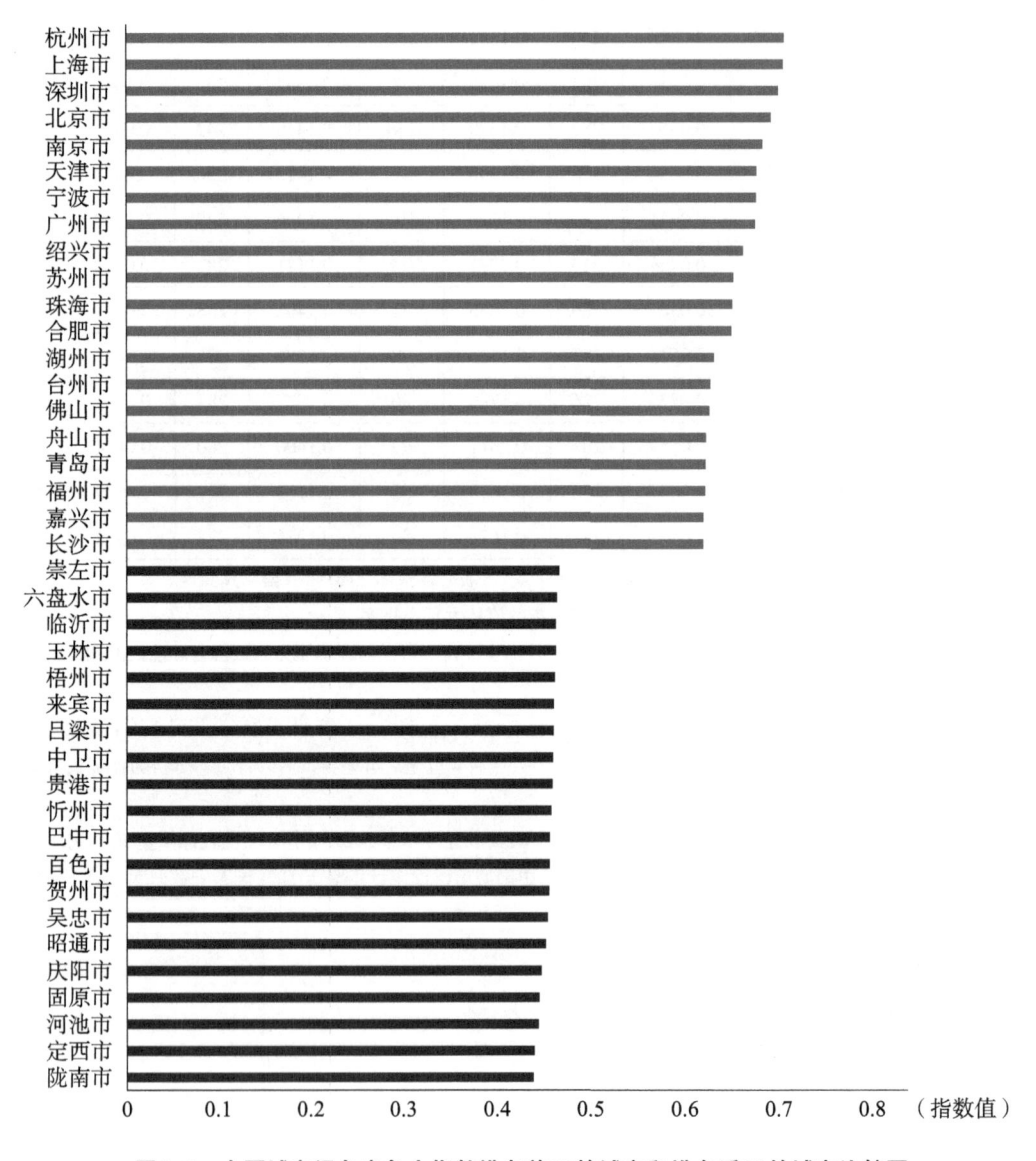

图1-2　中国城市绿色竞争力指数排名前20的城市和排名后20的城市比较图

注：本图根据表1-3制作，指数值由高到低排列。

根据表1-3和图1-2，报告进一步从地理区域、城市群、城市人口规模、经济发展水平等不同角度，对城市绿色竞争力指数进行了更加深入的探讨，以求更加细致、全面地了解中国城市绿色竞争力的发展状况。

1. 不同地理区域城市绿色竞争力差异分析

（1）区域间对比

按照东部、中部、西部和东北地区的地理区域划分标准，报告绘制了2020年中国四大区域城市绿色竞争力指数对照图（图1-3）。从城市绿色竞争力指数来看，区域差异非常明显，东部地区的城市遥遥领先，东北地区的城市稍强，中部地区的城市次之，西部地区的城市排名最后。其中，东部地区所有测评城市的平均水平达到0.5843，远高于其他地区。东北地区和中部地区城市的平均水平分别为0.5358和0.5198，在全国平均水平0.5332附近波动。西部城市的平均水平为0.4941，远远低于全国平均水平。

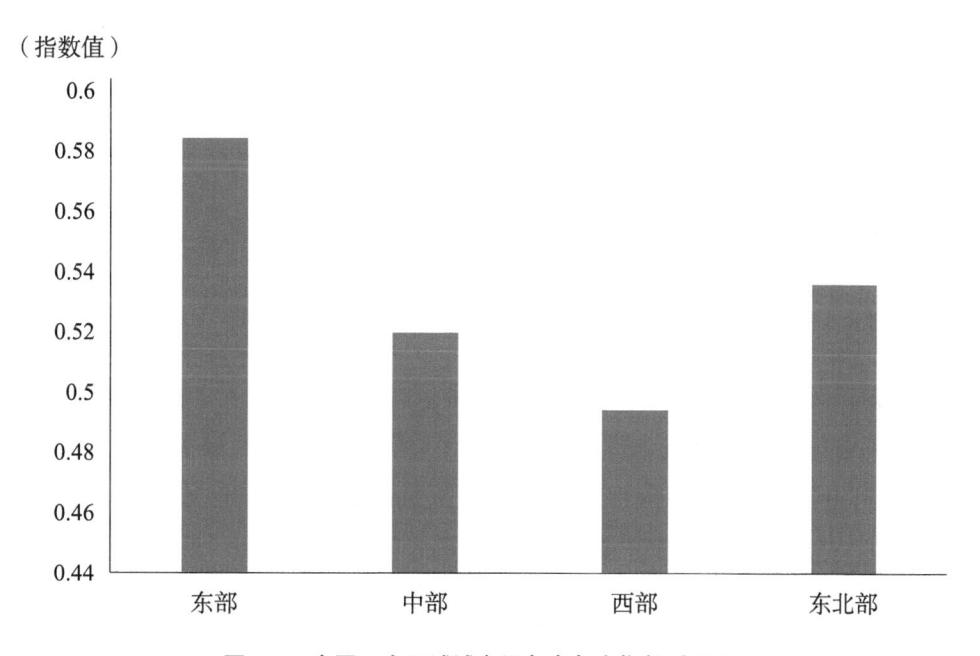

图1-3 中国四大区域城市绿色竞争力指数对照图

注：本图数据为四大区域中各城市绿色竞争力指数值及一级指标分数值的算术平均值。

从城市绿色竞争力排名来看，同样呈现出显著的区域化特征。东部地区多数城市排名靠前，平均位次为68；东北地区城市次之，平均位次为128；中部和西部地区多数城市平均位次分别为159和212。总体来看，相对于中部、西部和东北地区，东部地区城市绿色竞争力优势明显。（图1-4）

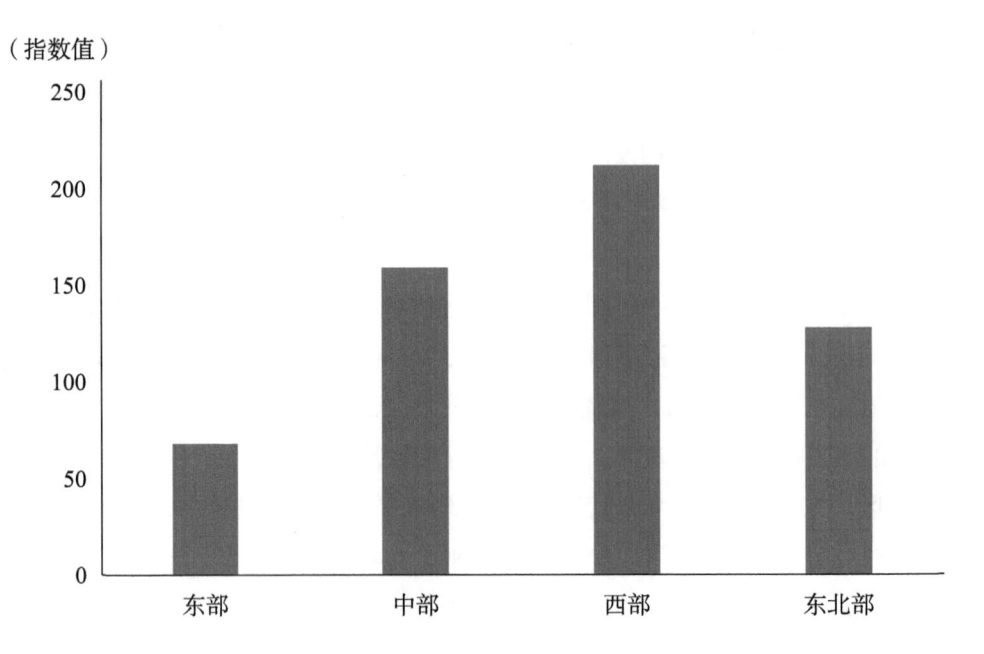

图1-4　中国四大区域城市绿色竞争力指数排名对照图

（2）区域内对比

从区域内城市绿色竞争力排名的位次差和指数值的差来看，各区域内的城市排名差异比较明显。东部地区排名最高的杭州（第1名，指数值0.7062）与排名最低的菏泽（第252名，指数值0.4779）之间的位次差为251，在四大区域中位差排名第二，指数值的差为0.2283，在四大区域中指数差排名第一；中部地区排名最高的合肥（第12名，指数值0.6499）与排名最低的忻州（第277名，指数值0.4582）之间的位次差为248，在四大区域中位差排名第一，指数值的差为0.1583，在四大区域中指数差排名第三；西部地区排名最高的鄂尔多斯（第39名，指数值0.5973）与排名最低的陇南（第287名，指数值0.4391）之间的位次差为248，在四大区域中位差排名第三，指数值的差为0.1583，在四大区域中指数差排名第三；东北地区排名最高的大庆市（第24名，指数值0.6113）与排名最低的铁岭市（第239名，指数值0.4850）之间的位次差为215，在四大区域中位差排名第四，指数值的差为0.1264，在四大区域中指数差排名第四。（图1-5）

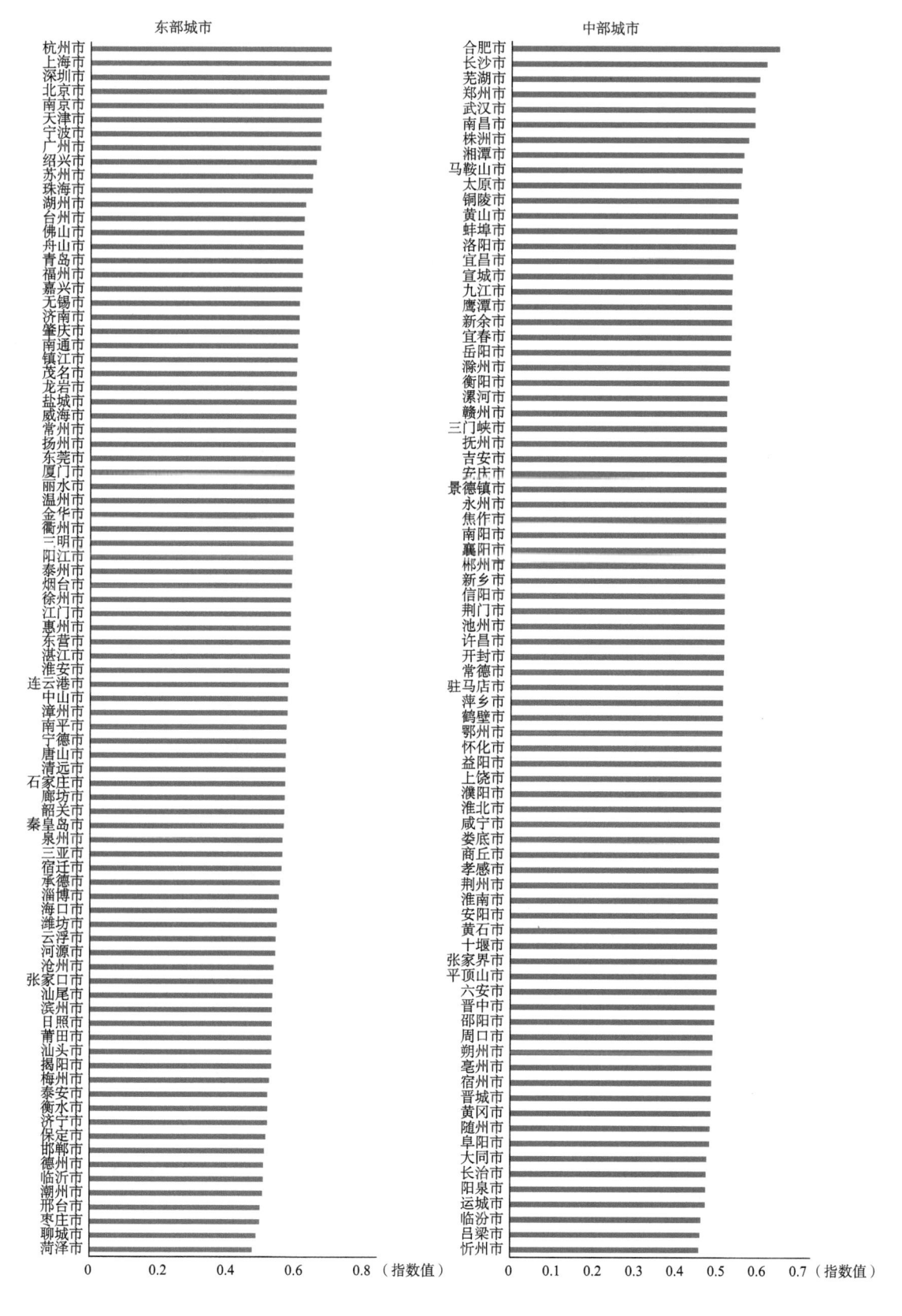

第一章 总 论

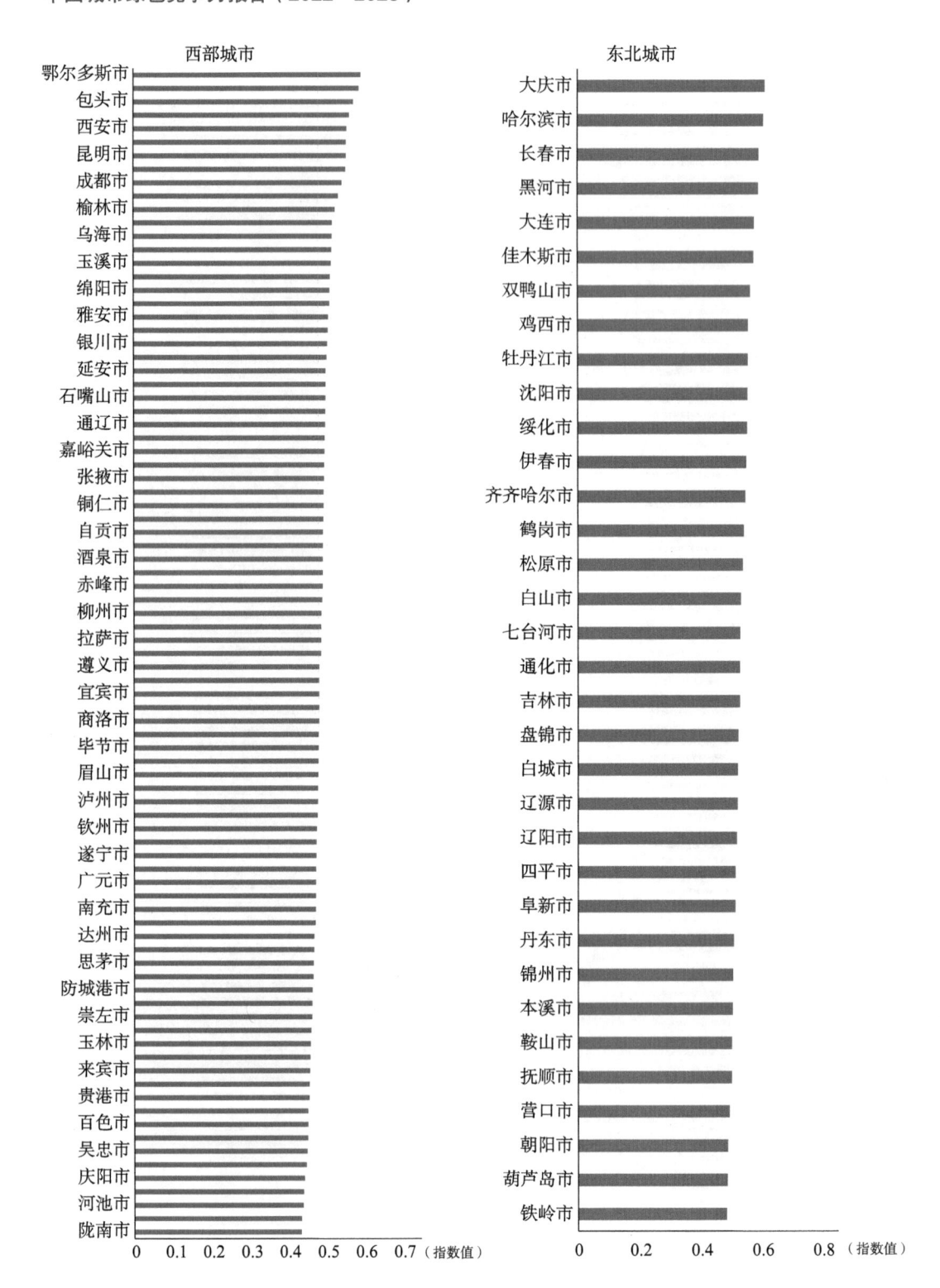

图1-5 中国城市绿色竞争力指数区域内对比

注：本图按照东部、中部、西部和东北地区划分，根据城市绿色竞争力指数大小自上至下排列。

在东部地区参评的86个城市中，有10个城市位居所有参评城市的前10位，分别是杭州市、上海市、深圳市、北京市、南京市、天津市、宁波市、广州市、绍兴市、苏州市，占东部城市的11.63%。除去全国排名前10的10个城市外，珠海市、湖州市、台州市、佛山市、舟山市等35个城市排在全国第11名到第116名不等的位置，73个东部地区城市的绿色竞争力指数高于全国平均水平，占东部地区城市的84.9%。而梅州市、泰安市、衡水市、济宁市等其余13个城市位于所有参评城市的第127位到第252位，这些城市的指数值均低于全国平均水平。总体来看，东部地区城市绿色竞争力优势明显，多数城市位于全国平均水平之上，只有少部分城市低于平均水平。

在中部地区参评的80个城市中，没有城市位居所有参评城市的前10位，占中部城市的0%。合肥市、长沙市、芜湖市、郑州市、武汉市、南昌市等20个城市排在全国第12名到第118名不等的位置，以上20个中部城市的绿色竞争力指数高于全国平均水平，占中部城市的25%。而岳阳市、滁州市、衡阳市、漯河市、赣州市等其余60个城市位于所有参评城市的第119位到第277位，这些城市的指数值均低于全国平均水平。总体来看，西部地区城市绿色竞争力尽管无法与东部地区城市相比，但是相对于其他地区城市而言，仍具有一定的优势。

在西部地区参评的87个城市中，没有城市位居前十位，占西部城市的0%。鄂尔多斯市、呼和浩特市、包头市、重庆市、西安市、兰州市、昆明市、贵阳市、成都市9个城市排在全国第39名到第96名不等的位置，以上9个西部城市的绿色竞争力指数高于全国平均水平，占西部城市的10.30%。而榆林市、克拉玛依市、乌海市、南宁市、玉溪市、巴彦淖尔市等其余77个城市位于所有参评城市的第123位到第287位，这些城市的指数值均低于全国平均水平。总体来看，西部地区城市绿色竞争力较东部地区处于明显劣势，超过1/2的城市位于全国平均水平之下，仅有不足1/2的城市高于平均水平，且差距较大。

在东北地区参评的34个城市中，没有任何一个参评城市位居前10位，排名最高的大庆仅位列全国第24位。东北地区城市中，大庆市、哈尔滨市、长春市、黑河市、大连市、佳木斯市、双鸭山市、鸡西市、牡丹江市、沈阳市、绥化市、伊春市、齐齐哈尔市、鹤岗市、松原市排在全国第24名到第105名不等的位置，这15个东北地区城市的绿色竞争力指数高于全国平均水平，占东北地区城市的44.1%。而白山市、七台河市、通化市、吉林市、盘锦市、白城市等其余29个城市位于所有参评城市的第120位到第239位，这些城市的指数值均低于全国平均水平。总体来看，东北地区城市绿色竞争力稍强，整体分布较为分散。

2. 不同城市群城市绿色竞争力差异分析

从城市绿色竞争力指数综合排名来看,地理位置接近且经济联系密切的城市往往在城市绿色竞争力上具有较强的一致性,城市绿色竞争力的形成具有明显的城市群集聚特征。城市群是当前中国经济增长的引擎,也是中国经济实现绿色发展的主战场。因此,报告从城市群划分的角度对中国城市绿色竞争力的表现进行了分析。

截至2018年3月,国务院已经批复了9个国家级城市群,包括长江三角洲城市群、长江中游城市群、成渝城市群、中原城市群、哈长城市群、关中平原城市群、北部湾城市群、呼包鄂榆城市群和兰西城市群。此外,伴随着中国经济的快速增长,多地形成了规模不一的区域性城市群,包括粤港澳大湾区、京津冀城市群、山东半岛城市群、海峡西岸城市群、辽中南城市群等。在中国众多城市群中,长江三角洲城市群、珠江三角洲城市群和京津冀城市群是目前最具代表性的三大城市群,其规模和经济实力都名列前茅。

从城市绿色竞争力指数综合排名来看,排名前100的城市中,有多达84个城市处在地理位置不同、规模大小不一、经济实力悬殊的城市群当中,城市群成为当前中国城市绿色竞争力形成的重要载体。其具体分布情况如表1-4所示。

表1-4 中国城市绿色竞争力前100强城市群分布

城市群	城市绿色竞争力分布(排名)
长江三角洲城市群	杭州市、上海市、南京市、宁波市、绍兴市、苏州市、合肥市、湖州市、台州市、舟山市、嘉兴市、无锡市、南通市、镇江市、盐城市、常州市、芜湖市、扬州市、温州市、金华市、泰州市、马鞍山市、铜陵市
珠江三角洲城市群	广州市、深圳市、珠海市、佛山市、江门市、肇庆市、惠州市、东莞市、中山市
京津冀城市群	北京市、天津市、唐山市、石家庄市、廊坊市、秦皇岛市、承德市
长江中游城市群	长沙市、武汉市、株洲市、湘潭市
成渝城市群	重庆市、成都市
哈长城市群	大庆市、哈尔滨市、长春市、牡丹江市、绥化市、齐齐哈尔市
中原城市群	郑州市、蚌埠市
关中平原城市群	西安市
北部湾城市群	鄂尔多斯市、呼和浩特市、包头市
山东半岛城市群	青岛市、济南市、威海市、烟台市、东营市、淄博市、潍坊市
海峡西岸城市群	福州市、龙岩市、厦门市、丽水市、温州市、衢州市、三明市、漳州市、南平市、宁德市、泉州市
辽中南城市群	大连市、马鞍山市、沈阳市
呼包鄂榆城市群	呼和浩特市
兰西城市群	兰州市

（1）城市群间对比

按照中国城市绿色竞争力指标体系的测算方法，报告计算得到全国14个主要城市群的绿色竞争力平均水平及排名。从城市绿色竞争力指数来看，城市群差异非常明显，但是由于城市群划分较多，报告仅呈现了长江三角洲、珠江三角洲和京津冀三大城市群的具体情况。长江三角洲城市群中的城市绿色竞争力遥遥领先，珠江三角洲城市群中的城市稍强，京津冀城市群中的城市较为落后。

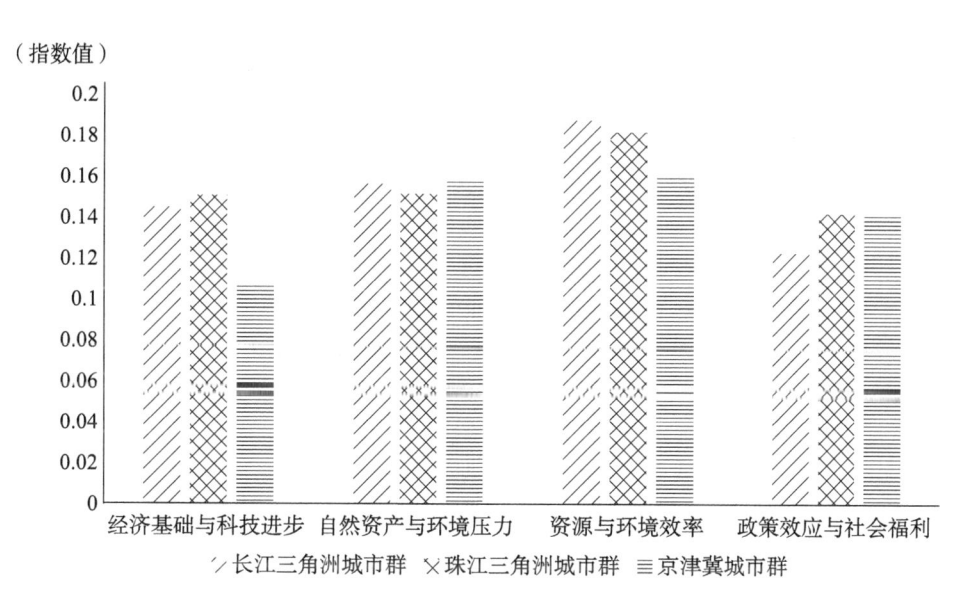

图1-6 不同城市群绿色竞争力指标

注：本图数据为三大城市群中各城市绿色竞争力指数值及一级指标分数值的算术平均值。

从城市绿色竞争力排名来看，排名前20的城市中，长江三角洲城市群有11个，分别为杭州市、上海市、南京市、宁波市、绍兴市、苏州市、合肥市、湖州市、台州市、舟山市、嘉兴市，珠江三角洲城市群有4个，分别为深圳市、广州市和珠海市和佛山市，京津冀城市群有2个，分别为北京市和天津市。

从城市绿色竞争力的水平来看，城市群的集聚特征十分显著。长江三角洲城市群中，绝大多数城市排名靠前，平均位次为42，其中有23个城市排名前100。珠江三角洲城市群城市中，城市排名平均位次为29，其中有9个城市排名全部位于前100。在京津冀城市群城市中，城市排名平均位次为95，其中有7个城市排名前100，占比50%；6个城市排名位于103～203的范围内。总体上，长江三角洲城市群城市在绿色竞争力上优势十分明显，珠江三角洲城市群次之，京津冀城市群城市尽管整体绿色竞争力要高于全国平均水平，但在三大城市群中最为落后。

（2）城市群内对比

从城市群内城市绿色竞争力排名的位次差和指数值的差来看，各城市群内的城市排名差异表现不一。长江三角洲城市群中排名最高的杭州市（第1名，指数值0.628）与排名最低的池州市（第155名，指数值0.5172）之间的位次差为154，指数值的差为0.1108；珠江三角洲城市群中排名最高的深圳市（第3名，指数值0.6998）与排名最低的中山市（第59名，指数值0.5799）之间的位次差为56，指数值的差为0.1199；京津冀城市群中排名最高的北京市（第4名，指数值0.6921）与排名最低的邢台市（第203名，指数值0.5009）之间的位次差为199，指数值的差为0.1912。具体如图1-7所示。

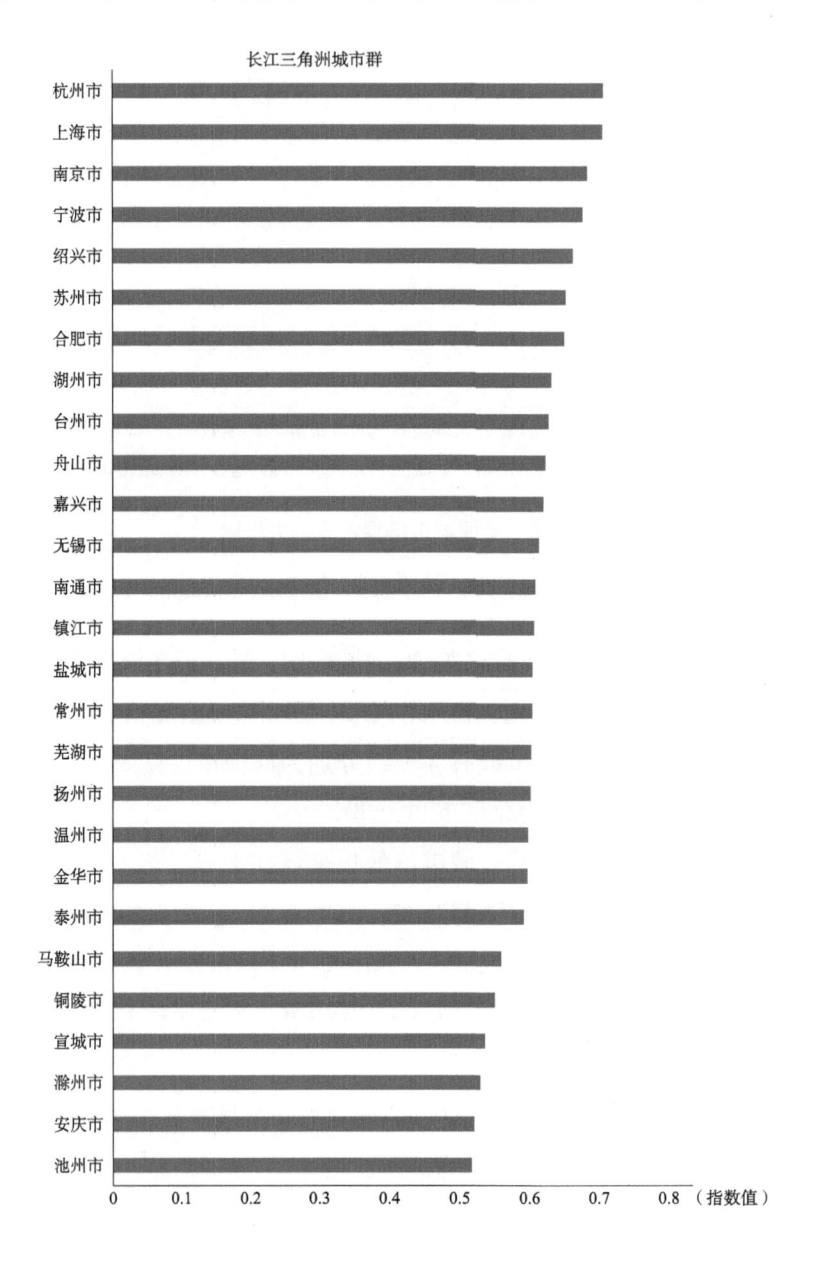

珠江三角洲城市群　　　　　　　　　京津冀城市群

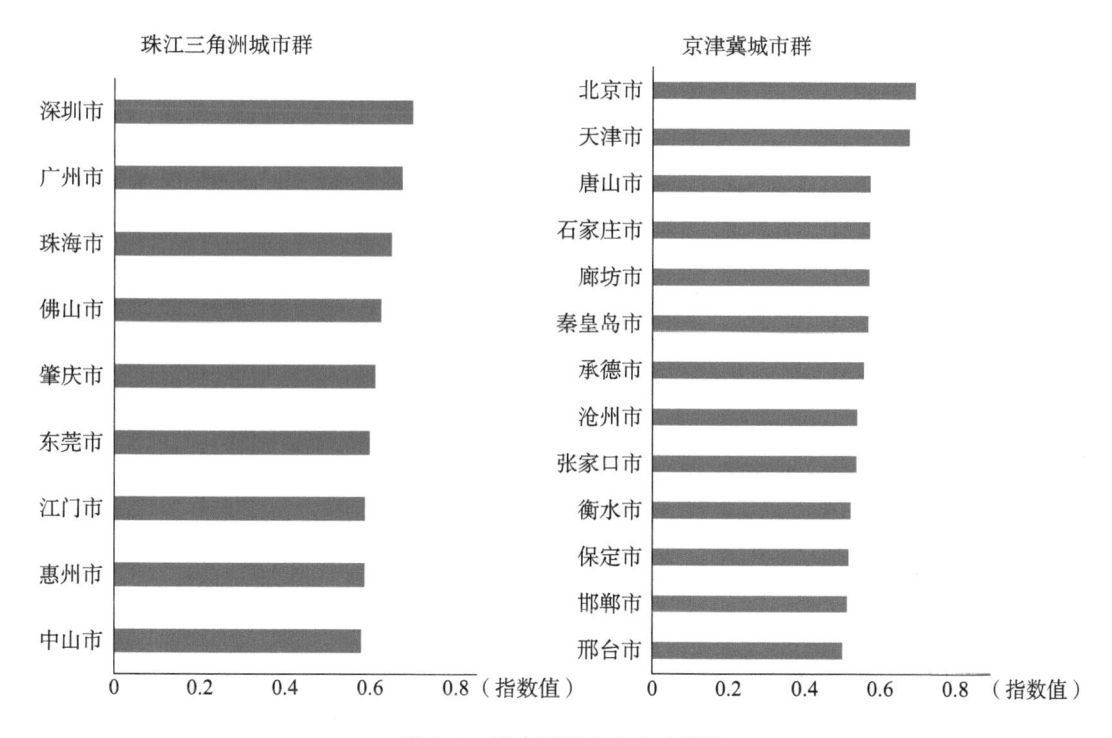

珠江三角洲城市群	京津冀城市群
深圳市	北京市
广州市	天津市
珠海市	唐山市
佛山市	石家庄市
肇庆市	廊坊市
东莞市	秦皇岛市
江门市	承德市
惠州市	沧州市
中山市	张家口市
	衡水市
	保定市
	邯郸市
	邢台市

图1-7　城市群绿色竞争力指数

注：本图按照三大城市群划分，根据城市绿色竞争力指数大小自上至下排列。

在长江三角洲城市群中参评的27个城市中，杭州市位居所有参评城市的第1位。此外，上海市、南京市、宁波市、绍兴市等26个城市排在全国第2名到第109名不等的位置，这些长江三角洲城市群城市的绿色竞争力指数高于全国平均水平。总体来看，长江三角洲城市群城市绿色竞争力优势十分明显，都位于全国平均水平之上，且绿色竞争力差距较小。

在珠江三角洲城市群参评的9个城市中，有2个城市位居所有参评城市的前10位，分别为深圳市和广州市，占珠江三角洲城市群城市的22.22%。除此之外，珠海市、佛山市、肇庆市等7个城市排在全国第11名到第59名不等的位置，以上9个珠江三角洲城市群城市的绿色竞争力指数高于全国平均水平，占珠江三角洲城市群城市的100%。总体来看，珠江三角洲城市群的城市绿色竞争力尽管较长江三角洲城市群内城市处于劣势，但全部位于全国平均水平之上，而且相比于长江三角洲城市群内城市，珠江三角洲城市群内城市绿色竞争力水平差距相对较小。

在京津冀城市群参评的13个城市中，仅有北京市和天津市2个城市位居所有参评城市的前10位，占京津冀城市群中城市的15.38%。除此之外，唐山市、石家庄市、廊坊市、承德市等9个城市排在全国第66名到第106名不等的位置，以上9个京津冀城市群中城市的绿色竞争力指数高于全国平均水平，占京津冀城市群中城市的64%。衡水市、保定市、邯郸市及邢台市4个城市位于所有参评城市的第131位到第203位，这些城市的指数值均低于全国平均水平。总体来看，京津冀城市群内城市绿色竞争力明显落后于长江三角洲城市群内城市，大多城市位于全国平均水平之下，且城市群内城市绿色竞争力差距较大。

第二章

经济基础与科技进步测算及分析

经济基础与科技进步是城市绿色竞争力的重要组成部分，是推动城市绿色发展的不竭动力。本章根据中国城市绿色竞争力评价指标体系中经济基础与科技进步的测度标准，利用 2020 年度数据，从经济基础和科技教育两个方面对中国 287 个地级以上城市的经济基础与科技进步指数进行了测度分析。

一、经济基础与科技进步的测算结果

根据中国城市绿色竞争力评价指标体系中经济基础与科技进步的测度体系和权重标准，对 2020 年中国 287 个城市的经济基础与科技进步指数测算结果如表 2-1 所示。

表 2-1　中国 287 个城市经济基础与科技进步指数及排名

指标	一级指标		二级指标			
	经济基础与科技进步		经济基础指标		科技教育指标	
城市	指标值	排名	指标值	排名	指标值	排名
北京市	0.2149	1	0.1111	2	0.1038	3
杭州市	0.2048	2	0.1063	8	0.0985	6
上海市	0.1986	3	0.1235	1	0.0751	25
宁波市	0.1938	4	0.1073	6	0.0865	10
南京市	0.1898	5	0.0890	28	0.1008	4
合肥市	0.1829	6	0.0576	111	0.1252	1
绍兴市	0.1825	7	0.1031	9	0.0795	18
广州市	0.1786	8	0.0787	46	0.0998	5
苏州市	0.1759	9	0.0805	42	0.0954	8
深圳市	0.1709	10	0.0862	31	0.0847	11
肇庆市	0.1706	11	0.1072	7	0.0634	43
福州市	0.1678	12	0.0901	24	0.0778	19
天津市	0.1670	13	0.0934	17	0.0736	27
珠海市	0.1664	14	0.0728	61	0.0936	9
茂名市	0.1648	15	0.1081	4	0.0567	53
湖州市	0.1598	16	0.0954	16	0.0644	40
芜湖市	0.1597	17	0.0517	156	0.1080	2
龙岩市	0.1570	18	0.1077	5	0.0493	82

续表

指标	一级指标 经济基础与科技进步		二级指标 经济基础指标		科技教育指标	
城市	指标值	排名	指标值	排名	指标值	排名
长沙市	0.1557	19	0.0739	58	0.0818	14
佛山市	0.1555	20	0.0585	107	0.0970	7
台州市	0.1544	21	0.0981	14	0.0563	54
盐城市	0.1537	22	0.0966	15	0.0571	50
克拉玛依市	0.1527	23	0.1020	13	0.0507	76
南通市	0.1523	24	0.0853	32	0.0670	34
阳江市	0.1520	25	0.1027	11	0.0493	81
济南市	0.1506	26	0.0746	53	0.0760	21
青岛市	0.1503	27	0.0831	39	0.0672	33
武汉市	0.1498	28	0.0696	69	0.0802	17
三明市	0.1497	29	0.1109	3	0.0387	133
嘉兴市	0.1488	30	0.0730	60	0.0758	23
威海市	0.1487	31	0.0846	35	0.0641	41
徐州市	0.1465	32	0.0843	37	0.0622	44
扬州市	0.1461	33	0.0888	29	0.0573	49
湛江市	0.1457	34	0.0927	19	0.0531	64
郑州市	0.1427	35	0.0602	96	0.0826	12
镇江市	0.1421	36	0.0762	49	0.0659	36
淮安市	0.1419	37	0.0905	22	0.0514	71
大连市	0.1417	38	0.0898	25	0.0519	67
无锡市	0.1416	39	0.0742	57	0.0675	32
南昌市	0.1413	40	0.0604	94	0.0810	15
江门市	0.1409	41	0.0760	50	0.0648	39
常州市	0.1405	42	0.0742	56	0.0664	35
厦门市	0.1396	43	0.0572	114	0.0824	13
清远市	0.1382	44	0.0834	38	0.0548	59
连云港市	0.1379	45	0.0816	41	0.0563	55
烟台市	0.1373	46	0.0824	40	0.0549	58
泰州市	0.1364	47	0.0847	34	0.0517	69
漳州市	0.1363	48	0.0931	18	0.0432	105
南平市	0.1360	49	0.1029	10	0.0330	172
宁德市	0.1346	50	0.0914	21	0.0433	104
舟山市	0.1344	51	0.0917	20	0.0427	108
株洲市	0.1333	52	0.0567	120	0.0765	20

续表

指标	一级指标 经济基础与科技进步		二级指标 经济基础指标		科技教育指标	
城市	指标值	排名	指标值	排名	指标值	排名
丽水市	0.1325	53	0.0905	23	0.0421	113
衢州市	0.1324	54	0.0897	26	0.0427	109
三亚市	0.1321	55	0.0630	85	0.0691	30
湘潭市	0.1320	56	0.0562	124	0.0757	24
成都市	0.1316	57	0.0621	89	0.0695	29
韶关市	0.1306	58	0.0797	43	0.0509	75
鄂尔多斯市	0.1290	59	0.1024	12	0.0266	217
东营市	0.1284	60	0.0797	44	0.0487	84
宿迁市	0.1282	61	0.0712	64	0.0570	51
惠州市	0.1255	62	0.0600	98	0.0655	37
阜新市	0.1253	63	0.0759	51	0.0494	80
贵阳市	0.1240	64	0.0490	186	0.0750	26
东莞市	0.1232	65	0.0427	248	0.0805	16
沈阳市	0.1232	66	0.0716	63	0.0516	70
金华市	0.1231	67	0.0669	75	0.0562	56
太原市	0.1221	68	0.0488	190	0.0733	28
中山市	0.1214	69	0.0455	221	0.0758	22
西安市	0.1206	70	0.0552	130	0.0653	38
温州市	0.1203	71	0.0610	92	0.0593	48
辽阳市	0.1196	72	0.0683	73	0.0513	74
重庆市	0.1195	73	0.0743	55	0.0452	95
宜昌市	0.1194	74	0.0734	59	0.0460	91
唐山市	0.1193	75	0.0775	48	0.0418	116
昆明市	0.1163	76	0.0528	145	0.0635	42
兰州市	0.1160	77	0.0484	194	0.0676	31
云浮市	0.1159	78	0.0867	30	0.0292	193
鹰潭市	0.1131	79	0.0644	78	0.0487	83
盘锦市	0.1130	80	0.0894	27	0.0235	243
丹东市	0.1129	81	0.0795	45	0.0334	170
河源市	0.1128	82	0.0623	88	0.0505	77
泉州市	0.1125	83	0.0586	105	0.0539	61
潍坊市	0.1119	84	0.0590	103	0.0529	65
马鞍山市	0.1111	85	0.0505	168	0.0606	46
长春市	0.1111	86	0.0654	76	0.0457	94

续表

指标	一级指标 经济基础与科技进步		二级指标 经济基础指标		科技教育指标	
城市	指标值	排名	指标值	排名	指标值	排名
宜春市	0.1111	87	0.0597	99	0.0513	73
呼和浩特市	0.1111	88	0.0625	86	0.0486	85
石家庄市	0.1110	89	0.0596	101	0.0514	72
新余市	0.1108	90	0.0631	84	0.0477	89
包头市	0.1092	91	0.0686	72	0.0406	123
洛阳市	0.1091	92	0.0523	150	0.0568	52
蚌埠市	0.1089	93	0.0494	179	0.0595	47
锦州市	0.1086	94	0.0845	36	0.0241	240
淄博市	0.1075	95	0.0519	154	0.0556	57
南宁市	0.1069	96	0.0552	131	0.0518	68
襄阳市	0.1068	97	0.0624	87	0.0445	99
滨州市	0.1056	98	0.0572	115	0.0485	86
铜陵市	0.1056	99	0.0435	238	0.0621	45
抚顺市	0.1055	100	0.0514	162	0.0542	60
日照市	0.1055	101	0.0561	125	0.0495	79
九江市	0.1054	102	0.0569	117	0.0484	87
朝阳市	0.1046	103	0.0777	47	0.0270	212
黑河市	0.1043	104	0.0853	33	0.0190	273
铁岭市	0.1038	105	0.0745	54	0.0293	191
揭阳市	0.1031	106	0.0529	144	0.0501	78
秦皇岛市	0.1028	107	0.0641	79	0.0387	134
大庆市	0.1019	108	0.0749	52	0.0270	209
绵阳市	0.1017	109	0.0481	200	0.0536	63
赣州市	0.1007	110	0.0486	193	0.0522	66
汕尾市	0.1007	111	0.0703	68	0.0304	182
廊坊市	0.1004	112	0.0578	110	0.0426	110
鄂州市	0.1002	113	0.0632	82	0.0370	146
岳阳市	0.1002	114	0.0636	81	0.0365	152
抚州市	0.1001	115	0.0542	134	0.0458	93
玉溪市	0.0997	116	0.0580	109	0.0418	117
哈尔滨市	0.0993	117	0.0616	90	0.0377	140
荆门市	0.0993	118	0.0581	108	0.0412	120
漯河市	0.0992	119	0.0576	112	0.0416	119
石嘴山市	0.0991	120	0.0557	126	0.0434	101

续表

指标	一级指标 经济基础与科技进步		二级指标 经济基础指标		科技教育指标	
城市	指标值	排名	指标值	排名	指标值	排名
葫芦岛市	0.0984	121	0.0672	74	0.0312	177
承德市	0.0974	122	0.0691	71	0.0284	199
梅州市	0.0974	123	0.0704	67	0.0270	211
汕头市	0.0972	124	0.0435	237	0.0537	62
吉安市	0.0968	125	0.0508	166	0.0460	92
乌鲁木齐市	0.0968	126	0.0538	138	0.0430	106
三门峡市	0.0964	127	0.0610	91	0.0353	158
雅安市	0.0961	128	0.0553	129	0.0408	122
焦作市	0.0955	129	0.0503	169	0.0452	96
佳木斯市	0.0955	130	0.0726	62	0.0229	250
萍乡市	0.0953	131	0.0481	199	0.0472	90
德阳市	0.0953	132	0.0519	152	0.0433	103
莆田市	0.0951	133	0.0564	123	0.0386	135
许昌市	0.0950	134	0.0522	151	0.0427	107
济宁市	0.0949	135	0.0557	127	0.0392	132
鞍山市	0.0949	136	0.0575	113	0.0374	143
信阳市	0.0943	137	0.0589	104	0.0354	157
新乡市	0.0943	138	0.0459	217	0.0484	88
滁州市	0.0939	139	0.0488	191	0.0452	97
海口市	0.0938	140	0.0515	160	0.0423	112
开封市	0.0938	141	0.0571	116	0.0367	150
柳州市	0.0937	142	0.0530	143	0.0406	124
南阳市	0.0932	143	0.0531	141	0.0401	127
榆林市	0.0931	144	0.0708	65	0.0223	260
桂林市	0.0929	145	0.0548	133	0.0382	138
景德镇市	0.0922	146	0.0502	172	0.0420	114
泰安市	0.0921	147	0.0505	167	0.0416	118
德州市	0.0918	148	0.0526	147	0.0393	131
鹤壁市	0.0915	149	0.0471	206	0.0444	100
衡阳市	0.0911	150	0.0509	164	0.0402	126
银川市	0.0911	151	0.0492	182	0.0419	115
咸宁市	0.0900	152	0.0496	177	0.0404	125
驻马店市	0.0899	153	0.0540	136	0.0358	156
宣城市	0.0897	154	0.0448	227	0.0450	98

续表

指标	一级指标 经济基础与科技进步		二级指标 经济基础指标		科技教育指标	
城市	指标值	排名	指标值	排名	指标值	排名
西宁市	0.0896	155	0.0525	148	0.0371	145
营口市	0.0895	156	0.0644	77	0.0250	232
自贡市	0.0894	157	0.0524	149	0.0370	147
本溪市	0.0890	158	0.0603	95	0.0286	197
上饶市	0.0878	159	0.0478	203	0.0400	128
濮阳市	0.0869	160	0.0517	155	0.0352	159
双鸭山市	0.0868	161	0.0704	66	0.0163	282
荆州市	0.0866	162	0.0489	187	0.0377	141
沧州市	0.0865	163	0.0517	157	0.0348	162
铜仁市	0.0862	164	0.0502	173	0.0360	155
攀枝花市	0.0860	165	0.0556	128	0.0305	181
孝感市	0.0859	166	0.0490	184	0.0369	148
黄石市	0.0858	167	0.0433	239	0.0424	111
平顶山市	0.0852	168	0.0443	229	0.0409	121
北海市	0.0848	169	0.0590	102	0.0258	223
绥化市	0.0845	170	0.0607	93	0.0238	241
宝鸡市	0.0841	171	0.0493	181	0.0348	163
遵义市	0.0840	172	0.0496	176	0.0344	167
巴彦淖尔市	0.0838	173	0.0694	70	0.0143	286
常德市	0.0837	174	0.0600	97	0.0237	242
商丘市	0.0837	175	0.0493	180	0.0344	166
咸阳市	0.0833	176	0.0516	158	0.0317	176
黄山市	0.0830	177	0.0455	222	0.0376	142
临沂市	0.0828	178	0.0460	216	0.0368	149
益阳市	0.0828	179	0.0484	196	0.0344	165
十堰市	0.0828	180	0.0462	213	0.0366	151
嘉峪关市	0.0827	181	0.0499	175	0.0329	173
郴州市	0.0826	182	0.0480	201	0.0346	164
淮北市	0.0824	183	0.0390	265	0.0434	102
永州市	0.0818	184	0.0467	208	0.0351	160
怀化市	0.0816	185	0.0432	240	0.0385	137
潮州市	0.0816	186	0.0541	135	0.0275	206
鸡西市	0.0812	187	0.0632	83	0.0181	276
酒泉市	0.0810	188	0.0532	140	0.0279	203

续表

指标	一级指标 经济基础与科技进步		二级指标 经济基础指标		科技教育指标	
城市	指标值	排名	指标值	排名	指标值	排名
安庆市	0.0808	189	0.0429	242	0.0379	139
衡水市	0.0806	190	0.0509	165	0.0297	188
枣庄市	0.0801	191	0.0438	234	0.0363	153
通化市	0.0800	192	0.0515	159	0.0285	198
六盘水市	0.0799	193	0.0400	263	0.0399	129
晋中市	0.0799	194	0.0405	261	0.0394	130
中卫市	0.0796	195	0.0503	170	0.0293	192
拉萨市	0.0794	196	0.0473	205	0.0322	174
池州市	0.0792	197	0.0456	220	0.0336	168
张家口市	0.0791	198	0.0566	121	0.0225	257
宜宾市	0.0791	199	0.0482	198	0.0308	179
安阳市	0.0790	200	0.0427	246	0.0363	154
金昌市	0.0789	201	0.0519	153	0.0270	208
毕节市	0.0789	202	0.0416	256	0.0373	144
牡丹江市	0.0788	203	0.0532	139	0.0256	224
松原市	0.0787	204	0.0495	178	0.0292	194
安顺市	0.0783	205	0.0451	224	0.0332	171
崇左市	0.0780	206	0.0478	202	0.0301	184
钦州市	0.0779	207	0.0499	174	0.0280	202
聊城市	0.0779	208	0.0474	204	0.0305	180
通辽市	0.0776	209	0.0565	122	0.0211	263
乌海市	0.0772	210	0.0568	118	0.0204	268
乐山市	0.0772	211	0.0539	137	0.0233	246
呼伦贝尔市	0.0772	212	0.0640	80	0.0132	287
吴忠市	0.0769	213	0.0502	171	0.0267	215
张掖市	0.0767	214	0.0491	183	0.0276	204
防城港市	0.0764	215	0.0597	100	0.0166	280
汉中市	0.0759	216	0.0488	189	0.0271	207
淮南市	0.0758	217	0.0373	274	0.0385	136
娄底市	0.0755	218	0.0420	252	0.0335	169
保定市	0.0754	219	0.0471	207	0.0283	200
延安市	0.0750	220	0.0550	132	0.0199	271
吉林市	0.0749	221	0.0438	233	0.0311	178
曲靖市	0.0746	222	0.0446	228	0.0300	186

续表

指标	一级指标 经济基础与科技进步		二级指标 经济基础指标		科技教育指标	
城市	指标值	排名	指标值	排名	指标值	排名
邯郸市	0.0744	223	0.0443	230	0.0301	185
内江市	0.0739	224	0.0484	197	0.0255	228
渭南市	0.0738	225	0.0456	219	0.0282	201
固原市	0.0735	226	0.0514	161	0.0221	261
白山市	0.0733	227	0.0531	142	0.0202	270
鹤岗市	0.0732	228	0.0568	119	0.0164	281
武威市	0.0732	229	0.0463	210	0.0269	214
伊春市	0.0731	230	0.0586	106	0.0146	285
晋城市	0.0728	231	0.0438	235	0.0291	195
周口市	0.0727	232	0.0463	211	0.0264	220
运城市	0.0726	233	0.0461	214	0.0265	219
眉山市	0.0726	234	0.0462	212	0.0264	221
朔州市	0.0725	235	0.0484	195	0.0241	239
黄冈市	0.0725	236	0.0428	244	0.0297	187
四平市	0.0720	237	0.0460	215	0.0259	222
泸州市	0.0718	238	0.0413	257	0.0304	183
齐齐哈尔市	0.0717	239	0.0490	185	0.0227	255
贵港市	0.0716	240	0.0367	277	0.0350	161
随州市	0.0714	241	0.0486	192	0.0228	252
梧州市	0.0707	242	0.0418	253	0.0289	196
赤峰市	0.0705	243	0.0526	146	0.0179	277
张家界市	0.0700	244	0.0466	209	0.0234	245
六安市	0.0699	245	0.0378	269	0.0322	175
邢台市	0.0698	246	0.0428	243	0.0270	210
邵阳市	0.0696	247	0.0421	251	0.0275	205
遂宁市	0.0695	248	0.0442	231	0.0253	231
白城市	0.0695	249	0.0489	188	0.0206	266
广安市	0.0684	250	0.0436	236	0.0248	235
辽源市	0.0681	251	0.0453	223	0.0228	253
南充市	0.0680	252	0.0448	226	0.0232	247
菏泽市	0.0674	253	0.0418	254	0.0256	225
达州市	0.0673	254	0.0428	245	0.0245	237
亳州市	0.0667	255	0.0370	276	0.0297	189
来宾市	0.0666	256	0.0456	218	0.0210	264

续表

指标	一级指标 经济基础与科技进步		二级指标 经济基础指标		科技教育指标	
城市	指标值	排名	指标值	排名	指标值	排名
乌兰察布市	0.0664	257	0.0511	163	0.0153	284
百色市	0.0664	258	0.0416	255	0.0248	234
玉林市	0.0663	259	0.0409	259	0.0255	229
铜川市	0.0663	260	0.0448	225	0.0215	262
宿州市	0.0659	261	0.0390	266	0.0269	213
安康市	0.0656	262	0.0427	247	0.0228	251
广元市	0.0648	263	0.0441	232	0.0207	265
资阳市	0.0648	264	0.0424	249	0.0224	259
临沧市	0.0643	265	0.0411	258	0.0231	248
商洛市	0.0637	266	0.0391	264	0.0246	236
贺州市	0.0635	267	0.0431	241	0.0204	267
保山市	0.0631	268	0.0405	260	0.0225	258
丽江市	0.0630	269	0.0376	271	0.0254	230
长治市	0.0624	270	0.0382	268	0.0243	238
阜阳市	0.0621	271	0.0355	280	0.0267	216
白银市	0.0615	272	0.0360	279	0.0256	227
阳泉市	0.0615	273	0.0366	278	0.0249	233
七台河市	0.0610	274	0.0382	267	0.0228	254
临汾市	0.0609	275	0.0375	273	0.0235	244
定西市	0.0607	276	0.0312	285	0.0295	190
大同市	0.0605	277	0.0402	262	0.0203	269
平凉市	0.0599	278	0.0343	281	0.0256	226
思茅市	0.0597	279	0.0422	250	0.0175	278
天水市	0.0585	280	0.0319	283	0.0266	218
河池市	0.0559	281	0.0376	272	0.0183	275
巴中市	0.0555	282	0.0371	275	0.0184	274
庆阳市	0.0544	283	0.0317	284	0.0226	256
忻州市	0.0535	284	0.0376	270	0.0158	283
吕梁市	0.0531	285	0.0333	282	0.0198	272
昭通市	0.0507	286	0.0277	287	0.0230	249
陇南市	0.0471	287	0.0298	286	0.0173	279

注：1. 本表根据中国城市绿色竞争力评价指标体系中的经济基础与科技进步指标体系，依据各指标 2020 年数据测算而得。

2. 本表各测评城市按照经济基础与科技进步的指数值从大到小排序。

3. 本表一级指标"经济基础与科技进步"指数值等于两个二级指标"经济基础""科技教育"指数值之和。

4. 本表测度结果保留4位小数，如果指数相同、排名相同，说明两市测算的指数完全一样；如果指数相同但排名不同，则是小数点四舍五入的结果，说明指数值在小数点4位之后有差异。

5. 以上数据及排名根据《中国城市统计年鉴2021》《国泰安数据库—经济研究系列区域经济库》等测算。

6. 为了便于后文进行比较分析，基于算术平均方法，我们测算出全国所有参评城市经济基础与科技进步指数平均水平为0.1004，所有参评城市经济基础指数平均水平为0.0587，所有参评城市科技教育指数平均水平为0.0417。

从表2-1可以看出，2020年中国287个城市经济基础与科技进步指标中，指数值最高的是北京市，达到0.2149；最低的是陇南市，为0.0471。排在前10位的城市依次是北京市、杭州市、上海市、宁波市、南京市、合肥市、绍兴市、广州市、苏州市、深圳市。二级指标中，经济基础指标排名前10位的城市依次是上海市、北京市、三明市、茂名市、龙岩市、宁波市、肇庆市、杭州市、绍兴市、南平市；科技教育指标排名前10的城市依次是合肥市、芜湖市、北京市、南京市、广州市、杭州市、佛山市、苏州市、珠海市、宁波市。2020年中国287个城市中经济基础与科技进步排名前20位和后20位的具体情况如图2-1所示。

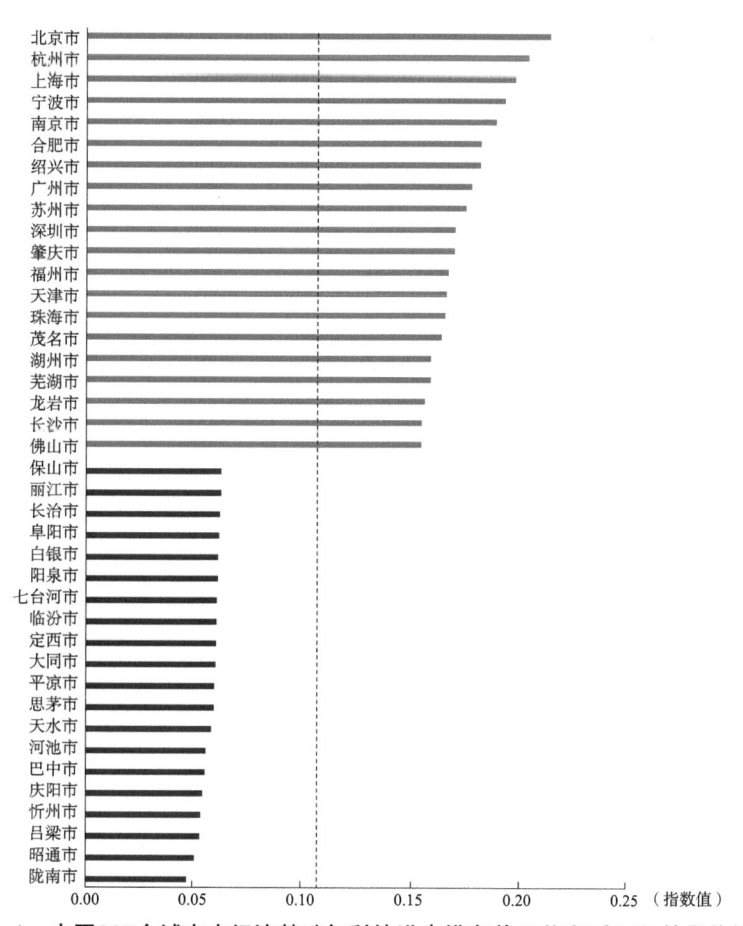

图2-1 中国287个城市中经济基础与科技进步排名前20位和后20位的具体情况

注：本图根据表2-1制作。指数值由高到低排列，虚线表示所有参评城市经济基础与科技进步的平均值0.1004。

根据表 2-1 和图 2-1，我们进一步从城市经济基础与科技进步区域之间的差异、区域内部差异以及城市经济基础与科技进步对中国城市绿色竞争力的影响进行分析。

（一）城市经济基础与科技进步区域间差异分析

总体来看，城市经济基础与科技进步的区域差异非常明显，其中东部地区城市遥遥领先；其他三个地区中，东北地区稍强，中部地区次之，西部地区最弱，具体如图 2-2 所示。其中，东部地区所有测评城市的平均水平达到 0.1230，远高于其他地区。东北、中部和西部地区城市的平均水平分别为 0.0932、0.0930 和 0.0809，均低于东部地区，也低于全国平均水平 0.1004。

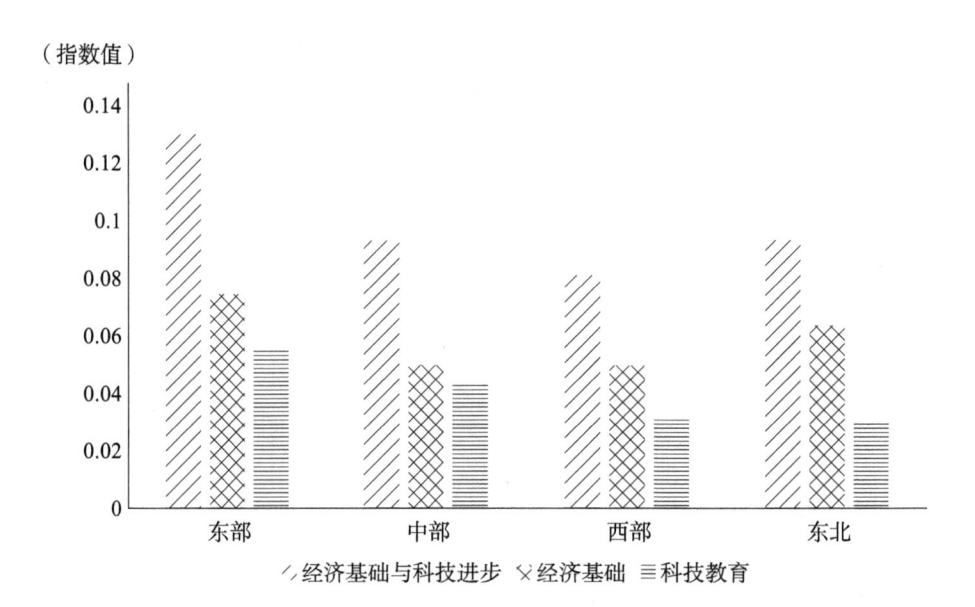

图2-2 中国四大区域城市经济基础与科技进步对照图

注：本图数据为四大区域中各城市指数值的算术平均值。

具体到各二级指标，经济基础指标中，东部地区平均水平为 0.0743，高于全国平均水平 0.0587，远远高于其他三大区域；东北地区平均水平为 0.0635，高于全国平均水平；中部、西部地区平均水平分别为 0.0497 和 0.0496，均低于全国平均水平。

科技教育指标中，东部地区平均水平为 0.0556，高于全国平均水平 0.0417；中部地区平均水平为 0.0432，稍高于全国水平；西部地区平均水平为 0.0313，低于全国平均水平；东北地区平均水平最低。

（二）城市经济基础与科技进步区域内差异分析

从城市经济基础与科技进步测算结果来看，城市排名呈现出区域化特征，东部地区多数城市排名相对靠前，平均位次为74；东北、中部及西北地区多数城市总体排名比较接近，平均位次分别为152、157和198。区域内部的城市排名差距较大，各区域之间城市排名差异十分接近。从区域内部最高位次与最低位次的位差数来看：中部地区差距最大，为279位；东北地区、东部地区和西部地区差距分别为236位、252位和264位。

1. 东部地区城市经济基础与科技进步指数及排名

2020年中国东部地区城市经济基础与科技进步指数及排名如表2-2所示。

表2-2 中国东部地区城市经济基础与科技进步指数及排名

城市	指标值	整体排名	区域内排名	城市	指标值	整体排名	区域内排名
北京市	0.2149	1	1	丽水市	0.1325	53	44
杭州市	0.2048	2	2	衢州市	0.1324	54	45
上海市	0.1986	3	3	三亚市	0.1321	55	46
宁波市	0.1938	4	4	韶关市	0.1306	58	47
南京市	0.1898	5	5	东营市	0.1284	60	48
绍兴市	0.1825	7	6	宿迁市	0.1282	61	49
广州市	0.1786	8	7	惠州市	0.1255	62	50
苏州市	0.1759	9	8	东莞市	0.1232	65	51
深圳市	0.1709	10	9	金华市	0.1231	67	52
肇庆市	0.1706	11	10	中山市	0.1214	69	53
福州市	0.1678	12	11	温州市	0.1203	71	54
天津市	0.1670	13	12	唐山市	0.1193	75	55
珠海市	0.1664	14	13	云浮市	0.1159	78	56
茂名市	0.1648	15	14	河源市	0.1128	82	57
湖州市	0.1598	16	15	泉州市	0.1125	83	58
龙岩市	0.1570	18	16	潍坊市	0.1119	84	59
佛山市	0.1555	20	17	石家庄市	0.1110	89	60
台州市	0.1544	21	18	淄博市	0.1075	95	61
盐城市	0.1537	22	19	滨州市	0.1056	98	62
南通市	0.1523	24	20	日照市	0.1055	101	63
阳江市	0.1520	25	21	揭阳市	0.1031	106	64
济南市	0.1506	26	22	秦皇岛市	0.1028	107	65
青岛市	0.1503	27	23	汕尾市	0.1007	111	66

续表

城市	指标值	整体排名	区域内排名	城市	指标值	整体排名	区域内排名
三明市	0.1497	29	24	廊坊市	0.1004	112	67
嘉兴市	0.1488	30	25	承德市	0.0974	122	68
威海市	0.1487	31	26	梅州市	0.0974	123	69
徐州市	0.1465	32	27	汕头市	0.0972	124	70
扬州市	0.1461	33	28	莆田市	0.0951	133	71
湛江市	0.1457	34	29	济宁市	0.0949	135	72
镇江市	0.1421	36	30	海口市	0.0938	140	73
淮安市	0.1419	37	31	泰安市	0.0921	147	74
无锡市	0.1416	39	32	德州市	0.0918	148	75
江门市	0.1409	41	33	沧州市	0.0865	163	76
常州市	0.1405	42	34	临沂市	0.0828	178	77
厦门市	0.1396	43	35	潮州市	0.0816	186	78
清远市	0.1382	44	36	衡水市	0.0806	190	79
连云港市	0.1379	45	37	枣庄市	0.0801	191	80
烟台市	0.1373	46	38	张家口市	0.0791	198	81
泰州市	0.1364	47	39	聊城市	0.0779	208	82
漳州市	0.1363	48	40	保定市	0.0754	219	83
南平市	0.1360	49	41	邯郸市	0.0744	223	84
宁德市	0.1346	50	42	邢台市	0.0698	246	85
舟山市	0.1344	51	43	菏泽市	0.0674	253	86

注：根据表2-1整理。

东部地区参评的87个城市中，有9个城市位居所有参评城市的前10位，分别是北京市、杭州市、上海市、宁波市、南京市、绍兴市、广州市、苏州市、深圳市，占东部地区城市的比重为10.34%。其中，北京市以0.2149的高分位居所有参评城市之首。除去全国排名前10的9个城市外，福州市、天津市、廊坊市等58个城市排在全国第11名到第112名不等的位置，城市经济基础与科技进步指标值均高于或者等于全国平均水平0.1004。总体来看，东部地区城市的经济基础与科技进步指标处于领先地位。

从区域内部差异来看，东部地区排名最高的北京市（第1名，指数值0.2149）与排名最低的菏泽市（第253名，指数值0.0674）之间的位差为252位，平均位次为74。可见，在经济基础与科技进步上，东部地区整体较强，但区域内部差距较大。

2. 中部地区城市经济基础与科技进步指数及排名

2020年中国中部地区城市经济基础与科技进步指数及排名如表2-3所示。

表2-3 中国中部地区城市经济基础与科技进步指数及排名

城市	指数值	整体排名	区域内排名	城市	指数值	整体排名	区域内排名
合肥市	0.1829	6	1	宣城市	0.0897	154	41
芜湖市	0.1597	17	2	上饶市	0.0878	159	42
长沙市	0.1557	19	3	濮阳市	0.0869	160	43
武汉市	0.1498	28	4	荆州市	0.0866	162	44
郑州市	0.1427	35	5	孝感市	0.0859	166	45
南昌市	0.1413	40	6	黄石市	0.0858	167	46
株洲市	0.1333	52	7	平顶山市	0.0852	168	47
湘潭市	0.1320	56	8	常德市	0.0837	174	48
太原市	0.1221	68	9	商丘市	0.0837	175	49
宜昌市	0.1194	74	10	黄山市	0.0830	177	50
鹰潭市	0.1131	79	11	益阳市	0.0828	179	51
马鞍山市	0.1111	85	12	十堰市	0.0828	180	52
宜春市	0.1111	87	13	郴州市	0.0826	182	53
新余市	0.1108	90	14	淮北市	0.0824	183	54
洛阳市	0.1091	92	15	永州市	0.0818	184	55
蚌埠市	0.1089	93	16	怀化市	0.0816	185	56
襄阳市	0.1068	97	17	安庆市	0.0808	189	57
铜陵市	0.1056	99	18	晋中市	0.0799	194	58
九江市	0.1054	102	19	池州市	0.0792	197	59
赣州市	0.1007	110	20	安阳市	0.0790	200	60
鄂州市	0.1002	113	21	淮南市	0.0758	217	61
岳阳市	0.1002	114	22	娄底市	0.0755	218	62
抚州市	0.1001	115	23	晋城市	0.0728	231	63
荆门市	0.0993	118	24	周口市	0.0727	232	64
漯河市	0.0992	119	25	运城市	0.0726	233	65
吉安市	0.0968	125	26	朔州市	0.0725	235	66
三门峡市	0.0964	127	27	黄冈市	0.0725	236	67
焦作市	0.0955	129	28	随州市	0.0714	241	68
萍乡市	0.0953	131	29	张家界市	0.0700	244	69
许昌市	0.0950	134	30	六安市	0.0699	245	70
信阳市	0.0943	137	31	邵阳市	0.0696	247	71
新乡市	0.0943	138	32	亳州市	0.0667	255	72
滁州市	0.0939	139	33	宿州市	0.0659	261	73
开封市	0.0938	141	34	长治市	0.0624	270	74
南阳市	0.0932	143	35	阜阳市	0.0621	271	75

续表

城市	指数值	整体排名	区域内排名	城市	指数值	整体排名	区域内排名
景德镇市	0.0922	146	36	阳泉市	0.0615	273	76
鹤壁市	0.0915	149	37	临汾市	0.0609	275	77
衡阳市	0.0911	150	38	大同市	0.0605	277	78
咸宁市	0.0900	152	39	忻州市	0.0535	284	79
驻马店市	0.0899	153	40	吕梁市	0.0531	285	80

注：根据表 2-1 整理。

中部地区参与测评的 80 个城市中，合肥市在所有参评城市中排名前 10 位；除此之外，中部地区还有芜湖市、长沙市、武汉市等 19 个城市的经济基础与科技进步指标值高于全国所有参评城市平均水平 0.1004。中部城市的指数值从全国排名第 113 位的鄂州市起，余下的 60 个城市经济基础与科技进步指标值均低于全国平均水平 0.1004，位次在第 113 位至第 285 位。整体而言，绝大部分中部城市经济基础与科技进步指数值在全国排名较低。

从区域内部差异来看，中部地区排名最高的合肥市（第 6 名，指数值 0.1829）与排名最低的吕梁市（第 285 名，指数值 0.0531）之间的位差为 279 位，在四大区域中位差排名第一，平均位次为 157。可见，中部地区城市经济基础与科技进步内部差距较大，多数城市位居中下游。

3. 西部地区城市经济基础与科技进步指数及排名

2020 年中国西部地区城市经济基础与科技进步指数及排名如表 2-4 所示。

表 2-4　中国西部地区城市经济基础与科技进步指数及排名

城市	指标值	整体排名	区域内排名	城市	指标值	整体排名	区域内排名
克拉玛依市	0.1527	23	1	呼伦贝尔市	0.0772	212	45
成都市	0.1316	57	2	吴忠市	0.0769	213	46
鄂尔多斯市	0.1290	59	3	张掖市	0.0767	214	47
贵阳市	0.1240	64	4	防城港市	0.0764	215	48
西安市	0.1206	70	5	汉中市	0.0759	216	49
重庆市	0.1195	73	6	延安市	0.0750	220	50
昆明市	0.1163	76	7	曲靖市	0.0746	222	51
兰州市	0.1160	77	8	内江市	0.0739	224	52
呼和浩特市	0.1111	88	9	渭南市	0.0738	225	53
包头市	0.1092	91	10	固原市	0.0735	226	54
南宁市	0.1069	96	11	武威市	0.0732	229	55

续表

城市	指标值	整体排名	区域内排名	城市	指标值	整体排名	区域内排名
绵阳市	0.1017	109	12	眉山市	0.0726	234	56
玉溪市	0.0997	116	13	泸州市	0.0718	238	57
石嘴山市	0.0991	120	14	贵港市	0.0716	240	58
乌鲁木齐市	0.0968	126	15	梧州市	0.0707	242	59
雅安市	0.0961	128	16	赤峰市	0.0705	243	60
德阳市	0.0953	132	17	遂宁市	0.0695	248	61
柳州市	0.0937	142	18	广安市	0.0684	250	62
榆林市	0.0931	144	19	南充市	0.0680	252	63
桂林市	0.0929	145	20	达州市	0.0673	254	64
银川市	0.0911	151	21	来宾市	0.0666	256	65
西宁市	0.0896	155	22	乌兰察布市	0.0664	257	66
自贡市	0.0894	157	23	百色市	0.0664	258	67
铜仁市	0.0862	164	24	玉林市	0.0663	259	68
攀枝花市	0.0860	165	25	铜川市	0.0663	260	69
北海市	0.0848	169	26	安康市	0.0656	262	70
宝鸡市	0.0841	171	27	广元市	0.0648	263	71
遵义市	0.0840	172	28	资阳市	0.0648	264	72
巴彦淖尔市	0.0838	173	29	临沧市	0.0643	265	73
咸阳市	0.0833	176	30	商洛市	0.0637	266	74
嘉峪关市	0.0827	181	31	贺州市	0.0635	267	75
酒泉市	0.0810	188	32	保山市	0.0631	268	76
六盘水市	0.0799	193	33	丽江市	0.0630	269	77
中卫市	0.0796	195	34	白银市	0.0615	272	78
拉萨市	0.0794	196	35	定西市	0.0607	276	79
宜宾市	0.0791	199	36	平凉市	0.0599	278	80
金昌市	0.0789	201	37	思茅市	0.0597	279	81
毕节市	0.0789	202	38	天水市	0.0585	280	82
安顺市	0.0783	205	39	河池市	0.0559	281	83
崇左市	0.0780	206	40	巴中市	0.0555	282	84
钦州市	0.0779	207	41	庆阳市	0.0544	283	85
通辽市	0.0776	209	42	昭通市	0.0507	286	86
乌海市	0.0772	210	43	陇南市	0.0471	287	87
乐山市	0.0772	211	44	—	—	—	—

注：根据表 2-1 整理。

西部地区参与测评的 87 个城市中，没有城市进入所有参评城市的前 10 位。克拉玛依市、成都市、鄂尔多斯市、贵阳市等12个城市经济基础与科技进步指数值高于全国平均水平0.1004，位次在第23位到第109位。玉溪市、石嘴山市、咸阳市等75个城市经济基础与科技进步指数值小于0.1004，低于全国平均水平，位次在第116位到第287位。整体而言，西部城市经济基础与科技进步的指数值位次结构与中部城市类似，绝大多数城市经济基础与科技进步的指数值处于全国中下游水平。

从区域内部差异来看，西部地区排名最高的克拉玛依市（第23名，指数值0.1527）与排名最低的陇南市（第287名，指数值0.0471）之间的位差为264位，平均位次为198。可见，西部地区城市经济基础与科技进步水平整体较差，区域内部差距也非常大。

4. 东北地区城市经济基础与科技进步指数及排名

2020年中国东北地区城市经济基础与科技进步指数及排名如表2-5所示。

表2-5　中国东北地区城市经济基础与科技进步指数及排名

城市	指标值	整体排名	区域内排名	城市	指标值	整体排名	区域内排名
大连市	0.1417	38	1	营口市	0.0895	156	18
阜新市	0.1253	63	2	本溪市	0.0890	158	19
沈阳市	0.1232	66	3	双鸭山市	0.0868	161	20
辽阳市	0.1196	72	4	绥化市	0.0845	170	21
盘锦市	0.1130	80	5	鸡西市	0.0812	187	22
丹东市	0.1129	81	6	通化市	0.0800	192	23
长春市	0.1111	86	7	牡丹江市	0.0788	203	24
锦州市	0.1086	94	8	松原市	0.0787	204	25
抚顺市	0.1055	100	9	吉林市	0.0749	221	26
朝阳市	0.1046	103	10	白山市	0.0733	227	27
黑河市	0.1043	104	11	鹤岗市	0.0732	228	28
铁岭市	0.1038	105	12	伊春市	0.0731	230	29
大庆市	0.1019	108	13	四平市	0.0720	237	30
哈尔滨市	0.0993	117	14	齐齐哈尔市	0.0717	239	31
葫芦岛市	0.0984	121	15	白城市	0.0695	249	32
佳木斯市	0.0955	130	16	辽源市	0.0681	251	33
鞍山市	0.0949	136	17	七台河市	0.0610	274	34

注：根据表2-1整理。

东北地区参与测评的34个城市中，没有城市进入参评城市前10位的行列。大连市、阜新市、沈阳市等13个城市经济基础与科技进步指数值高于全国平均水平0.1004。葫芦岛市、佳木斯市、鞍山市等其余21个城市的指数值都小于0.1004，低于全国平均水平，位居全国所有参评城市的中下游。总体来讲，东北地区城市的经济基础与科技进步排名较为分散。

从区域内部差异来看，东北地区排名最高的大连市（第38名，指数值0.1417）与排名最低的七台河市（第274名，指数值0.0610）之间的位差为236位，平均位次为152。可见，东北地区城市经济基础与科技进步指标排名分布较为分散。

（三）城市经济基础与科技进步对中国城市绿色竞争力的影响分析

对比2020年中国城市绿色竞争力指数和经济基础与科技进步指数，可以看出287个参评城市中，有130个城市绿色竞争力指数排名高于经济基础与科技进步指数排名，比重约为45.30%。同时，有149个城市绿色竞争力指数排名低于经济基础与科技进步指数排名，比重约为51.90%。另外，南京市、威海市、广州市等8座城市绿色竞争力指数排名和经济基础与科技进步指数排名相同，比重约为2.8%。

从影响程度分析，城市绿色竞争力指数排名和经济基础与科技进步指数排名差异较大（超过50位）的城市有52个，占所有城市的9.06%；其中为正差的城市有26个，如克拉玛依市、辽阳市、绵阳市等，这些城市的经济基础与科技进步对城市绿色竞争力的贡献较大；为负差的城市有26个，如大庆市、哈尔滨市、黑河市等，这些城市的经济基础与科技教育对城市绿色竞争力的贡献较小。名次变动差异较小（50名以内，含第50名，不含0）的城市共有227个，占所有城市的79.09%，如杭州市、上海市、北京市、深圳市等，说明经济基础与科技进步和城市绿色竞争力基本同步变动。2020年，中国城市绿色竞争力指数排名和经济基础与科技进步指数排名差异超过50位的城市如表2-6所示。

表2-6　中国城市绿色竞争力指数排名和经济基础与科技进步指数排名差异超过50位的城市

城市	城市绿色竞争力排名	经济基础与科技进步排名	位次变化	城市	城市绿色竞争力排名	经济基础与科技教育排名	位次变化
铁岭市	239	105	134	七台河市	122	274	-152
朝阳市	228	103	125	齐齐哈尔市	97	239	-142
克拉玛依市	136	23	113	伊春市	92	230	-138
葫芦岛市	231	121	110	鹤岗市	102	228	-126
阜新市	167	63	104	牡丹江市	87	203	-116
丹东市	179	81	98	白城市	138	249	-111
抚顺市	197	100	97	辽源市	140	251	-111
锦州市	184	94	90	白山市	120	227	-107

续表

城市	城市绿色竞争力排名	经济基础与科技进步排名	位次变化	城市	城市绿色竞争力排名	经济基础与科技教育排名	位次变化
中卫市	275	195	80	鸡西市	86	187	−101
柳州市	221	142	79	松原市	105	204	−99
辽阳市	150	72	78	吉林市	125	221	−96
六盘水市	269	193	76	张家口市	106	198	−92
北海市	244	169	75	哈尔滨市	27	117	−90
德阳市	206	132	74	大庆市	24	108	−84
石嘴山市	190	120	70	双鸭山市	77	161	−84
吴忠市	281	213	68	黄山市	95	177	−82
桂林市	211	145	66	绥化市	90	170	−80
营口市	219	156	63	四平市	165	237	−72
遵义市	234	172	62	通化市	124	192	−68
崇左市	268	206	62	乌海市	142	210	−68
鞍山市	195	136	59	保定市	154	219	−65
固原市	284	226	58	佳木斯市	67	130	−63
鄂州市	168	113	55	沧州市	103	163	−60
自贡市	212	157	55	衡水市	131	190	−59
绵阳市	160	109	51	邯郸市	166	223	−57
防城港市	266	215	51	黑河市	51	104	−53

注：1. 本表根据表1-3和表2-1整理。
2. 表中排名差异为城市绿色竞争力指数排名和经济基础与科技进步指数排名之差，正值表示经济基础与科技进步指数较之于城市绿色竞争力指数进步的名次，负值表示经济基础与科技进步指数较之于城市绿色竞争力指数退后的名次。

二、经济基础与科技进步比较分析

2020年的经济基础与科技进步指数占该年城市绿色竞争力指数总权重的30%，由经济基础、科技教育2个二级指标及10个三级指标构成。10个三级指标全部为正向指标，且经济基础每个三级指标占城市绿色竞争力指数总权重的2.5%，科技教育每个三级指标占城市绿色竞争力指数总权重的3.75%。本部分将以2个二级指标为例进行详细的分析与比较。

（一）城市经济基础指标比较

在经济基础与科技进步测度体系中，经济基础指标占经济基础与科技进步指数总权重的50%，占城市绿色竞争力指数总权重的15%。表2-7列出了经济基础指标下的6个三级指标。

表2-7 经济基础三级指标、权重及指标属性

指标序号	三级指标	权重/%	指标属性
1	人均地区生产总值	2.5	正
2	地区财政收入	2.5	正
3	第一产业劳动生产率	2.5	正
4	第二产业劳动生产率	2.5	正
5	第三产业劳动生产率	2.5	正
6	第三产业增加值比重	2.5	正

注：本表内容是由本报告课题组召开的多次研讨会确定的。

根据表2-7所列的指标和权重，经过标准化处理综合测算，得出2020年中国城市经济基础指标值及其排名情况，具体如表2-8所示。

表2-8 中国287个城市经济基础指标值及其排名

城市	经济基础指标值	排名	城市	经济基础指标值	排名	城市	经济基础指标值	排名
上海市	0.1235	1	常德市	0.0600	97	赣州市	0.0486	193
北京市	0.1111	2	惠州市	0.0600	98	兰州市	0.0484	194
三明市	0.1109	3	宜春市	0.0597	99	朔州市	0.0484	195
茂名市	0.1081	4	防城港市	0.0597	100	益阳市	0.0484	196
龙岩市	0.1077	5	石家庄市	0.0596	101	内江市	0.0484	197
宁波市	0.1073	6	北海市	0.0590	102	宜宾市	0.0482	198
肇庆市	0.1072	7	潍坊市	0.0590	103	萍乡市	0.0481	199
杭州市	0.1063	8	信阳市	0.0589	104	绵阳市	0.0481	200
绍兴市	0.1031	9	泉州市	0.0586	105	郴州市	0.0480	201
南平市	0.1029	10	伊春市	0.0586	106	崇左市	0.0478	202
阳江市	0.1027	11	佛山市	0.0585	107	上饶市	0.0478	203
鄂尔多斯市	0.1024	12	荆门市	0.0581	108	聊城市	0.0474	204
克拉玛依市	0.1020	13	玉溪市	0.0580	109	拉萨市	0.0473	205
台州市	0.0981	14	廊坊市	0.0578	110	鹤壁市	0.0471	206
盐城市	0.0966	15	合肥市	0.0576	111	保定市	0.0471	207

续表

城市	经济基础指标值	排名	城市	经济基础指标值	排名	城市	经济基础指标值	排名
湖州市	0.0954	16	漯河市	0.0576	112	永州市	0.0467	208
天津市	0.0934	17	鞍山市	0.0575	113	张家界市	0.0466	209
漳州市	0.0931	18	厦门市	0.0572	114	武威市	0.0463	210
湛江市	0.0927	19	滨州市	0.0572	115	周口市	0.0463	211
舟山市	0.0917	20	开封市	0.0571	116	眉山市	0.0462	212
宁德市	0.0914	21	九江市	0.0569	117	十堰市	0.0462	213
淮安市	0.0905	22	乌海市	0.0568	118	运城市	0.0461	214
丽水市	0.0905	23	鹤岗市	0.0568	119	四平市	0.0460	215
福州市	0.0901	24	株洲市	0.0567	120	临沂市	0.0460	216
大连市	0.0898	25	张家口市	0.0566	121	新乡市	0.0459	217
衢州市	0.0897	26	通辽市	0.0565	122	来宾市	0.0456	218
盘锦市	0.0894	27	莆田市	0.0564	123	渭南市	0.0456	219
南京市	0.0890	28	湘潭市	0.0562	124	池州市	0.0456	220
扬州市	0.0888	29	日照市	0.0561	125	中山市	0.0455	221
云浮市	0.0867	30	石嘴山市	0.0557	126	黄山市	0.0455	222
深圳市	0.0862	31	济宁市	0.0557	127	辽源市	0.0453	223
南通市	0.0853	32	攀枝花市	0.0556	128	安顺市	0.0451	224
黑河市	0.0853	33	雅安市	0.0553	129	铜川市	0.0448	225
泰州市	0.0847	34	西安市	0.0552	130	南充市	0.0448	226
威海市	0.0846	35	南宁市	0.0552	131	宣城市	0.0448	227
锦州市	0.0845	36	延安市	0.0550	132	曲靖市	0.0446	228
徐州市	0.0843	37	桂林市	0.0548	133	平顶山市	0.0443	229
清远市	0.0834	38	抚州市	0.0542	134	邯郸市	0.0443	230
青岛市	0.0831	39	潮州市	0.0541	135	遂宁市	0.0442	231
烟台市	0.0824	40	驻马店市	0.0540	136	广元市	0.0441	232
连云港市	0.0816	41	乐山市	0.0539	137	吉林市	0.0438	233
苏州市	0.0805	42	乌鲁木齐市	0.0538	138	枣庄市	0.0438	234
韶关市	0.0797	43	牡丹江市	0.0532	139	晋城市	0.0438	235
东营市	0.0797	44	酒泉市	0.0532	140	广安市	0.0436	236
丹东市	0.0795	45	南阳市	0.0531	141	汕头市	0.0435	237
广州市	0.0787	46	白山市	0.0531	142	铜陵市	0.0435	238
朝阳市	0.0777	47	柳州市	0.0530	143	黄石市	0.0433	239
唐山市	0.0775	48	揭阳市	0.0529	144	怀化市	0.0432	240

续表

城市	经济基础指标值	排名	城市	经济基础指标值	排名	城市	经济基础指标值	排名
镇江市	0.0762	49	昆明市	0.0528	145	贺州市	0.0431	241
江门市	0.0760	50	赤峰市	0.0526	146	安庆市	0.0429	242
阜新市	0.0759	51	德州市	0.0526	147	邢台市	0.0428	243
大庆市	0.0749	52	西宁市	0.0525	148	黄冈市	0.0428	244
济南市	0.0746	53	自贡市	0.0524	149	达州市	0.0428	245
铁岭市	0.0745	54	洛阳市	0.0523	150	安阳市	0.0427	246
重庆市	0.0743	55	许昌市	0.0522	151	安康市	0.0427	247
常州市	0.0742	56	德阳市	0.0519	152	东莞市	0.0427	248
无锡市	0.0742	57	金昌市	0.0519	153	资阳市	0.0424	249
长沙市	0.0739	58	淄博市	0.0519	154	思茅市	0.0422	250
宜昌市	0.0734	59	濮阳市	0.0517	155	邵阳市	0.0421	251
嘉兴市	0.0730	60	芜湖市	0.0517	156	娄底市	0.0420	252
珠海市	0.0728	61	沧州市	0.0517	157	梧州市	0.0418	253
佳木斯市	0.0726	62	咸阳市	0.0516	158	菏泽市	0.0418	254
沈阳市	0.0716	63	通化市	0.0515	159	百色市	0.0416	255
宿迁市	0.0712	64	海口市	0.0515	160	毕节市	0.0416	256
榆林市	0.0708	65	固原市	0.0514	161	泸州市	0.0413	257
双鸭山市	0.0704	66	抚顺市	0.0514	162	临沧市	0.0411	258
梅州市	0.0704	67	乌兰察布市	0.0511	163	玉林市	0.0409	259
汕尾市	0.0703	68	衡阳市	0.0509	164	保山市	0.0405	260
武汉市	0.0696	69	衡水市	0.0509	165	晋中市	0.0405	261
巴彦淖尔市	0.0694	70	吉安市	0.0508	166	大同市	0.0402	262
承德市	0.0691	71	泰安市	0.0505	167	六盘水市	0.0400	263
包头市	0.0686	72	马鞍山市	0.0505	168	商洛市	0.0391	264
辽阳市	0.0683	73	焦作市	0.0503	169	淮北市	0.0390	265
葫芦岛市	0.0672	74	中卫市	0.0503	170	宿州市	0.0390	266
金华市	0.0669	75	吴忠市	0.0502	171	七台河市	0.0382	267
长春市	0.0654	76	景德镇市	0.0502	172	长治市	0.0382	268
营口市	0.0644	77	铜仁市	0.0502	173	六安市	0.0378	269
鹰潭市	0.0644	78	钦州市	0.0499	174	忻州市	0.0376	270
秦皇岛市	0.0641	79	嘉峪关市	0.0499	175	丽江市	0.0376	271
呼伦贝尔市	0.0640	80	遵义市	0.0496	176	河池市	0.0376	272
岳阳市	0.0636	81	咸宁市	0.0496	177	临汾市	0.0375	273

续表

城市	经济基础指标值	排名	城市	经济基础指标值	排名	城市	经济基础指标值	排名
鄂州市	0.0632	82	松原市	0.0495	178	淮南市	0.0373	274
鸡西市	0.0632	83	蚌埠市	0.0494	179	巴中市	0.0371	275
新余市	0.0631	84	商丘市	0.0493	180	亳州市	0.0370	276
三亚市	0.0630	85	宝鸡市	0.0493	181	贵港市	0.0367	277
呼和浩特市	0.0625	86	银川市	0.0492	182	阳泉市	0.0366	278
襄阳市	0.0624	87	张掖市	0.0491	183	白银市	0.0360	279
河源市	0.0623	88	孝感市	0.0490	184	阜阳市	0.0355	280
成都市	0.0621	89	齐齐哈尔市	0.0490	185	平凉市	0.0343	281
哈尔滨市	0.0616	90	贵阳市	0.0490	186	吕梁市	0.0333	282
三门峡市	0.0610	91	荆州市	0.0489	187	天水市	0.0319	283
温州市	0.0610	92	白城市	0.0489	188	庆阳市	0.0317	284
绥化市	0.0607	93	汉中市	0.0488	189	定西市	0.0312	285
南昌市	0.0604	94	太原市	0.0488	190	陇南市	0.0298	286
本溪市	0.0603	95	滁州市	0.0488	191	昭通市	0.0277	287
郑州市	0.0602	96	随州市	0.0486	192	—	—	—

注：本表数据及排名根据《中国城市统计年鉴2021》《国泰安数据库—经济研究系列区域经济库》等测算。

从表2-8可以看出，2020年287个参评城市经济基础指标测算结果在0.0277~0.1235范围内，极差为0.0958。其中，有104个城市经济基础水平高于全国平均水平0.0587，占全部参评城市的36.24%，如上海市、北京市、三明市，分别位居所有参评城市的第一、第二、第三位，指数值分别为0.1235、0.1111和0.1109。但有183个城市经济基础指数值低于全国平均水平，占全部参评城市的63.76%，这些城市有泉州市、伊春市、开封市等。其中，定西市、陇南市和昭通市位居所有参评城市的最后三位，指数值分别为0.0312、0.0298和0.0277。

从图2-3可以看出，东部地区经济基础指数和经济基础与科技进步指数排名差距相对较小，整体靠前；中部地区大部分城市经济基础指数排名落后于经济基础与科技进步指数排名，整体靠后；西部地区大部分城市经济基础指数排名靠前于经济基础与科技进步指数排名，整体靠后；东北地区城市经济基础指数排名领先经济基础与科技进步指数排名，整体稍微落后于东部地区。分区域来看，东部地区经济基础指数值最高，东北地区次之，中部和西部两个地区经济基础水平相当。按照算术平均法具体计算，东部地区经济基础指标平均水平为0.0743，东北地区为0.0635，中部地区和西部地区分别为0.0497和0.0496，两者均低于全国平均水平0.0587。东部地区经济基础优势明显，东北部地区高于全国平均水平。

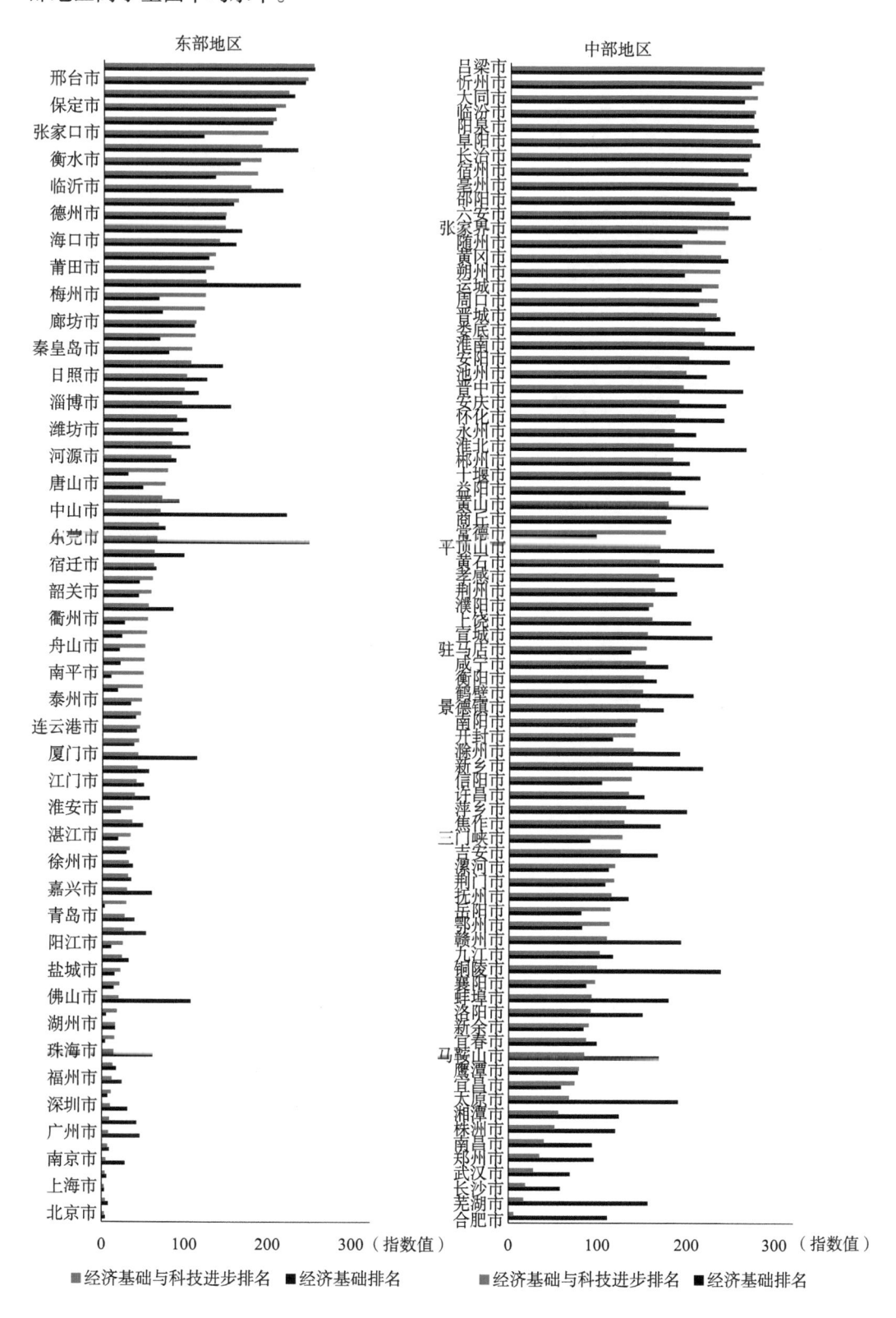

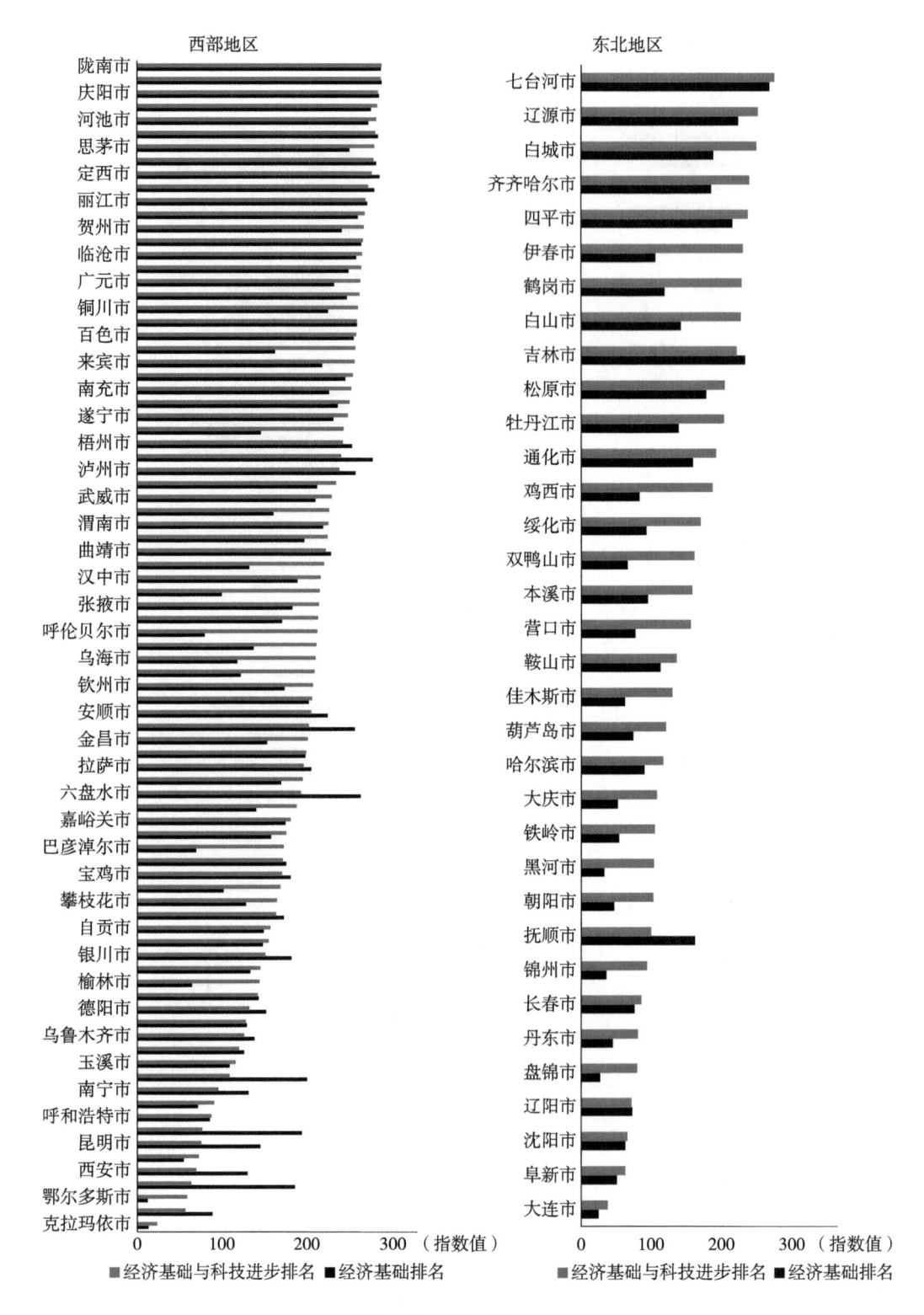

图2-3 经济基础与科技进步和经济基础指标对比

注：图2-3按东部、中部、西部和东北地区划分，根据经济基础与科技进步指数排名自下至上排列。

从城市经济基础指数值排名看，在经济基础排名前10位的城市中，东部地区城市有10个，包含上海市、北京市、南京市、三明市等。中部地区经济基础指标位居第一位的长沙市在全国位居第58位。西部地区经济基础指标位居第一位的鄂尔多斯市在全国位居第12位。东北地区经济基础指标位居第1位的大连市在全国位居第25位。经济基础排名最后10位的城市中，东部地区无；中部地区有3个，分别为阳泉市、阜阳市和吕梁市；西部地区有7个，分别为白银市、平凉市、天水市、庆阳市、定西市、陇南市、昭通市；东北地区无。总体来看，东部地区明显好于中部地区、西部地区以及东北地区。

按照区域内部中城市的最高指数值与最低指数值的差值来看，东部地区指数值最高的上海市（指数值0.1235）与指数值最低的菏泽市（指数值0.0418）之间的差值为0.0817；中部地区指数值最高的长沙市（指数值0.0739）与指数值最低的吕梁市（指数值0.0333）之间的差值为0.0406；西部地区指数值最高的鄂尔多斯市（指数值0.1024）与指数值最低的昭通市（指数值0.0277）之间的差值为0.0747；东北地区指数值最高的大连市（指数值0.0898）与指数值最低的七台河市（指数值0.0382）之间的差值为0.0516。可以看出，东部地区和西部地区城市指数值差异较大，东北地区城市指数值差异次之，中部地区城市指数值差异最小。

（二）城市科技教育指标比较

在经济基础与科技进步测度体系中，科技教育指标占经济基础与科技进步指数总权重的50%，占城市绿色竞争力指数总权重的15%。表2-9列出了科技教育指标下的4个三级指标。

根据表2-9所列的指标和权重，经过标准化处理综合测算，得出2020年中国城市科技教育指标值及其排名情况，具体如表2-10所示。

表2-9 科技教育三级指标、权重及指标属性

指标序号	指标	权重/%	指标属性
7	科技投入占公共财政支出的比例	3.75	正
8	万名从业人口中科学技术人员数	3.75	正
9	教育投入占公共财政支出比例	3.75	正
10	每万人在校大学生人数	3.75	正

注：本表内容是由本报告课题组召开的多次研讨会确定的。

表 2-10 中国 287 个城市科技教育指数及其排名

城市	科技教育指标值	科技教育排名	城市	科技教育指标值	科技教育排名	城市	科技教育指标值	科技教育排名
合肥市	0.125	1	滁州市	0.045	97	云浮市	0.029	193
芜湖市	0.108	2	宣城市	0.045	98	松原市	0.029	194
北京市	0.104	3	襄阳市	0.044	99	晋城市	0.029	195
南京市	0.101	4	鹤壁市	0.044	100	梧州市	0.029	196
广州市	0.100	5	石嘴山市	0.043	101	本溪市	0.029	197
杭州市	0.098	6	淮北市	0.043	102	通化市	0.028	198
佛山市	0.097	7	德阳市	0.043	103	承德市	0.028	199
苏州市	0.095	8	宁德市	0.043	104	保定市	0.028	200
珠海市	0.094	9	漳州市	0.043	105	渭南市	0.028	201
宁波市	0.086	10	乌鲁木齐市	0.043	106	钦州市	0.028	202
深圳市	0.085	11	许昌市	0.043	107	酒泉市	0.028	203
郑州市	0.083	12	舟山市	0.043	108	张掖市	0.028	204
厦门市	0.082	13	衢州市	0.043	109	邵阳市	0.028	205
长沙市	0.082	14	廊坊市	0.043	110	潮州市	0.027	206
南昌市	0.081	15	黄石市	0.042	111	汉中市	0.027	207
东莞市	0.081	16	海口市	0.042	112	金昌市	0.027	208
武汉市	0.080	17	丽水市	0.042	113	大庆市	0.027	209
绍兴市	0.079	18	景德镇市	0.042	114	邢台市	0.027	210
福州市	0.078	19	银川市	0.042	115	梅州市	0.027	211
株洲市	0.077	20	唐山市	0.042	116	朝阳市	0.027	212
济南市	0.076	21	玉溪市	0.042	117	宿州市	0.027	213
中山市	0.076	22	泰安市	0.042	118	武威市	0.027	214
嘉兴市	0.076	23	漯河市	0.042	119	吴忠市	0.027	215
湘潭市	0.076	24	荆门市	0.041	120	阜阳市	0.027	216
上海市	0.075	25	平顶山市	0.041	121	鄂尔多斯市	0.027	217
贵阳市	0.075	26	雅安市	0.041	122	天水市	0.027	218
天津市	0.074	27	包头市	0.041	123	运城市	0.026	219
太原市	0.073	28	柳州市	0.041	124	周口市	0.026	220
成都市	0.070	29	咸宁市	0.040	125	眉山市	0.026	221
三亚市	0.069	30	衡阳市	0.040	126	四平市	0.026	222
兰州市	0.068	31	南阳市	0.040	127	北海市	0.026	223
无锡市	0.067	32	上饶市	0.040	128	牡丹江市	0.026	224
青岛市	0.067	33	六盘水市	0.040	129	菏泽市	0.026	225
南通市	0.067	34	晋中市	0.039	130	平凉市	0.026	226
常州市	0.066	35	德州市	0.039	131	白银市	0.026	227
镇江市	0.066	36	济宁市	0.039	132	内江市	0.026	228
惠州市	0.066	37	三明市	0.039	133	玉林市	0.025	229
西安市	0.065	38	秦皇岛市	0.039	134	丽江市	0.025	230

续表

城市	科技教育指标值	科技教育排名	城市	科技教育指标值	科技教育排名	城市	科技教育指标值	科技教育排名
江门市	0.065	39	莆田市	0.039	135	遂宁市	0.025	231
湖州市	0.064	40	淮南市	0.039	136	营口市	0.025	232
威海市	0.064	41	怀化市	0.038	137	阳泉市	0.025	233
昆明市	0.063	42	桂林市	0.038	138	百色市	0.025	234
肇庆市	0.063	43	安庆市	0.038	139	广安市	0.025	235
徐州市	0.062	44	哈尔滨市	0.038	140	商洛市	0.025	236
铜陵市	0.062	45	荆州市	0.038	141	达州市	0.025	237
马鞍山市	0.061	46	黄山市	0.038	142	长治市	0.024	238
蚌埠市	0.059	47	鞍山市	0.037	143	朔州市	0.024	239
温州市	0.059	48	毕节市	0.037	144	锦州市	0.024	240
扬州市	0.057	49	西宁市	0.037	145	绥化市	0.024	241
盐城市	0.057	50	鄂州市	0.037	146	常德市	0.024	242
宿迁市	0.057	51	自贡市	0.037	147	盘锦市	0.024	243
洛阳市	0.057	52	孝感市	0.037	148	临汾市	0.023	244
茂名市	0.057	53	临沂市	0.037	149	张家界市	0.023	245
台州市	0.056	54	开封市	0.037	150	乐山市	0.023	246
连云港市	0.056	55	十堰市	0.037	151	南充市	0.023	247
金华市	0.056	56	岳阳市	0.037	152	临沧市	0.023	248
淄博市	0.056	57	枣庄市	0.036	153	昭通市	0.023	249
烟台市	0.055	58	安阳市	0.036	154	佳木斯市	0.023	250
清远市	0.055	59	铜仁市	0.036	155	安康市	0.023	251
抚顺市	0.054	60	驻马店市	0.036	156	随州市	0.023	252
泉州市	0.054	61	信阳市	0.035	157	辽源市	0.023	253
汕头市	0.054	62	三门峡市	0.035	158	七台河市	0.023	254
绵阳市	0.054	63	濮阳市	0.035	159	齐齐哈尔市	0.023	255
湛江市	0.053	64	永州市	0.035	160	庆阳市	0.023	256
潍坊市	0.053	65	贵港市	0.035	161	张家口市	0.023	257
赣州市	0.052	66	沧州市	0.035	162	保山市	0.023	258
大连市	0.052	67	宝鸡市	0.035	163	资阳市	0.022	259
南宁市	0.052	68	郴州市	0.035	164	榆林市	0.022	260
泰州市	0.052	69	益阳市	0.034	165	固原市	0.022	261
沈阳市	0.052	70	商丘市	0.034	166	铜川市	0.021	262
淮安市	0.051	71	遵义市	0.034	167	通辽市	0.021	263
石家庄市	0.051	72	池州市	0.034	168	来宾市	0.021	264
宜春市	0.051	73	娄底市	0.034	169	广元市	0.021	265
辽阳市	0.051	74	丹东市	0.033	170	白城市	0.021	266
韶关市	0.051	75	安顺市	0.033	171	贺州市	0.020	267
克拉玛依市	0.051	76	南平市	0.033	172	乌海市	0.020	268

续表

城市	科技教育指标值	科技教育排名	城市	科技教育指标值	科技教育排名	城市	科技教育指标值	科技教育排名
河源市	0.050	77	嘉峪关市	0.033	173	大同市	0.020	269
揭阳市	0.050	78	拉萨市	0.032	174	白山市	0.020	270
日照市	0.049	79	六安市	0.032	175	延安市	0.020	271
阜新市	0.049	80	咸阳市	0.032	176	吕梁市	0.020	272
阳江市	0.049	81	葫芦岛市	0.031	177	黑河市	0.019	273
龙岩市	0.049	82	吉林市	0.031	178	巴中市	0.018	274
鹰潭市	0.049	83	宜宾市	0.031	179	河池市	0.018	275
东营市	0.049	84	聊城市	0.031	180	鸡西市	0.018	276
呼和浩特市	0.049	85	攀枝花市	0.030	181	赤峰市	0.017	277
滨州市	0.048	86	汕尾市	0.030	182	思茅市	0.017	278
九江市	0.048	87	泸州市	0.030	183	陇南市	0.017	279
新乡市	0.048	88	崇左市	0.030	184	防城港市	0.017	280
新余市	0.048	89	邯郸市	0.030	185	鹤岗市	0.016	281
萍乡市	0.047	90	曲靖市	0.030	186	双鸭山市	0.016	282
宜昌市	0.046	91	黄冈市	0.030	187	忻州市	0.016	283
吉安市	0.046	92	衡水市	0.030	188	乌兰察布市	0.015	284
抚州市	0.046	93	亳州市	0.030	189	伊春市	0.015	285
长春市	0.046	94	定西市	0.029	190	巴彦淖尔市	0.014	286
重庆市	0.045	95	铁岭市	0.029	191	呼伦贝尔市	0.013	287
焦作市	0.045	96	中卫市	0.029	192	—	—	—

注：本表数据及排名根据《中国城市统计年鉴2021》《国泰安数据库—经济研究系列区域经济库》等测算。

从表2-10可以看出，2020年287个测评城市科技教育指标测算结果在0.013~0.125范围内，极差为0.112。其中，有117个城市科技教育指标值高于全国平均水平0.0417，占全部参评城市的40.77%，如合肥市、芜湖市、北京市、南京市昌等；其中，合肥市、芜湖市、北京市位居所有参评城市前三位，指数值分别为0.125、0.108和0.104。有170个城市科技教育指数值低于全国平均水平0.0417，占全部参评城市百分比的59.23%，这些城市包括泰安市、漯河市、荆门市等；其中，伊春市、巴彦淖尔市、呼伦贝尔市位居所有参评城市的最后三位，指数值分别为0.015、0.014和0.013。

从图2-4可以看出，东部地区经济基础与科技进步指标和科技教育指标排名整体靠前；中部地区经济基础与科技进步指标和科技教育排名整体靠后，其中，中部地区大部分城市科技教育指标排名领先于经济基础与科技进步指标排名，西部地区经济基础与科技进步指标和科技教育指标排名差距相对较小；东北地区科技进步指标排名领先于经济基础与科技进步指标排名，整体居中。分区域来看，东部地区科技教育总体指数值较高，中部地区次之，西部地区排第三位，东北地区最弱。按照算术平均方法具体计算，东部地区、中部地区科技教育指标平均水平为 0.0556 和 0.0432，高于全国平均水平 0.0417；西部地区、东北地区科技教育指标平均水平为 0.0313 和 0.0297。总体而言，东部地区科技教育优势明显，其次为中部地区，再次为西部地区，东北地区最弱。

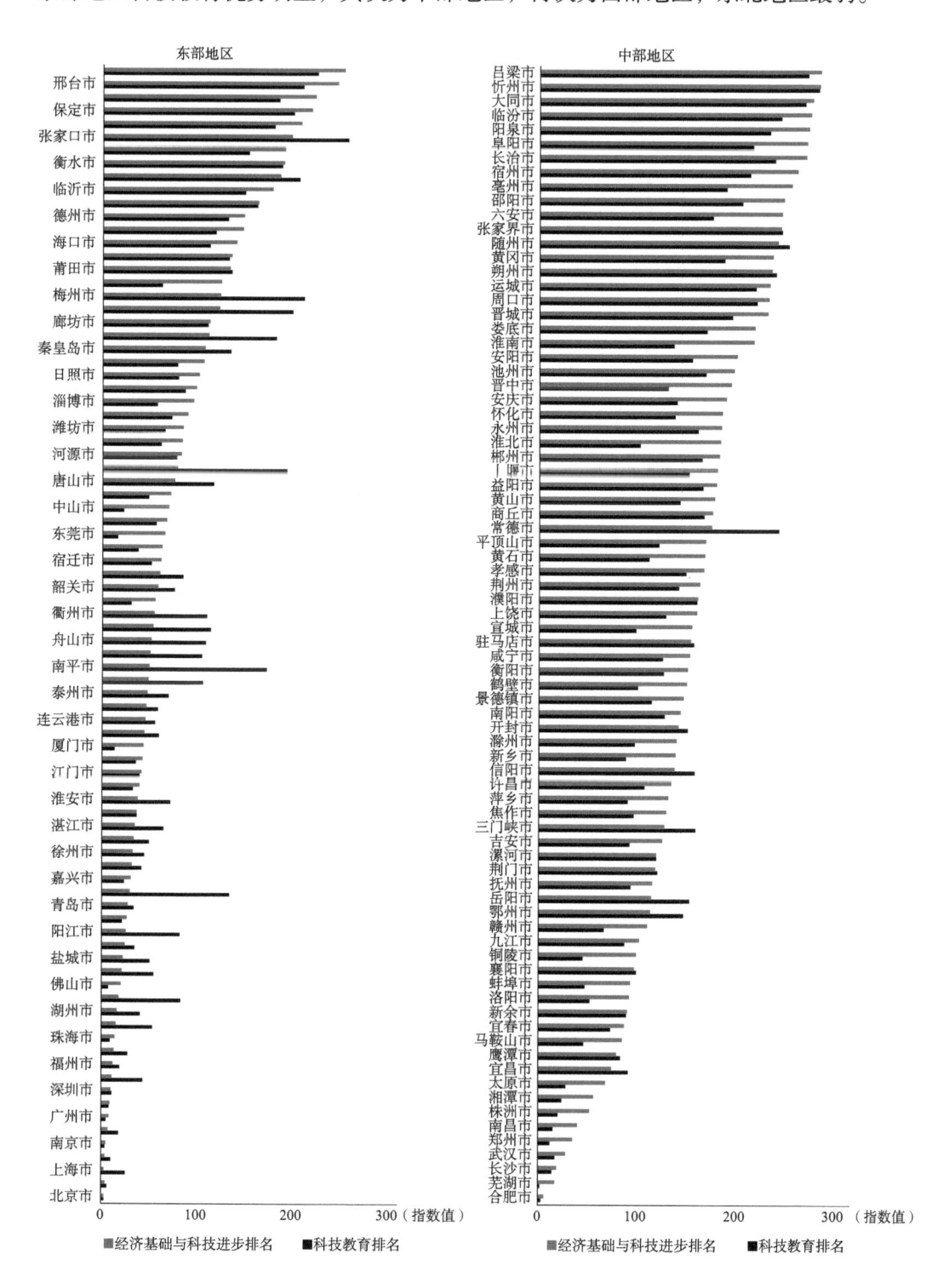

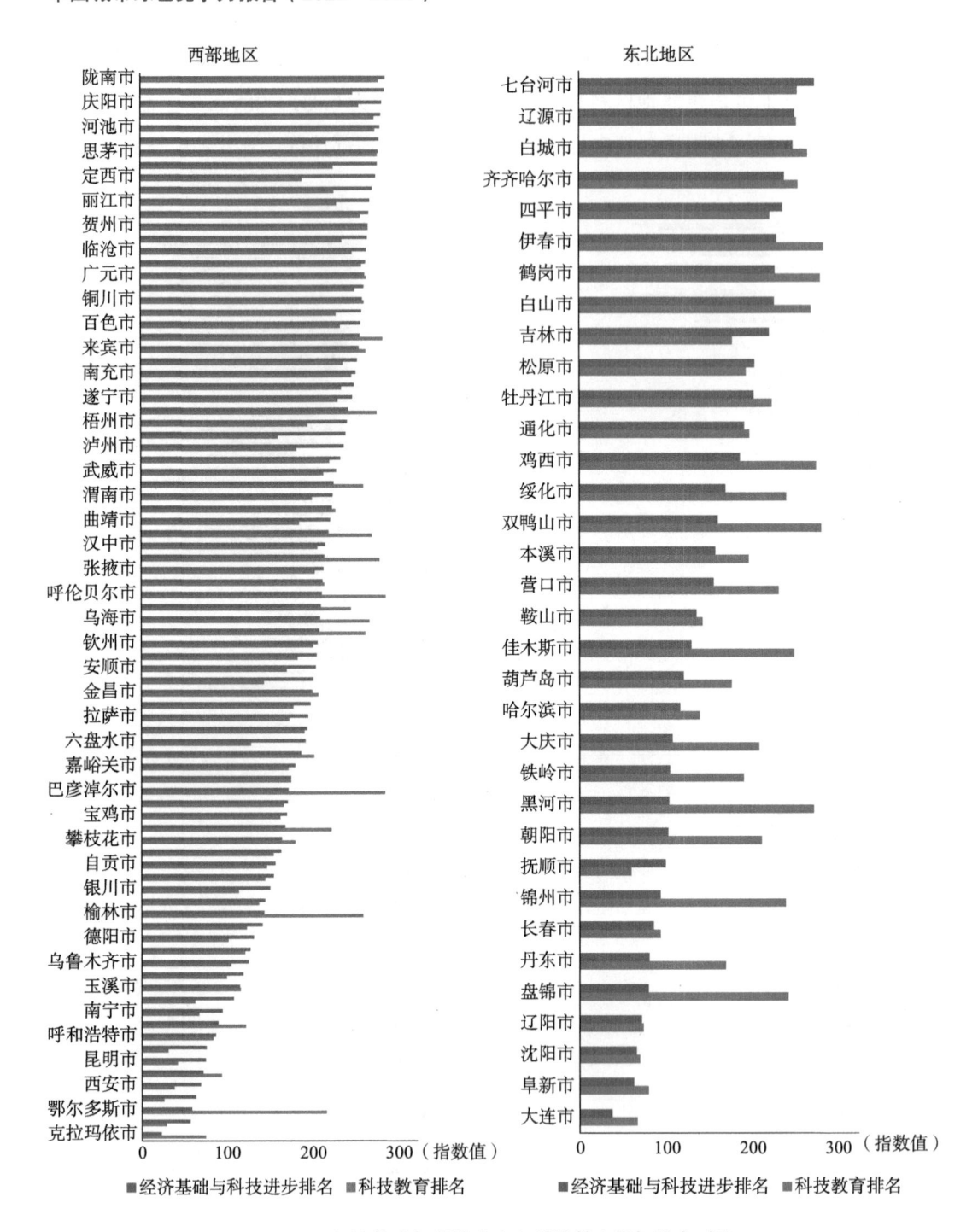

图2-4 经济基础与科技进步和科技教育指标排名对比

注：图2-4按东部、中部、西部和东北地区划分，根据经济基础与科技进步指数排名自下至上排列。

从城市科技教育指数值排名结果看，在科技教育排名前10位的城市中，东部地区城市有8个，分别是北京市、南京市、广州市、杭州市、佛山市、苏州市、珠海市、宁波市；中部地区有 2 个，分别是合肥市和芜湖市；西部地区和东北地区无。科技教育排名最后 10 位的城市中，无东部地区城市；中部地区有 1 个，是沂州市；西部地区有 6 个，分别为思茅市、陇南市、防城港市、乌兰察布市、呼伦贝尔市、巴彦淖尔市；东北地区有 3 个，分别为鹤岗市、双鸭山市和伊春市。总体看来，东部地区明显好于其他地区，中部地区次之，东北地区和西部地区稍弱。

按照区域内部城市中最高指数值与最低指数值的差值来看，东部地区指数值最高的北京市（指数值 0.1038）与指数值最低的张家口市（指数值 0.0225）之间的差值为 0.0813；中部地区指数值最高的合肥市（指数值 0.1252）与指数值最低的沂州市（指数值 0.0158）之间的差值为 0.1094；西部地区指数值最高的贵阳市（指数值 0.0750）与指数值最低的巴彦淖尔市（指数值 0.0132）之间的差值为 0.0618；东北地区指数值最高的抚顺市（指数值 0.0542）与指数值最低的伊春市（指数值 0.0146）之间的差值为 0.0396。从中可以看出，中部地区和东北地区内部城市科技水平差异较大，西部地区和东北地区城市内部差异较小。

第三章

自然资产与环境压力测算及分析

自然资产与环境压力指标衡量的是城市资源储量丰裕程度以及人们生产生活排放给环境带来的压力的大小。自然资产是一个城市自然资源禀赋的体现，也是绿色竞争力形成的基础条件，环境压力则直接反映了城市发展对环境系统造成的影响。本章根据中国城市绿色竞争力评价指标体系中对自然资产与环境压力的测度标准，利用2020年的年度数据，从资源储量和环境压力两个方面对中国287个城市的自然资产与环境压力进行了测度与分析。

一、自然资产与环境压力的测算结果

根据中国城市绿色竞争力体系中自然资产与环境压力的测度体系和权重标准，中国287个城市的自然资产与环境压力测算结果如表3-1所示。

表3-1 中国287个城市自然资产与环境压力指标及排名

指标	自然资产与环境压力		二级指标			
			资源储量		环境压力	
城市	指标值	排名	指标值	排名	指标值	排名
伊春市	0.2157	1	0.0673	1	0.1484	79
黑河市	0.2069	2	0.0574	3	0.1495	7
双鸭山市	0.2065	3	0.0571	6	0.1494	12
佳木斯市	0.2065	4	0.0574	2	0.1491	24
鸡西市	0.2064	5	0.0571	7	0.1493	18
大庆市	0.2062	6	0.0573	5	0.1490	36
鹤岗市	0.2057	7	0.0570	8	0.1487	57
乌兰察布市	0.2054	8	0.0574	4	0.1481	99
七台河市	0.2052	9	0.0565	9	0.1486	63
哈尔滨市	0.2051	10	0.0561	11	0.1490	32
齐齐哈尔市	0.2051	11	0.0562	10	0.1489	40
牡丹江市	0.2036	12	0.0555	12	0.1481	96
绥化市	0.2026	13	0.0534	13	0.1492	22
呼伦贝尔市	0.2013	14	0.0525	14	0.1488	45
通辽市	0.1983	15	0.0496	18	0.1487	50
呼和浩特市	0.1979	16	0.0494	19	0.1484	70

续表

指标	自然资产与环境压力		二级指标			
			资源储量		环境压力	
城市	指标值	排名	指标值	排名	指标值	排名
巴彦淖尔市	0.1978	17	0.0494	20	0.1485	69
赤峰市	0.1977	18	0.0490	21	0.1487	61
包头市	0.1940	19	0.0498	17	0.1442	236
鄂尔多斯市	0.1905	20	0.0501	16	0.1403	269
长春市	0.1855	21	0.0369	22	0.1487	59
白山市	0.1852	22	0.0366	24	0.1486	65
乌海市	0.1842	23	0.0502	15	0.1340	286
白城市	0.1837	24	0.0341	28	0.1496	2
通化市	0.1835	25	0.0357	26	0.1478	123
松原市	0.1834	26	0.0341	29	0.1494	15
吉林市	0.1832	27	0.0351	27	0.1481	98
辽源市	0.1820	28	0.0339	30	0.1481	106
石嘴山市	0.1805	29	0.0365	25	0.1441	240
固原市	0.1799	30	0.0307	34	0.1493	19
本溪市	0.1797	31	0.0321	32	0.1477	129
四平市	0.1796	32	0.0302	36	0.1494	14
吴忠市	0.1795	33	0.0322	31	0.1473	149
乌鲁木齐市	0.1789	34	0.0307	33	0.1481	91
黄山市	0.1786	35	0.0305	35	0.1481	103
张掖市	0.1732	36	0.0241	39	0.1490	33
兰州市	0.1730	37	0.0237	44	0.1493	20
商洛市	0.1729	38	0.0234	46	0.1495	10
汉中市	0.1729	39	0.0239	42	0.1490	34
安康市	0.1727	40	0.0235	45	0.1492	23
天水市	0.1727	41	0.0240	41	0.1487	54
平凉市	0.1727	42	0.0240	40	0.1487	62
白银市	0.1724	43	0.0243	38	0.1481	97
武威市	0.1720	44	0.0228	47	0.1493	21
榆林市	0.1701	45	0.0239	43	0.1463	199
中卫市	0.1698	46	0.0218	49	0.1480	108
永州市	0.1687	47	0.0204	50	0.1483	85
银川市	0.1676	48	0.0185	51	0.1491	28
丹东市	0.1675	49	0.0180	53	0.1495	8
陇南市	0.1673	50	0.0179	54	0.1494	13

续表

指标	自然资产与环境压力		二级指标			
			资源储量		环境压力	
城市	指标值	排名	指标值	排名	指标值	排名
铁岭市	0.1673	51	0.0177	57	0.1495	4
金昌市	0.1670	52	0.0256	37	0.1414	266
阜新市	0.1667	53	0.0171	62	0.1496	3
抚顺市	0.1661	54	0.0178	56	0.1484	80
临沧市	0.1659	55	0.0170	63	0.1488	43
昆明市	0.1658	56	0.0164	69	0.1493	17
葫芦岛市	0.1657	57	0.0166	68	0.1491	25
晋中市	0.1654	58	0.0181	52	0.1473	146
锦州市	0.1654	59	0.0163	72	0.1491	26
思茅市	0.1652	60	0.0163	71	0.1490	38
朝阳市	0.1650	61	0.0154	84	0.1495	5
拉萨市	0.1650	62	0.0159	77	0.1491	29
沈阳市	0.1648	63	0.0161	74	0.1488	46
辽阳市	0.1647	64	0.0175	58	0.1472	159
鞍山市	0.1645	65	0.0172	61	0.1473	150
太原市	0.1644	66	0.0157	81	0.1487	53
丽江市	0.1643	67	0.0159	76	0.1484	72
营口市	0.1642	68	0.0178	55	0.1464	194
宣城市	0.1642	69	0.0174	60	0.1468	176
西宁市	0.1638	70	0.0169	65	0.1469	171
安庆市	0.1636	71	0.0170	64	0.1466	187
昭通市	0.1635	72	0.0154	85	0.1481	95
忻州市	0.1635	73	0.0151	92	0.1484	74
运城市	0.1631	74	0.0151	91	0.1480	110
大同市	0.1630	75	0.0152	88	0.1478	127
合肥市	0.1627	76	0.0140	105	0.1487	58
承德市	0.1626	77	0.0139	109	0.1487	51
临汾市	0.1626	78	0.0146	99	0.1479	114
酒泉市	0.1624	79	0.0159	78	0.1465	188
保山市	0.1624	80	0.0149	96	0.1475	134
贵阳市	0.1621	81	0.0148	97	0.1473	154
铜仁市	0.1620	82	0.0149	95	0.1471	161
曲靖市	0.1619	83	0.0157	82	0.1463	200
连云港市	0.1619	84	0.0141	104	0.1478	122

续表

指标	自然资产与环境压力		二级指标			
			资源储量		环境压力	
城市	指标值	排名	指标值	排名	指标值	排名
南昌市	0.1619	85	0.0135	115	0.1484	81
六安市	0.1619	86	0.0135	118	0.1484	83
黄冈市	0.1618	87	0.0139	107	0.1478	121
定西市	0.1618	88	0.0122	172	0.1496	1
南阳市	0.1618	89	0.0132	123	0.1486	66
吕梁市	0.1617	90	0.0150	94	0.1468	178
池州市	0.1615	91	0.0142	103	0.1473	152
钦州市	0.1615	92	0.0147	98	0.1468	175
铜陵市	0.1614	93	0.0174	59	0.1440	241
阳泉市	0.1614	94	0.0156	83	0.1458	214
咸宁市	0.1614	95	0.0150	93	0.1463	197
长治市	0.1613	96	0.0154	86	0.1459	210
九江市	0.1612	97	0.0157	80	0.1455	219
石家庄市	0.1611	98	0.0122	174	0.1489	39
河池市	0.1611	99	0.0123	153	0.1487	49
滁州市	0.1610	100	0.0160	75	0.1450	226
西安市	0.1610	101	0.0130	128	0.1480	107
赣州市	0.1610	102	0.0129	134	0.1481	101
景德镇市	0.1610	103	0.0153	87	0.1456	216
东营市	0.1610	104	0.0132	124	0.1478	125
张家口市	0.1608	105	0.0117	187	0.1491	27
广元市	0.1608	106	0.0121	175	0.1487	55
驻马店市	0.1608	107	0.0129	136	0.1479	116
乐山市	0.1607	108	0.0136	112	0.1472	160
朔州市	0.1607	109	0.0139	108	0.1468	177
晋城市	0.1607	110	0.0158	79	0.1448	229
信阳市	0.1607	111	0.0124	152	0.1483	84
铜川市	0.1606	112	0.0118	183	0.1488	44
雅安市	0.1606	113	0.0116	196	0.1490	35
威海市	0.1605	114	0.0123	155	0.1482	88
邵阳市	0.1605	115	0.0122	173	0.1484	82
舟山市	0.1605	116	0.0152	89	0.1453	223
吉安市	0.1605	117	0.0129	135	0.1476	131
上饶市	0.1605	118	0.0127	143	0.1477	128

续表

指标	自然资产与环境压力		二级指标			
			资源储量		环境压力	
城市	指标值	排名	指标值	排名	指标值	排名
荆州市	0.1604	119	0.0133	120	0.1472	158
亳州市	0.1604	120	0.0130	127	0.1475	136
毕节市	0.1604	121	0.0130	126	0.1474	140
随州市	0.1604	122	0.0136	113	0.1468	173
抚州市	0.1603	123	0.0122	165	0.1481	93
青岛市	0.1603	124	0.0124	150	0.1479	112
衡水市	0.1603	125	0.0129	137	0.1475	138
渭南市	0.1603	126	0.0116	198	0.1488	47
十堰市	0.1602	127	0.0129	131	0.1473	155
大连市	0.1602	128	0.0169	66	0.1434	249
怀化市	0.1602	129	0.0113	214	0.1489	42
淮南市	0.1601	130	0.0135	119	0.1466	184
临沂市	0.1600	131	0.0122	171	0.1479	120
郴州市	0.1600	132	0.0129	129	0.1471	166
郑州市	0.1600	133	0.0120	178	0.1480	109
周口市	0.1600	134	0.0129	133	0.1471	169
盘锦市	0.1600	135	0.0167	67	0.1433	253
嘉峪关市	0.1600	136	0.0219	48	0.1381	281
宿州市	0.1599	137	0.0125	148	0.1475	135
阜阳市	0.1599	138	0.0133	122	0.1467	180
巴中市	0.1599	139	0.0105	229	0.1494	16
三门峡市	0.1598	140	0.0126	146	0.1472	157
桂林市	0.1598	141	0.0119	179	0.1479	117
阳江市	0.1597	142	0.0115	199	0.1481	92
烟台市	0.1596	143	0.0116	194	0.1481	105
保定市	0.1596	144	0.0123	158	0.1473	151
百色市	0.1596	145	0.0122	169	0.1474	145
潍坊市	0.1596	146	0.0117	184	0.1478	124
淄博市	0.1595	147	0.0127	140	0.1468	174
来宾市	0.1595	148	0.0113	210	0.1482	90
庆阳市	0.1594	149	0.0123	157	0.1471	164
泸州市	0.1594	150	0.0126	145	0.1467	179
崇左市	0.1594	151	0.0114	207	0.1479	113
宜春市	0.1594	152	0.0129	130	0.1464	193

续表

指标	自然资产与环境压力		二级指标			
			资源储量		环境压力	
城市	指标值	排名	指标值	排名	指标值	排名
张家界市	0.1594	153	0.0098	244	0.1495	6
菏泽市	0.1593	154	0.0114	209	0.1480	111
南京市	0.1593	155	0.0139	106	0.1454	221
蚌埠市	0.1593	156	0.0144	101	0.1449	228
邢台市	0.1593	157	0.0122	167	0.1471	165
延安市	0.1593	158	0.0110	216	0.1482	87
德州市	0.1593	159	0.0117	190	0.1476	132
咸阳市	0.1592	160	0.0119	181	0.1473	147
滨州市	0.1591	161	0.0120	177	0.1471	167
绵阳市	0.1591	162	0.0116	191	0.1475	137
孝感市	0.1590	163	0.0135	114	0.1455	220
秦皇岛市	0.1590	164	0.0125	147	0.1465	189
宝鸡市	0.1590	165	0.0116	193	0.1474	141
安顺市	0.1590	166	0.0131	125	0.1458	211
南充市	0.1589	167	0.0115	204	0.1475	133
泰安市	0.1589	168	0.0115	201	0.1474	142
商丘市	0.1589	169	0.0116	192	0.1473	153
梧州市	0.1589	170	0.0123	162	0.1466	183
资阳市	0.1588	171	0.0101	237	0.1487	60
淮北市	0.1588	172	0.0146	100	0.1442	238
达州市	0.1588	173	0.0104	232	0.1484	75
宿迁市	0.1587	174	0.0106	228	0.1481	104
衡阳市	0.1587	175	0.0122	163	0.1464	191
广安市	0.1585	176	0.0107	226	0.1479	119
六盘水市	0.1585	177	0.0163	70	0.1423	261
重庆市	0.1585	178	0.0098	243	0.1486	64
开封市	0.1585	179	0.0123	159	0.1462	203
聊城市	0.1584	180	0.0108	223	0.1476	130
济宁市	0.1584	181	0.0115	200	0.1469	172
荆门市	0.1584	182	0.0129	132	0.1455	218
内江市	0.1584	183	0.0113	213	0.1471	162
淮安市	0.1583	184	0.0104	231	0.1479	118
玉溪市	0.1583	185	0.0151	90	0.1432	254
贵港市	0.1582	186	0.0122	168	0.1460	208

续表

指标	自然资产与环境压力		二级指标			
			资源储量		环境压力	
城市	指标值	排名	指标值	排名	指标值	排名
盐城市	0.1581	187	0.0100	238	0.1481	102
南宁市	0.1581	188	0.0114	205	0.1466	181
沧州市	0.1581	189	0.0128	139	0.1453	224
眉山市	0.1580	190	0.0107	227	0.1474	144
贺州市	0.1580	191	0.0108	224	0.1472	156
济南市	0.1580	192	0.0110	218	0.1470	170
自贡市	0.1580	193	0.0123	154	0.1457	215
濮阳市	0.1579	194	0.0115	202	0.1464	192
玉林市	0.1579	195	0.0108	222	0.1471	168
丽水市	0.1579	196	0.0084	252	0.1495	9
安阳市	0.1578	197	0.0115	203	0.1463	196
新乡市	0.1578	198	0.0122	166	0.1456	217
长沙市	0.1578	199	0.0114	208	0.1464	195
洛阳市	0.1578	200	0.0124	149	0.1453	222
遂宁市	0.1577	201	0.0117	189	0.1460	209
平顶山市	0.1576	202	0.0116	197	0.1461	205
宜昌市	0.1576	203	0.0136	111	0.1440	242
日照市	0.1575	204	0.0117	185	0.1458	212
武汉市	0.1575	205	0.0128	138	0.1447	231
枣庄市	0.1575	206	0.0110	217	0.1464	190
徐州市	0.1574	207	0.0103	233	0.1471	163
衢州市	0.1574	208	0.0084	251	0.1489	41
海口市	0.1573	209	0.0091	248	0.1483	86
襄阳市	0.1572	210	0.0135	116	0.1437	244
攀枝花市	0.1571	211	0.0113	212	0.1458	213
廊坊市	0.1570	212	0.0137	110	0.1433	251
宜宾市	0.1569	213	0.0109	221	0.1460	206
益阳市	0.1569	214	0.0103	236	0.1466	186
杭州市	0.1568	215	0.0082	255	0.1485	68
邯郸市	0.1567	216	0.0123	160	0.1444	234
清远市	0.1566	217	0.0083	254	0.1484	77
韶关市	0.1566	218	0.0078	263	0.1487	48
三明市	0.1566	219	0.0091	247	0.1474	139
焦作市	0.1566	220	0.0124	151	0.1442	237

续表

指标	自然资产与环境压力		二级指标			
			资源储量		环境压力	
城市	指标值	排名	指标值	排名	指标值	排名
龙岩市	0.1565	221	0.0082	258	0.1484	78
马鞍山市	0.1564	222	0.0162	73	0.1403	270
娄底市	0.1563	223	0.0099	241	0.1463	198
南平市	0.1561	224	0.0079	261	0.1482	89
河源市	0.1561	225	0.0067	279	0.1494	11
常德市	0.1560	226	0.0108	225	0.1453	225
镇江市	0.1560	227	0.0123	161	0.1438	243
梅州市	0.1559	228	0.0069	276	0.1490	30
北京市	0.1557	229	0.0067	278	0.1490	31
鹤壁市	0.1557	230	0.0127	141	0.1430	257
遵义市	0.1557	231	0.0135	117	0.1421	262
岳阳市	0.1556	232	0.0113	211	0.1443	235
惠州市	0.1556	233	0.0069	275	0.1487	56
株洲市	0.1555	234	0.0122	164	0.1433	252
德阳市	0.1554	235	0.0119	180	0.1436	246
萍乡市	0.1554	236	0.0117	186	0.1437	245
肇庆市	0.1554	237	0.0070	274	0.1484	73
宁德市	0.1554	238	0.0076	264	0.1478	126
湛江市	0.1553	239	0.0064	284	0.1490	37
江门市	0.1553	240	0.0072	269	0.1481	100
天津市	0.1553	241	0.0067	277	0.1486	67
黄石市	0.1553	242	0.0133	121	0.1420	263
金华市	0.1551	243	0.0070	273	0.1481	94
云浮市	0.1550	244	0.0066	281	0.1484	76
茂名市	0.1550	245	0.0063	285	0.1487	52
泰州市	0.1550	246	0.0103	235	0.1447	232
揭阳市	0.1550	247	0.0071	270	0.1479	115
鹰潭市	0.1549	248	0.0118	182	0.1431	255
汕尾市	0.1548	249	0.0064	283	0.1484	71
扬州市	0.1547	250	0.0100	240	0.1447	230
漯河市	0.1546	251	0.0112	215	0.1434	250
湖州市	0.1545	252	0.0079	262	0.1466	182
台州市	0.1544	253	0.0071	272	0.1473	148
南通市	0.1543	254	0.0098	242	0.1445	233

续表

指标	自然资产与环境压力		二级指标			
			资源储量		环境压力	
城市	指标值	排名	指标值	排名	指标值	排名
防城港市	0.1541	255	0.0116	195	0.1425	260
福州市	0.1540	256	0.0079	259	0.1461	204
漳州市	0.1540	257	0.0074	266	0.1466	185
温州市	0.1540	258	0.0066	282	0.1474	143
新余市	0.1537	259	0.0122	170	0.1415	264
上海市	0.1534	260	0.0072	268	0.1462	201
芜湖市	0.1534	261	0.0143	102	0.1392	276
绍兴市	0.1534	262	0.0074	265	0.1460	207
柳州市	0.1533	263	0.0127	142	0.1406	267
泉州市	0.1532	264	0.0091	246	0.1441	239
广州市	0.1531	265	0.0100	239	0.1431	256
许昌市	0.1523	266	0.0120	176	0.1402	271
潮州市	0.1522	267	0.0060	286	0.1462	202
莆田市	0.1516	268	0.0066	280	0.1449	227
佛山市	0.1514	269	0.0085	250	0.1429	258
珠海市	0.1508	270	0.0127	144	0.1381	279
湘潭市	0.1507	271	0.0114	206	0.1393	275
北海市	0.1505	272	0.0110	219	0.1395	273
宁波市	0.1505	273	0.0071	271	0.1434	248
成都市	0.1503	274	0.0110	220	0.1393	274
嘉兴市	0.1501	275	0.0074	267	0.1427	259
常州市	0.1500	276	0.0094	245	0.1406	268
鄂州市	0.1498	277	0.0117	188	0.1381	280
汕头市	0.1497	278	0.0082	257	0.1415	265
唐山市	0.1495	279	0.0123	156	0.1371	283
厦门市	0.1484	280	0.0082	256	0.1402	272
苏州市	0.1483	281	0.0103	234	0.1379	282
中山市	0.1478	282	0.0043	287	0.1435	247
三亚市	0.1471	283	0.0090	249	0.1382	278
无锡市	0.1468	284	0.0105	230	0.1363	285
东莞市	0.1467	285	0.0084	253	0.1383	277
深圳市	0.1444	286	0.0079	260	0.1365	284
克拉玛依市	0.1403	287	0.0366	23	0.1036	287

注：1.本表根据中国城市绿色竞争力评价指标体系中自然资产与环境压力指标体系，依据各指标2020年数据

第三章 自然资产与环境压力测算及分析

测算而得。

2. 本表各参评城市按照指标得分顺序进行排序。

3. 本表一级指标"自然资产与环境压力"指数值为测算结果标准化处理后进行打分，得分越高，城市综合自然资产与环境压力越小；2个二级指标"资源储量"和"环境压力"得分值为标准化后进行逆处理，并且对每个城市进行打分，分数越高，资源储量越大，环境压力越小。

4. 本表测度结果保留4位小数，如果指数相同、排名相同，说明两市测算的指数完全一样，如果指数相同但排名不同则是小数点四舍五入的结果，说明指数值在小数点后4位之后有差异。

5. 以上数据及排名根据《中国统计年鉴2020》《2020中国环境统计年报》《中国环境统计年鉴2020》《中国城市统计年鉴2020》《中国区域经济统计年鉴2020》等测算。

6. 为了便于后文进行比较分析，基于算术平均方法，我们测算出全国所有参评城市自然资产与环境压力指数的平均值为0.1633。

从表3-1中可以看出，2020年中国287个城市自然资产与环境压力测算中，得分值最高的是伊春市，达到0.2157；资源储量得分为0.0673，在所有参评城市中排名第1名；但环境压力值为0.1484，在所有参评城市中排名第79名，说明环境压力相对较小，生产生活对环境的破坏程度较小。自然资产与环境压力指标值得分最低的是克拉玛依市，仅为0.1403，说明其在资源储备以及环境治理保护上压力较大。在中国287个城市中，有73个城市自然资产与环境压力得分高出或等于全国平均水平。排在前20位的城市依次是伊春市、黑河市、双鸭山市、佳木斯市、鸡西市、大庆市、鹤岗市、乌兰察布市、七台河市、哈尔滨市、齐齐哈尔市、牡丹江市、绥化市、呼伦贝尔市、通辽市、呼和浩特市、巴彦淖尔市、赤峰市、包头市、鄂尔多斯市。

其中，资源储量指标得分排名前20位的城市依次是伊春市、佳木斯市、黑河市、乌兰察布市、大庆市、双鸭山市、鸡西市、鹤岗市、七台河市、齐齐哈尔市、哈尔滨市、牡丹江市、绥化市、呼伦贝尔市、乌海市、鄂尔多斯市、包头市、通辽市、呼和浩特市、巴彦淖尔市；环境压力指标得分排名前20位的城市依次是定西市、白城市、阜新市、铁岭市、朝阳市、张家界市、黑河市、丹东市、丽水市、商洛市、河源市、双鸭山市、陇南市、四平市、松原市、巴中市、昆明市、鸡西市、固原市、兰州市。2020年，中国287个城市自然资产与环境压力得分排名前20位和后20位的具体情况如图3-1所示。

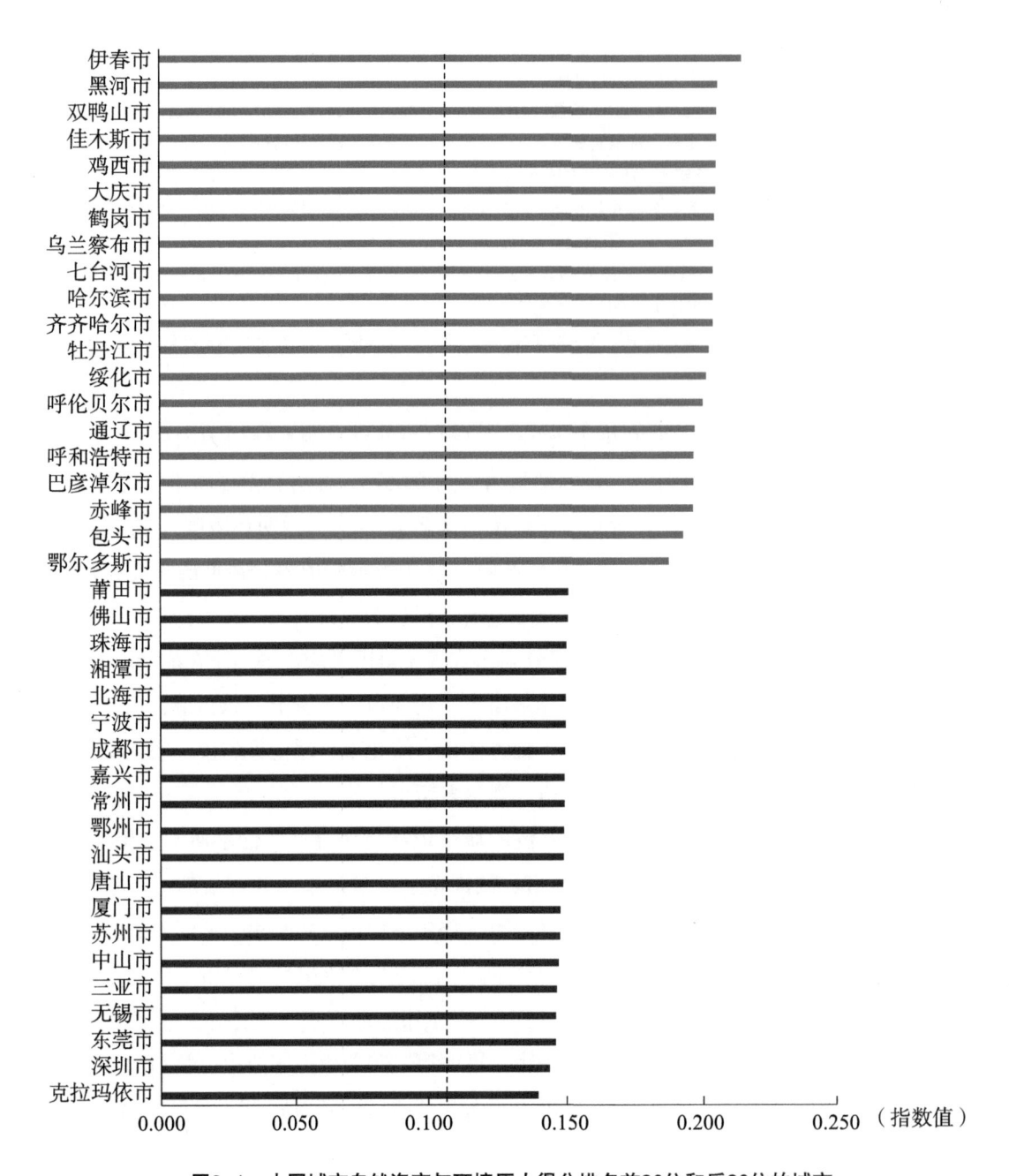

图3-1 中国城市自然资产与环境压力得分排名前20位和后20位的城市

注：本图根据表3-1制作。指数值由低到高排列，虚线表示所有参评城市自然资产与环境压力的平均值0.1633。

根据表3-1和图3-1，我们进一步从城市自然资产与环境压力区域间差异、区域内差异以及城市自然资产与环境压力对中国城市绿色竞争力的影响三个方面进行分析。

（一）城市自然资产与环境压力区域间差异分析

自然资产与环境压力具有东北地区、西部地区城市明显好于中部地区和东部地区城市的地域分化格局，具体如图3-2所示。其中，东北地区参评城市的自然资产与环境压力得分平均值为0.1842，高于全国平均水平0.1633；西部地区参评城市的自然资产与环境压力得分平均值达到0.1659，也超过全国平均水平；而中部地区参评城市的自然资产与环境压力得分平均值为0.1596，东部地区参评城市的自然资产与环境压力得分平均值达到0.1557，均明显低于全国平均水平。

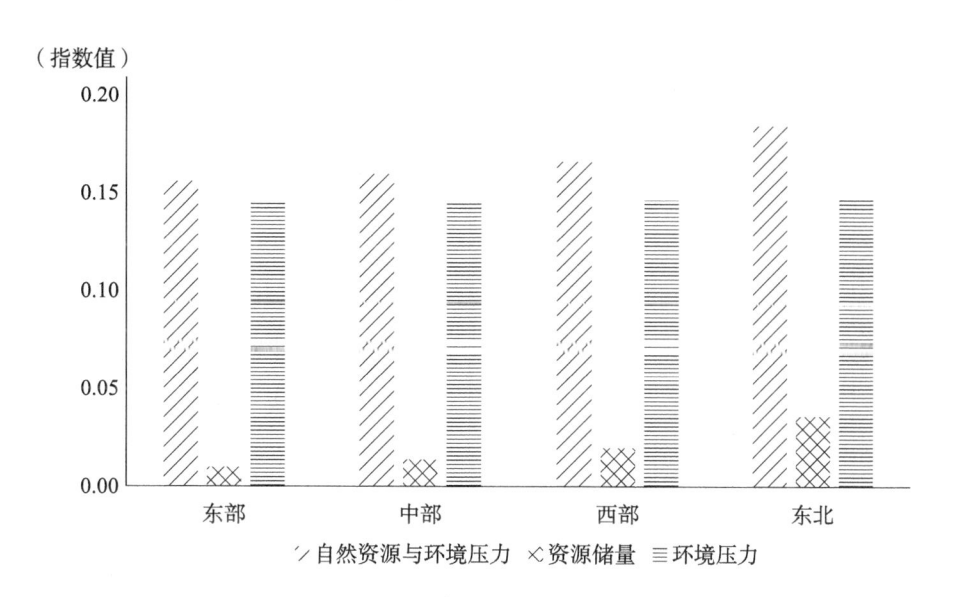

图3-2　中国四大区域城市自然资产与环境压力对照图

注：本图数据为四大区域中各城市指数值的算术平均值。

二级指标方面，资源储量指标中，东北地区资源储量平均水平为0.0358，显著高于其他三个地区，远超全国平均水平0.0169。相较而言，西部、中部和东部地区三者之间的差距较小。西部地区资源储量平均水平为0.0196，高于全国平均水平；中部地区资源储量平均水平为0.0136，东部地区资源储量平均水平为0.0097，均低于全国平均水平0.0169。

环境压力指标中，东北地区环境压力平均水平达到0.1484，高于其他区域，而且高于全国平均水平0.1464，环境压力最小。西部地区、东部地区、中部地区的环境压力平均水平依次为0.1463、0.1460和0.1459，三者均略低于全国平均水平0.1464。

（二）城市自然资产与环境压力区域内差异分析

城市自然资产与环境压力在区域间呈现东北地区城市较好，西部地区城市次之，中部、东部地区城市较弱的局面；区域内部各城市之间的差异较为明显，存在地区间的不平衡。

1. 东部地区自然资产与环境压力指数及排名

2020年中国东部地区城市自然资产与环境压力指数及排名如表3-2所示。

表3-2 中国东部地区城市自然资产与环境压力指数及排名

城市	指标值	整体排名	区域内排名	城市	指标值	整体排名	区域内排名
承德市	0.1626	77	1	河源市	0.1561	225	44
连云港市	0.1619	84	2	镇江市	0.1560	227	45
石家庄市	0.1611	98	3	梅州市	0.1559	228	46
东营市	0.1610	104	4	北京市	0.1557	229	47
张家口市	0.1608	105	5	惠州市	0.1556	233	48
威海市	0.1605	114	6	肇庆市	0.1554	237	49
舟山市	0.1605	116	7	宁德市	0.1554	238	50
青岛市	0.1603	124	8	湛江市	0.1553	239	51
衡水市	0.1603	125	9	江门市	0.1553	240	52
临沂市	0.1600	131	10	天津市	0.1553	241	53
阳江市	0.1597	142	11	金华市	0.1551	243	54
烟台市	0.1596	143	12	云浮市	0.1550	244	55
保定市	0.1596	144	13	茂名市	0.1550	245	56
潍坊市	0.1596	146	14	泰州市	0.1550	246	57
淄博市	0.1595	147	15	揭阳市	0.1550	247	58
菏泽市	0.1593	154	16	汕尾市	0.1548	249	59
南京市	0.1593	155	17	扬州市	0.1547	250	60
邢台市	0.1593	157	18	湖州市	0.1545	252	61
德州市	0.1593	159	19	台州市	0.1544	253	62
滨州市	0.1591	161	20	南通市	0.1543	254	63
秦皇岛市	0.1590	164	21	福州市	0.1540	256	64
泰安市	0.1589	168	22	漳州市	0.1540	257	65
宿迁市	0.1587	174	23	温州市	0.1540	258	66
聊城市	0.1584	180	24	上海市	0.1534	260	67

续表

城市	指标值	整体排名	区域内排名	城市	指标值	整体排名	区域内排名
济宁市	0.1584	181	25	绍兴市	0.1534	262	68
淮安市	0.1583	184	26	泉州市	0.1532	264	69
盐城市	0.1581	187	27	广州市	0.1531	265	70
沧州市	0.1581	189	28	潮州市	0.1522	267	71
济南市	0.1580	192	29	莆田市	0.1516	268	72
丽水市	0.1579	196	30	佛山市	0.1514	269	73
日照市	0.1575	204	31	珠海市	0.1508	270	74
枣庄市	0.1575	206	32	宁波市	0.1505	273	75
徐州市	0.1574	207	33	嘉兴市	0.1501	275	76
衢州市	0.1574	208	34	常州市	0.1500	276	77
海口市	0.1573	209	35	汕头市	0.1497	278	78
廊坊市	0.1570	212	36	唐山市	0.1495	279	79
杭州市	0.1568	215	37	厦门市	0.1484	280	80
邯郸市	0.1567	216	38	苏州市	0.1483	281	81
清远市	0.1566	217	39	中山市	0.1478	282	82
韶关市	0.1566	218	40	三亚市	0.1471	283	83
三明市	0.1566	219	41	无锡市	0.1468	284	84
龙岩市	0.1565	221	42	东莞市	0.1467	285	85
南平市	0.1561	224	43	深圳市	0.1444	286	86

注：根据表 3-1 整理。

东部地区参评的 86 个城市中，没有城市位居所有参评城市的前 20 位。承德市以 0.1626 的得分值位居东部所有参评城市第一位，高于其他东部参评城市。深圳市以 0.1444 的得分值位居东部所有参评城市的最后一位。东部 86 个城市的自然资产与环境压力得分值低于全国平均水平，自然资产与环境压力水平位居全国中下游，需要着力改善。

2. 中部地区城市自然资产与环境压力指数及排名

2020 年中国中部地区城市自然资产与环境压力指数及排名如表 3-3 所示。

表 3-3 中国中部地区城市自然资产与环境压力指数及排名

城市	指标值	整体排名	区域内排名	城市	指标值	整体排名	区域内排名
黄山市	0.1786	35	1	郑州市	0.1600	133	41
永州市	0.1687	47	2	周口市	0.1600	134	42
晋中市	0.1654	58	3	宿州市	0.1599	137	43
太原市	0.1644	66	4	阜阳市	0.1599	138	44
宣城市	0.1642	69	5	三门峡市	0.1598	140	45
安庆市	0.1636	71	6	宜春市	0.1594	152	46
忻州市	0.1635	73	7	张家界市	0.1594	153	47
运城市	0.1631	74	8	蚌埠市	0.1593	156	48
大同市	0.1630	75	9	孝感市	0.1590	163	49
合肥市	0.1627	76	10	商丘市	0.1589	169	50
临汾市	0.1626	78	11	淮北市	0.1588	172	51
南昌市	0.1619	85	12	衡阳市	0.1587	175	52
六安市	0.1619	86	13	开封市	0.1585	179	53
黄冈市	0.1618	87	14	荆门市	0.1584	182	54
南阳市	0.1618	89	15	濮阳市	0.1579	194	55
吕梁市	0.1617	90	16	安阳市	0.1578	197	56
池州市	0.1615	91	17	新乡市	0.1578	198	57
铜陵市	0.1614	93	18	长沙市	0.1578	199	58
阳泉市	0.1614	94	19	洛阳市	0.1578	200	59
咸宁市	0.1614	95	20	平顶山市	0.1576	202	60
长治市	0.1613	96	21	宜昌市	0.1576	203	61
九江市	0.1612	97	22	武汉市	0.1575	205	62
滁州市	0.1610	100	23	襄阳市	0.1572	210	63
赣州市	0.1610	102	24	益阳市	0.1569	214	64
景德镇市	0.1610	103	25	焦作市	0.1566	220	65
驻马店市	0.1608	107	26	马鞍山市	0.1564	222	66
朔州市	0.1607	109	27	娄底市	0.1563	223	67
晋城市	0.1607	110	28	常德市	0.1560	226	68
信阳市	0.1607	111	29	鹤壁市	0.1557	230	69
邵阳市	0.1605	115	30	岳阳市	0.1556	232	70
吉安市	0.1605	117	31	株洲市	0.1555	234	71

续表

城市	指标值	整体排名	区域内排名	城市	指标值	整体排名	区域内排名
上饶市	0.1605	118	32	萍乡市	0.1554	236	72
荆州市	0.1604	119	33	黄石市	0.1553	242	73
亳州市	0.1604	120	34	鹰潭市	0.1549	248	74
随州市	0.1604	122	35	漯河市	0.1546	251	75
抚州市	0.1603	123	36	新余市	0.1537	259	76
十堰市	0.1602	127	37	芜湖市	0.1534	261	77
怀化市	0.1602	129	38	许昌市	0.1523	266	78
淮南市	0.1601	130	39	湘潭市	0.1507	271	79
郴州市	0.1600	132	40	鄂州市	0.1498	277	80

注：根据表3-1整理。

中部地区参评的80个城市中，没有城市位居所有参评城市的前20位。黄山市以0.1786的得分值位于中部地区参评城市的第1名，位于全国参评城市的第35名。鄂州市以0.1498的得分值位于中部参评城市的最后一名，在全国参评城市中排名靠后。黄山市、永州市、晋中市、太原市等7个城市的自然资产与环境压力高于全国平均水平，其余大部分城市自然资产与环境压力均低于全国平均水平，中部大部分城市自然资产与环境压力在全国排名在中下游。

3. 西部地区城市自然资产与环境压力指数及排名

2020年中国西部地区城市自然资产与环境压力指数及排名如表3-4所示。

表3-4　中国西部地区城市自然资产与环境压力指数及排名

城市	指标值	整体排名	区域内排名	城市	指标值	整体排名	区域内排名
乌兰察布市	0.2054	8	1	乐山市	0.1607	108	45
呼伦贝尔市	0.2013	14	2	铜川市	0.1606	112	46
通辽市	0.1983	15	3	雅安市	0.1606	113	47
呼和浩特市	0.1979	16	4	毕节市	0.1604	121	48
巴彦淖尔市	0.1978	17	5	渭南市	0.1603	126	49
赤峰市	0.1977	18	6	嘉峪关市	0.1600	136	50
包头市	0.1940	19	7	巴中市	0.1599	139	51
鄂尔多斯市	0.1905	20	8	桂林市	0.1598	141	52
乌海市	0.1842	23	9	百色市	0.1596	145	53
石嘴山市	0.1805	29	10	来宾市	0.1595	148	54
固原市	0.1799	30	11	庆阳市	0.1594	149	55

续表

城市	指标值	整体排名	区域内排名	城市	指标值	整体排名	区域内排名
吴忠市	0.1795	33	12	泸州市	0.1594	150	56
乌鲁木齐市	0.1789	34	13	崇左市	0.1594	151	57
张掖市	0.1732	36	14	延安市	0.1593	158	58
兰州市	0.1730	37	15	咸阳市	0.1592	160	59
商洛市	0.1729	38	16	绵阳市	0.1591	162	60
汉中市	0.1729	39	17	宝鸡市	0.1590	165	61
安康市	0.1727	40	18	安顺市	0.1590	166	62
天水市	0.1727	41	19	南充市	0.1589	167	63
平凉市	0.1727	42	20	梧州市	0.1589	170	64
白银市	0.1724	43	21	资阳市	0.1588	171	65
武威市	0.1720	44	22	达州市	0.1588	173	66
榆林市	0.1701	45	23	广安市	0.1585	176	67
中卫市	0.1698	46	24	六盘水市	0.1585	177	68
银川市	0.1676	48	25	重庆市	0.1585	178	69
陇南市	0.1673	50	26	内江市	0.1584	183	70
金昌市	0.1670	52	27	玉溪市	0.1583	185	71
临沧市	0.1659	55	28	贵港市	0.1582	186	72
昆明市	0.1658	56	29	南宁市	0.1581	188	73
思茅市	0.1652	60	30	眉山市	0.1580	190	74
拉萨市	0.1650	62	31	贺州市	0.1580	191	75
丽江市	0.1643	67	32	自贡市	0.1580	193	76
西宁市	0.1638	70	33	玉林市	0.1579	195	77
昭通市	0.1635	72	34	遂宁市	0.1577	201	78
酒泉市	0.1624	79	35	攀枝花市	0.1571	211	79
保山市	0.1624	80	36	宜宾市	0.1569	213	80
贵阳市	0.1621	81	37	遵义市	0.1557	231	81
铜仁市	0.1620	82	38	德阳市	0.1554	235	82
曲靖市	0.1619	83	39	防城港市	0.1541	255	83
定西市	0.1618	88	40	柳州市	0.1533	263	84
钦州市	0.1615	92	41	北海市	0.1505	272	85
河池市	0.1611	99	42	成都市	0.1503	274	86
西安市	0.1610	101	43	克拉玛依市	0.1403	287	87
广元市	0.1608	106	44	—	—	—	—

注：根据表 3-1 整理。

西部地区参评的 87 个城市中，有 8 个城市位居所有参评城市的前 20 位，分别是乌兰察布市、呼伦贝尔市、通辽市、呼和浩特市、巴彦淖尔市、赤峰市、包头市、鄂尔多斯市，占西部参评城市的9.20%。西部地区内部城市差距较大，乌兰察布市以0.2054的得分值位居全国城市第8名，克拉玛依市以0.1403的得分值位居全国城市最后一名。西部地区有34个城市的自然资产与环境压力得分均高于全国得分平均水平，自然资产与环境压力表现位居全国上游。

4. 东北地区城市自然资产与环境压力指数及排名

2020年中国东北地区城市自然资产与环境压力指数及排名如表3-5所示。

表3-5 中国东北地区城市自然资产与环境压力指数及排名

城市	指标值	整体排名	区域内排名	城市	指标值	整体排名	区域内排名
伊春市	0.2157	1	1	吉林市	0.1832	27	18
黑河市	0.2069	2	2	辽源市	0.1820	28	19
双鸭山市	0.2065	3	3	本溪市	0.1797	31	20
佳木斯市	0.2065	4	4	四平市	0.1796	32	21
鸡西市	0.2064	5	5	丹东市	0.1675	49	22
大庆市	0.2062	6	6	铁岭市	0.1673	51	23
鹤岗市	0.2057	7	7	阜新市	0.1667	53	24
七台河市	0.2052	9	8	抚顺市	0.1661	54	25
哈尔滨市	0.2051	10	9	葫芦岛市	0.1657	57	26
齐齐哈尔市	0.2051	11	10	锦州市	0.1654	59	27
牡丹江市	0.2036	12	11	朝阳市	0.1650	61	28
绥化市	0.2026	13	12	沈阳市	0.1648	63	29
长春市	0.1855	21	13	辽阳市	0.1647	64	30
白山市	0.1852	22	14	鞍山市	0.1645	65	31
白城市	0.1837	24	15	营口市	0.1642	68	32
通化市	0.1835	25	16	大连市	0.1602	128	33
松原市	0.1834	26	17	盘锦市	0.1600	135	34

注：根据表3-1整理。

东北地区参与测评的34个城市中，伊春市、黑河市、双鸭山市、佳木斯市、鸡西市、大庆市、鹤岗市、七台河市、哈尔滨市、齐齐哈尔市、牡丹江市、绥化市12个城市进入参评城市前20位的行列，占据东北地区参评城市数量的35.29%。伊春市、黑河市、营口市等32个城市的自然资产与环境压力指数值大于0.1633，高于全国城市平均水平。盘锦市的自然资产与环境压力指数值是东北地区参评城市的最后一名，但在全国位居第135名。整体而言，东北地区绝大多数城市的自然资产与环境压力在全国的排名偏于较高水平，整体表现优异。

从区域内部差异来看，东北地区排名最高的伊春市（第1名，指数值0.2157）与排名最低的盘锦市（第135名，指数值0.1600）之间的位差为134位，指数值的差为0.0557。可见东北地区城市自然资产与环境压力较为接近，区域内部差距相对较小，但由于样本量也较小，所以这种接近也有一定的相对性。

（三）城市自然资产与环境压力对中国城市绿色竞争力的影响分析

对比2020年中国城市绿色竞争力发展指标和城市自然资产与环境压力指标后发现，287个参评城市中，有164个自然资产与环境压力得分排名高于中国城市绿色竞争力发展指数得分，这表明这些城市自然资产禀赋的丰裕以及相对较小的环境压力推高了城市整体绿色发展水平，如大庆市、哈尔滨市、鄂尔多斯市等；有123个城市自然资产与环境压力得分排名低于中国城市绿色竞争力发展指数排名，这表明这些城市相对匮乏的自然资产以及较大的环境压力给城市绿色发展带来了一定的压力，如杭州市、上海市、深圳市、北京市等。

从影响程度上分析，中国城市绿色竞争力发展指标和自然资产与环境压力指标排名差异较大（超过50名）的城市有215个。其中，为正差的城市有119个，如佳木斯市、双鸭山市、牡丹江市等。这表明这些城市的自然资产禀赋与环境保护程度对城市绿色正向影响明显，提高了城市绿色竞争力。城市绿色竞争力指标和自然资产与环境压力指标为负差的城市有96个，如杭州市、上海市、深圳市等。这表明这些城市的绿色发展受到资源和环境的制约与影响。深圳市的排名差异最大，其自然资产与环境压力得分位居所有参评城市的第286位，但其绿色竞争力发展指数排在第3位，名次变化达到283位。有72个城市排名差异较小（50名以内），如大庆市、哈尔滨市、南昌市等，这些城市绿色发展和自然资产与环境压力如表3-6所示。

表3-6 中国城市绿色竞争力指数排名和城市自然资产与环境压力指数排名差异超过50位的城市

城市	城市绿色竞争力排名	自然资产与环境压力排名	位次变化	城市	城市绿色竞争力排名	自然资产与环境压力排名	位次变化
固原市	284	30	254	深圳市	3	286	−283
吴忠市	281	33	248	苏州市	10	281	−271
陇南市	287	50	237	宁波市	7	273	−266
中卫市	275	46	229	无锡市	21	284	−263

续表

城市	城市绿色竞争力排名	自然资产与环境压力排名	位次变化	城市	城市绿色竞争力排名	自然资产与环境压力排名	位次变化
天水市	267	41	226	珠海市	11	270	-259
平凉市	263	42	221	上海市	2	260	-258
白银市	253	43	210	广州市	8	265	-257
昭通市	282	72	210	嘉兴市	19	275	-256
思茅市	264	60	204	佛山市	15	269	-254
忻州市	277	73	204	绍兴市	9	262	-253
乌兰察布市	209	8	201	东莞市	35	285	-250
商洛市	238	38	200	常州市	32	276	-244
赤峰市	217	18	199	厦门市	36	280	-244
定西市	286	88	198	湖州市	13	252	-239
临沧市	250	55	195	台州市	14	253	-239
临汾市	270	78	192	福州市	18	256	-238
铁岭市	239	51	188	天津市	6	241	-235
运城市	261	74	187	南通市	25	254	-229
河池市	285	99	186	芜湖市	33	261	-228
吕梁市	274	90	184	北京市	4	229	-225
大同市	257	75	182	中山市	59	282	-223
丽江市	248	67	181	温州市	38	258	-220
安康市	220	40	180	茂名市	28	245	-217
通辽市	194	15	179	扬州市	34	250	-216
保山市	258	80	178	杭州市	1	215	-214
葫芦岛市	231	57	174	肇庆市	23	237	-214
武威市	216	44	172	唐山市	66	279	-213
张掖市	207	36	171	三亚市	75	283	-208
朝阳市	228	61	167	金华市	40	243	-203
阳泉市	260	94	166	镇江市	26	227	-201
长治市	259	96	163	泰州市	45	246	-201
石嘴山市	190	29	161	漳州市	60	257	-197
拉萨市	223	62	161	湘潭市	76	271	-195

续表

城市	城市绿色竞争力排名	自然资产与环境压力排名	位次变化	城市	城市绿色竞争力排名	自然资产与环境压力排名	位次变化
钦州市	249	92	157	龙岩市	29	221	-192
晋中市	214	58	156	泉州市	74	264	-190
本溪市	186	31	155	江门市	53	240	-187
营口市	219	68	151	湛江市	56	239	-183
呼伦贝尔市	162	14	148	长沙市	20	199	-179
广元市	254	106	148	惠州市	54	233	-179
黄冈市	233	87	146	成都市	96	274	-178
汉中市	182	39	143	三明市	42	219	-177
抚顺市	197	54	143	宁德市	64	238	-174
巴彦淖尔市	158	17	141	济南市	22	192	-170
金昌市	193	52	141	株洲市	65	234	-169
曲靖市	222	83	139	衢州市	41	208	-167
巴中市	278	139	139	汕头市	114	278	-164
酒泉市	215	79	136	南平市	63	224	-161
百色市	279	145	134	丽水市	37	196	-159
庆阳市	283	149	134	盐城市	30	187	-157
四平市	165	32	133	武汉市	49	205	-156
银川市	178	48	130	莆田市	112	268	-156
丹东市	179	49	130	徐州市	52	207	-155
鞍山市	195	65	130	克拉玛依市	136	287	-151
铜仁市	210	82	128	南京市	5	155	-150
锦州市	184	59	125	清远市	68	217	-149
来宾市	273	148	125	韶关市	71	218	-147
铜川市	235	112	123	云浮市	99	244	-145
晋城市	232	110	122	廊坊市	70	212	-142
毕节市	242	121	121	马鞍山市	80	222	-142
乌海市	142	23	119	新余市	117	259	-142

续表

城市	城市绿色竞争力排名	自然资产与环境压力排名	位次变化	城市	城市绿色竞争力排名	自然资产与环境压力排名	位次变化
六安市	205	86	119	汕尾市	108	249	-141
随州市	240	122	118	鹰潭市	115	248	-133
乐山市	225	108	117	揭阳市	116	247	-131
朔州市	226	109	117	淮安市	57	184	-127
崇左市	268	151	117	河源市	100	225	-125
渭南市	241	126	115	漯河市	129	251	-122
白城市	138	24	114	海口市	93	209	-116
阜新市	167	53	114	岳阳市	119	232	-113
七台河市	122	9	113	许昌市	156	266	-110
辽源市	140	28	112	鄂州市	168	277	-109
亳州市	229	120	109	青岛市	17	124	-107
西宁市	175	70	105	重庆市	73	178	-105
阜阳市	243	138	105	梅州市	127	228	-101
邵阳市	218	115	103	舟山市	16	116	-100
梧州市	272	170	102	阳江市	43	142	-99
通化市	124	25	99	洛阳市	101	200	-99
白山市	120	22	98	宜昌市	104	203	-99
吉林市	125	27	98	烟台市	46	143	-97
菏泽市	252	154	98	宿迁市	78	174	-96
泸州市	247	150	97	日照市	111	204	-93
永州市	143	47	96	秦皇岛市	72	164	-92
鹤岗市	102	7	95	潮州市	180	267	-87
资阳市	265	171	94	沧州市	103	189	-86
宿州市	230	137	93	郑州市	48	133	-85
六盘水市	269	177	92	威海市	31	114	-83
伊春市	92	1	91	焦作市	144	220	-76

续表

城市	城市绿色竞争力排名	自然资产与环境压力排名	位次变化	城市	城市绿色竞争力排名	自然资产与环境压力排名	位次变化
周口市	224	134	90	萍乡市	163	236	−73
贵港市	276	186	90	常德市	159	226	−67
南充市	256	167	89	大连市	62	128	−66
达州市	262	173	89	鹤壁市	164	230	−66
贺州市	280	191	89	合肥市	12	76	−64
齐齐哈尔市	97	11	86	襄阳市	147	210	−63
辽阳市	150	64	86	淄博市	88	147	−59
咸宁市	181	95	86	蚌埠市	98	156	−58
鸡西市	86	5	81	潍坊市	94	146	−52
松原市	105	26	79	滨州市	110	161	−51
广安市	255	176	79	—	—	—	—
榆林市	123	45	78	—	—	—	—
绥化市	90	13	77	—	—	—	—
玉林市	271	195	76	—	—	—	—
牡丹江市	87	12	75	—	—	—	—
双鸭山市	77	3	74	—	—	—	—
乌鲁木齐市	107	34	73	—	—	—	—
十堰市	200	127	73	—	—	—	—
荆州市	191	119	72	—	—	—	—
安顺市	237	166	71	—	—	—	—
桂林市	211	141	70	—	—	—	—
安庆市	139	71	68	—	—	—	—
嘉峪关市	202	136	66	—	—	—	—
池州市	155	91	64	—	—	—	—
佳木斯市	67	4	63	—	—	—	—
内江市	246	183	63	—	—	—	—
淮南市	192	130	62	—	—	—	—
黄山市	95	35	60	—	—	—	—

续表

城市	城市绿色竞争力排名	自然资产与环境压力排名	位次变化	城市	城市绿色竞争力排名	自然资产与环境压力排名	位次变化
南阳市	146	89	57	—	—	—	—
雅安市	169	113	56	—	—	—	—
上饶市	173	118	55	—	—	—	—
眉山市	245	190	55	—	—	—	—
驻马店市	161	107	54	—	—	—	—

注：1. 本表根据表3-1整理。

2. 表中排名差异为城市绿色竞争力指数排名与自然资产和环境压力指数排名之差，正值表示自然资产与环境压力指数较之于城市绿色竞争力指数进步的名次，负值表示自然资产与环境压力指数较之于城市绿色竞争力指数退后的名次。

二、城市自然资产与环境压力比较分析

城市自然资产与环境压力占2022年中国城市绿色竞争力发展指数总权重的30%，共由12个三级指标构成，包含4个正指标和8个逆指标。

（一）城市资源储量指标比较

城市资源储量指标占自然资产与环境压力指标总体权重的50%。从指标结构上看，资源储量指标只包括4个三级指标，但是均为正指标。

表3-7 资源储量三级指标、权重及指标属性

指标序号	指标	权重/%	指标属性
11	人均耕地面积	3.75	正
12	人均水资源量	3.75	正
13	人均绿地面积	3.75	正
14	森林覆盖率	3.75	正

注：本表内容是由本报告课题组召开的多次研讨会确定的。

在对三级指标的原始数据进行标准化处理的基础上，我们得到2020年中国287个城市资源储量指标得分及其排名情况，如表3-8所示。

表 3-8 中国 287 个城市资源储量指标值及排名

城市	资源储量指标值	自然资产排名	城市	资源储量指标值	自然资产排名	城市	自然资产指标值	自然资产排名
伊春市	0.0673	1	贵阳市	0.0148	97	宝鸡市	0.0116	193
佳木斯市	0.0574	2	钦州市	0.0147	98	烟台市	0.0116	194
黑河市	0.0574	3	临汾市	0.0146	99	防城港市	0.0116	195
乌兰察布市	0.0574	4	淮北市	0.0146	100	雅安市	0.0116	196
大庆市	0.0573	5	蚌埠市	0.0144	101	平顶山市	0.0116	197
双鸭山市	0.0571	6	芜湖市	0.0143	102	渭南市	0.0116	198
鸡西市	0.0571	7	池州市	0.0142	103	阳江市	0.0115	199
鹤岗市	0.0570	8	连云港市	0.0141	104	济宁市	0.0115	200
七台河市	0.0565	9	合肥市	0.0140	105	泰安市	0.0115	201
齐齐哈尔市	0.0562	10	南京市	0.0139	106	濮阳市	0.0115	202
哈尔滨市	0.0561	11	黄冈市	0.0139	107	安阳市	0.0115	203
牡丹江市	0.0555	12	朔州市	0.0139	108	南充市	0.0115	204
绥化市	0.0534	13	承德市	0.0139	109	南宁市	0.0114	205
呼伦贝尔市	0.0525	14	廊坊市	0.0137	110	湘潭市	0.0114	206
乌海市	0.0502	15	宜昌市	0.0136	111	崇左市	0.0114	207
鄂尔多斯市	0.0501	16	乐山市	0.0136	112	长沙市	0.0114	208
包头市	0.0498	17	随州市	0.0136	113	菏泽市	0.0114	209
通辽市	0.0496	18	孝感市	0.0135	114	来宾市	0.0113	210
呼和浩特市	0.0494	19	南昌市	0.0135	115	岳阳市	0.0113	211
巴彦淖尔市	0.0494	20	襄阳市	0.0135	116	攀枝花市	0.0113	212
赤峰市	0.0490	21	遵义市	0.0135	117	内江市	0.0113	213
长春市	0.0369	22	六安市	0.0135	118	怀化市	0.0113	214
克拉玛依市	0.0366	23	淮南市	0.0135	119	漯河市	0.0112	215
白山市	0.0366	24	荆州市	0.0133	120	延安市	0.0110	216
石嘴山市	0.0365	25	黄石市	0.0133	121	枣庄市	0.0110	217
通化市	0.0357	26	阜阳市	0.0133	122	济南市	0.0110	218
吉林市	0.0351	27	南阳市	0.0132	123	北海市	0.0110	219
白城市	0.0341	28	东营市	0.0132	124	成都市	0.0110	220
松原市	0.0341	29	安顺市	0.0131	125	宜宾市	0.0109	221
辽源市	0.0339	30	毕节市	0.0130	126	玉林市	0.0108	222
吴忠市	0.0322	31	亳州市	0.0130	127	聊城市	0.0108	223
本溪市	0.0321	32	西安市	0.0130	128	贺州市	0.0108	224
乌鲁木齐市	0.0307	33	郴州市	0.0129	129	常德市	0.0108	225

续表

城市	资源储量指标值	自然资产排名	城市	资源储量指标值	自然资产排名	城市	自然资产指标值	自然资产排名
固原市	0.0307	34	宜春市	0.0129	130	广安市	0.0107	226
黄山市	0.0305	35	十堰市	0.0129	131	眉山市	0.0107	227
四平市	0.0302	36	荆门市	0.0129	132	宿迁市	0.0106	228
金昌市	0.0256	37	周口市	0.0129	133	巴中市	0.0105	229
白银市	0.0243	38	赣州市	0.0129	134	无锡市	0.0105	230
张掖市	0.0241	39	吉安市	0.0129	135	淮安市	0.0104	231
平凉市	0.0240	40	驻马店市	0.0129	136	达州市	0.0104	232
天水市	0.0240	41	衡水市	0.0129	137	徐州市	0.0103	233
汉中市	0.0239	42	武汉市	0.0128	138	苏州市	0.0103	234
榆林市	0.0239	43	沧州市	0.0128	139	泰州市	0.0103	235
兰州市	0.0237	44	淄博市	0.0127	140	益阳市	0.0103	236
安康市	0.0235	45	鹤壁市	0.0127	141	资阳市	0.0101	237
商洛市	0.0234	46	柳州市	0.0127	142	盐城市	0.0100	238
武威市	0.0228	47	上饶市	0.0127	143	广州市	0.0100	239
嘉峪关市	0.0219	48	珠海市	0.0127	144	扬州市	0.0100	240
中卫市	0.0218	49	泸州市	0.0126	145	娄底市	0.0099	241
永州市	0.0204	50	三门峡市	0.0126	146	南通市	0.0098	242
银川市	0.0185	51	秦皇岛市	0.0125	147	重庆市	0.0098	243
晋中市	0.0181	52	宿州市	0.0125	148	张家界市	0.0098	244
丹东市	0.0180	53	洛阳市	0.0124	149	常州市	0.0094	245
陇南市	0.0179	54	青岛市	0.0124	150	泉州市	0.0091	246
营口市	0.0178	55	焦作市	0.0124	151	三明市	0.0091	247
抚顺市	0.0178	56	信阳市	0.0124	152	海口市	0.0091	248
铁岭市	0.0177	57	河池市	0.0123	153	三亚市	0.0090	249
辽阳市	0.0175	58	自贡市	0.0123	154	佛山市	0.0085	250
铜陵市	0.0174	59	威海市	0.0123	155	衢州市	0.0084	251
宣城市	0.0174	60	唐山市	0.0123	156	丽水市	0.0084	252
鞍山市	0.0172	61	庆阳市	0.0123	157	东莞市	0.0084	253
阜新市	0.0171	62	保定市	0.0123	158	清远市	0.0083	254
临沧市	0.0170	63	开封市	0.0123	159	杭州市	0.0082	255
安庆市	0.0170	64	邯郸市	0.0123	160	厦门市	0.0082	256
西宁市	0.0169	65	镇江市	0.0123	161	汕头市	0.0082	257
大连市	0.0169	66	梧州市	0.0123	162	龙岩市	0.0082	258
盘锦市	0.0167	67	衡阳市	0.0122	163	福州市	0.0079	259

续表

城市	资源储量指标值	自然资产排名	城市	资源储量指标值	自然资产排名	城市	自然资产指标值	自然资产排名
葫芦岛市	0.0166	68	株洲市	0.0122	164	深圳市	0.0079	260
昆明市	0.0164	69	抚州市	0.0122	165	南平市	0.0079	261
六盘水市	0.0163	70	新乡市	0.0122	166	湖州市	0.0079	262
思茅市	0.0163	71	邢台市	0.0122	167	韶关市	0.0078	263
锦州市	0.0163	72	贵港市	0.0122	168	宁德市	0.0076	264
马鞍山市	0.0162	73	百色市	0.0122	169	绍兴市	0.0074	265
沈阳市	0.0161	74	新余市	0.0122	170	漳州市	0.0074	266
滁州市	0.0160	75	临沂市	0.0122	171	嘉兴市	0.0074	267
丽江市	0.0159	76	定西市	0.0122	172	上海市	0.0072	268
拉萨市	0.0159	77	邵阳市	0.0122	173	江门市	0.0072	269
酒泉市	0.0159	78	石家庄市	0.0122	174	揭阳市	0.0071	270
晋城市	0.0158	79	广元市	0.0121	175	宁波市	0.0071	271
九江市	0.0157	80	许昌市	0.0120	176	台州市	0.0071	272
太原市	0.0157	81	滨州市	0.0120	177	金华市	0.0070	273
曲靖市	0.0157	82	郑州市	0.0120	178	肇庆市	0.0070	274
阳泉市	0.0156	83	桂林市	0.0119	179	惠州市	0.0069	275
朝阳市	0.0154	84	德阳市	0.0119	180	梅州市	0.0069	276
昭通市	0.0154	85	咸阳市	0.0119	181	天津市	0.0067	277
长治市	0.0154	86	鹰潭市	0.0118	182	北京市	0.0067	278
景德镇市	0.0153	87	铜川市	0.0118	183	河源市	0.0067	279
大同市	0.0152	88	潍坊市	0.0117	184	莆田市	0.0066	280
舟山市	0.0152	89	日照市	0.0117	185	云浮市	0.0066	281
玉溪市	0.0151	90	萍乡市	0.0117	186	温州市	0.0066	282
运城市	0.0151	91	张家口市	0.0117	187	汕尾市	0.0064	283
忻州市	0.0151	92	鄂州市	0.0117	188	湛江市	0.0064	284
咸宁市	0.0150	93	遂宁市	0.0117	189	茂名市	0.0063	285
吕梁市	0.0150	94	德州市	0.0117	190	潮州市	0.0060	286
铜仁市	0.0149	95	绵阳市	0.0116	191	中山市	0.0043	287
保山市	0.0149	96	商丘市	0.0116	192	—	—	—

注：本表数据及排名根据《中国统计年鉴200》《2020中国环境统计年报》《中国环境统计年鉴2020》《中国城市统计年鉴2020》等测算。

从表 3-8 可以看出，全国 287 个城市的资源储量指标测算结果在 0.0043~0.0673 范围内，较为分散，差距较大。资源储量指标值高于或等于全国平均水平 0.0169 的城市有 66 个，占全部参评城市的 22.30%。其中，资源储量指标值占据前 10 位的城市分别是伊春市、佳木斯市、黑河市、乌兰察布市、大庆市、双鸭山市、鸡西市、鹤岗市、七台河市、齐齐哈尔市。221 个城市的资源储量指标值低于全部参评城市资源储量平均得分，在 0.0043~0.0169 范围内。

如图 3-3 所示，东北地区资源储量和自然资产与环境压力整体排名位居第一，拥有

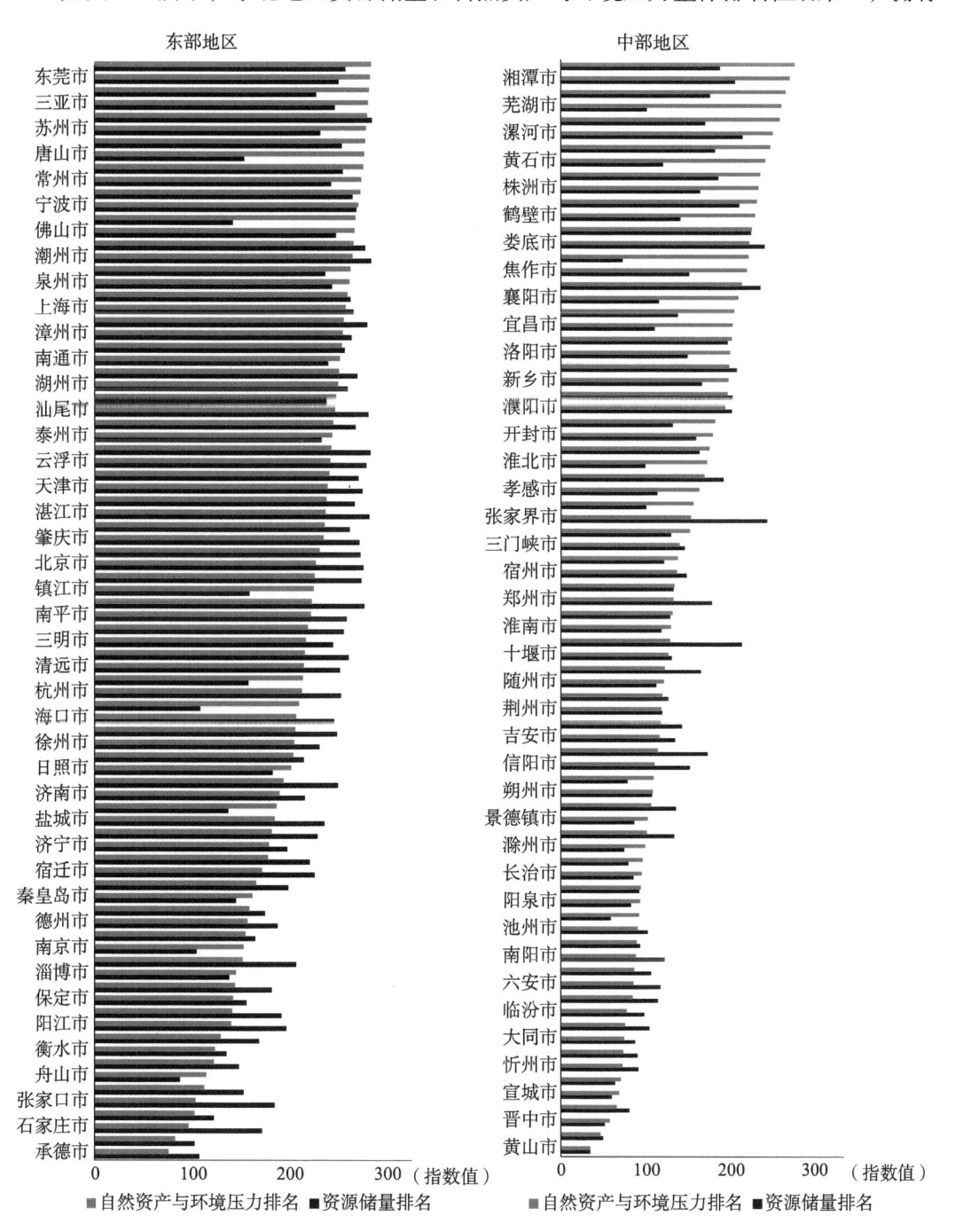

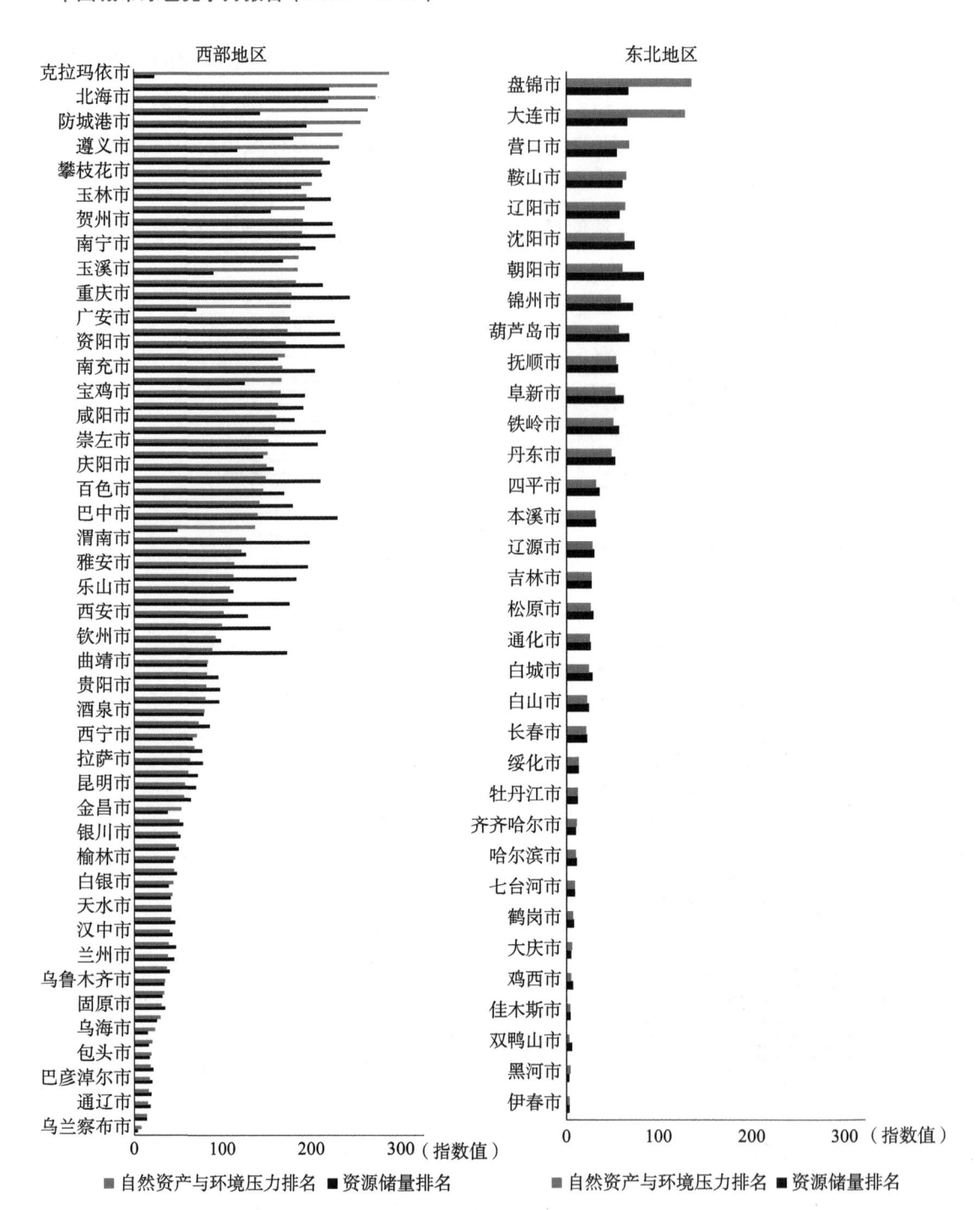

图3-3 自然资产与环境压力和自然资产指标对比

注：图3-3按东部、中部、西部和东北地区划分，根据自然资产与环境压力指数排名自下至上排列。

较为丰富的资源储量。东部地区资源储量和自然资产与环境压力整体排名最后，其中，资源储量排名落后于自然资产与环境压力排名，资源储量较为匮乏。中部地区和西部地区区域内的资源储量和自然资产与环境压力排名差距较大。

在指标数值上，从地区间差异的角度来看，东部、中部、西部和东北地区资源储量的平均得分依次提高，分别为0.0097、0.0136、0.0196和0.0458。西部地区和东北地区的资源储量分值高于全国平均水平0.0169。其中，东北地区的资源储量水平远远高于其他三个地区。

从排名结果来看，资源储量指标排名前10位的城市中，东北地区有9个城市，分别是伊春市、佳木斯市、黑河市、大庆市、双鸭山市、鸡西市、鹤岗市、七台河市、齐齐哈尔市；西部地区有1个城市，是乌兰察布市；中部地区和东部地区没有城市进入前10的榜单。

（二）城市环境压力指标比较

城市环境压力指标是测度城市自然资产和环境压力中最重要的二级指标，也是所占权重最大的一个指标。它包含单位土地面积二氧化硫排放量、人均二氧化硫排放量、单位土地面积化学需氧量排放量、人均化学需氧量排放量、单位土地面积氮氧化物排放量、人均氮氧化物排放量、单位土地面积氨氮排放量、人均氨氮排放量8个三级指标。这8个三级指标共占城市绿色竞争力指标的15%，每个指标均占总权重的1.875%，具体情况如表3-9所示。

表3-9 城市环境压力三级指标、权重及指标属性

指标序号	指标	权重/%	指标属性
1	单位土地面积二氧化硫排放量	1.875	逆
2	人均二氧化硫排放量	1.875	逆
3	单位土地面积化学需氧量排放量	1.875	逆
4	人均化学需氧量排放量	1.875	逆
5	单位土地面积氮氧化物排放量	1.875	逆
6	人均氮氧化物排放量	1.875	逆
7	单位土地面积氨氮排放量	1.875	逆
8	人均氨氮排放量	1.875	逆

注：本表内容是由本报告课题组召开的多次研讨会确定的。

在对三级指标原始数据加以标准化处理后，根据表3-9中的权重计算得出了本次参评的287个城市的环境压力指标的得分值。测算结果和排名如表3-10所示。

表 3-10　中国 287 个城市环境压力指标指数及排名

城市	环境压力指标值	环境压力排名	城市	环境压力指标值	环境压力排名	城市	环境压力指标值	环境压力排名
定西市	0.1496	1	白银市	0.1481	97	宜春市	0.1464	193
白城市	0.1496	2	吉林市	0.1481	98	营口市	0.1464	194
阜新市	0.1496	3	乌兰察布市	0.1481	99	长沙市	0.1464	195
铁岭市	0.1495	4	江门市	0.1481	100	安阳市	0.1463	196
朝阳市	0.1495	5	赣州市	0.1481	101	咸宁市	0.1463	197
张家界市	0.1495	6	盐城市	0.1481	102	娄底市	0.1463	198
黑河市	0.1495	7	黄山市	0.1481	103	榆林市	0.1463	199
丹东市	0.1495	8	宿迁市	0.1481	104	曲靖市	0.1463	200
丽水市	0.1495	9	烟台市	0.1481	105	上海市	0.1462	201
商洛市	0.1495	10	辽源市	0.1481	106	潮州市	0.1462	202
河源市	0.1494	11	西安市	0.1480	107	开封市	0.1462	203
双鸭山市	0.1494	12	中卫市	0.1480	108	福州市	0.1461	204
陇南市	0.1494	13	郑州市	0.1480	109	平顶山市	0.1461	205
四平市	0.1494	14	运城市	0.1480	110	宜宾市	0.1460	206
松原市	0.1494	15	菏泽市	0.1480	111	绍兴市	0.1460	207
巴中市	0.1494	16	青岛市	0.1479	112	贵港市	0.1460	208
昆明市	0.1493	17	崇左市	0.1479	113	遂宁市	0.1460	209
鸡西市	0.1493	18	临汾市	0.1479	114	长治市	0.1459	210
固原市	0.1493	19	揭阳市	0.1479	115	安顺市	0.1458	211
兰州市	0.1493	20	驻马店市	0.1479	116	日照市	0.1458	212
武威市	0.1493	21	桂林市	0.1479	117	攀枝花市	0.1458	213
绥化市	0.1492	22	淮安市	0.1479	118	阳泉市	0.1458	214
安康市	0.1492	23	广安市	0.1479	119	自贡市	0.1457	215
佳木斯市	0.1491	24	临沂市	0.1479	120	景德镇市	0.1456	216
葫芦岛市	0.1491	25	黄冈市	0.1478	121	新乡市	0.1456	217
锦州市	0.1491	26	连云港市	0.1478	122	荆门市	0.1455	218
张家口市	0.1491	27	通化市	0.1478	123	九江市	0.1455	219
银川市	0.1491	28	潍坊市	0.1478	124	孝感市	0.1455	220
拉萨市	0.1491	29	东营市	0.1478	125	南京市	0.1454	221
梅州市	0.1490	30	宁德市	0.1478	126	洛阳市	0.1453	222
北京市	0.1490	31	大同市	0.1478	127	舟山市	0.1453	223
哈尔滨市	0.1490	32	上饶市	0.1477	128	沧州市	0.1453	224

续表

城市	环境压力指标值	环境压力排名	城市	环境压力指标值	环境压力排名	城市	环境压力指标值	环境压力排名
张掖市	0.1490	33	本溪市	0.1477	129	常德市	0.1453	225
汉中市	0.1490	34	聊城市	0.1476	130	滁州市	0.1450	226
雅安市	0.1490	35	吉安市	0.1476	131	莆田市	0.1449	227
大庆市	0.1490	36	德州市	0.1476	132	蚌埠市	0.1449	228
湛江市	0.1490	37	南充市	0.1475	133	晋城市	0.1448	229
思茅市	0.1490	38	保山市	0.1475	134	扬州市	0.1447	230
石家庄市	0.1489	39	宿州市	0.1475	135	武汉市	0.1447	231
齐齐哈尔市	0.1489	40	亳州市	0.1475	136	泰州市	0.1447	232
衢州市	0.1489	41	绵阳市	0.1475	137	南通市	0.1445	233
怀化市	0.1489	42	衡水市	0.1475	138	邯郸市	0.1444	234
临沧市	0.1488	43	三明市	0.1474	139	岳阳市	0.1443	235
铜川市	0.1488	44	毕节市	0.1474	140	包头市	0.1442	236
呼伦贝尔市	0.1488	45	宝鸡市	0.1474	141	焦作市	0.1442	237
沈阳市	0.1488	46	泰安市	0.1474	142	淮北市	0.1442	238
渭南市	0.1488	47	温州市	0.1474	143	泉州市	0.1441	239
韶关市	0.1487	48	眉山市	0.1474	144	石嘴山市	0.1441	240
河池市	0.1487	49	百色市	0.1474	145	铜陵市	0.1440	241
通辽市	0.1487	50	晋中市	0.1473	146	宜昌市	0.1440	242
承德市	0.1487	51	咸阳市	0.1473	147	镇江市	0.1438	243
茂名市	0.1487	52	台州市	0.1473	148	襄阳市	0.1437	244
太原市	0.1487	53	吴忠市	0.1473	149	萍乡市	0.1437	245
天水市	0.1487	54	鞍山市	0.1473	150	德阳市	0.1436	246
广元市	0.1487	55	保定市	0.1473	151	中山市	0.1435	247
惠州市	0.1487	56	池州市	0.1473	152	宁波市	0.1434	248
鹤岗市	0.1487	57	商丘市	0.1473	153	大连市	0.1434	249
合肥市	0.1487	58	贵阳市	0.1473	154	漯河市	0.1434	250
长春市	0.1487	59	十堰市	0.1473	155	廊坊市	0.1433	251
资阳市	0.1487	60	贺州市	0.1472	156	株洲市	0.1433	252
赤峰市	0.1487	61	三门峡市	0.1472	157	盘锦市	0.1433	253
平凉市	0.1487	62	荆州市	0.1472	158	玉溪市	0.1432	254
七台河市	0.1486	63	辽阳市	0.1472	159	鹰潭市	0.1431	255
重庆市	0.1486	64	乐山市	0.1472	160	广州市	0.1431	256
白山市	0.1486	65	铜仁市	0.1471	161	鹤壁市	0.1430	257

续表

城市	环境压力指标值	环境压力排名	城市	环境压力指标值	环境压力排名	城市	环境压力指标值	环境压力排名
南阳市	0.1486	66	内江市	0.1471	162	佛山市	0.1429	258
天津市	0.1486	67	徐州市	0.1471	163	嘉兴市	0.1427	259
杭州市	0.1485	68	庆阳市	0.1471	164	防城港市	0.1425	260
巴彦淖尔市	0.1485	69	邢台市	0.1471	165	六盘水市	0.1423	261
呼和浩特市	0.1484	70	郴州市	0.1471	166	遵义市	0.1421	262
汕尾市	0.1484	71	滨州市	0.1471	167	黄石市	0.1420	263
丽江市	0.1484	72	玉林市	0.1471	168	新余市	0.1415	264
肇庆市	0.1484	73	周口市	0.1471	169	汕头市	0.1415	265
忻州市	0.1484	74	济南市	0.1470	170	金昌市	0.1414	266
达州市	0.1484	75	西宁市	0.1469	171	柳州市	0.1406	267
云浮市	0.1484	76	济宁市	0.1469	172	常州市	0.1406	268
清远市	0.1484	77	随州市	0.1468	173	鄂尔多斯市	0.1403	269
龙岩市	0.1484	78	淄博市	0.1468	174	马鞍山市	0.1403	270
伊春市	0.1484	79	钦州市	0.1468	175	许昌市	0.1402	271
抚顺市	0.1484	80	宣城市	0.1468	176	厦门市	0.1402	272
南昌市	0.1484	81	朔州市	0.1468	177	北海市	0.1395	273
邵阳市	0.1484	82	吕梁市	0.1468	178	成都市	0.1393	274
六安市	0.1484	83	泸州市	0.1467	179	湘潭市	0.1393	275
信阳市	0.1483	84	阜阳市	0.1467	180	芜湖市	0.1392	276
永州市	0.1483	85	南宁市	0.1466	181	东莞市	0.1383	277
海口市	0.1483	86	湖州市	0.1466	182	三亚市	0.1382	278
延安市	0.1482	87	梧州市	0.1466	183	珠海市	0.1381	279
威海市	0.1482	88	淮南市	0.1466	184	鄂州市	0.1381	280
南平市	0.1482	89	漳州市	0.1466	185	嘉峪关市	0.1381	281
来宾市	0.1482	90	益阳市	0.1466	186	苏州市	0.1379	282
乌鲁木齐市	0.1481	91	安庆市	0.1466	187	唐山市	0.1371	283
阳江市	0.1481	92	酒泉市	0.1465	188	深圳市	0.1365	284
抚州市	0.1481	93	秦皇岛市	0.1465	189	无锡市	0.1363	285
金华市	0.1481	94	枣庄市	0.1464	190	乌海市	0.1340	286
昭通市	0.1481	95	衡阳市	0.1464	191	克拉玛依市	0.1036	287
牡丹江市	0.1481	96	濮阳市	0.1464	192	—	—	—

注：本表数据及排名根据《中国统计年鉴2021》《2021中国环境统计年报》《中国环境统计年鉴2021》《中国城市统计年鉴2021》等测算。

从表 3-10 中可以看到，排名最高的定西市环境压力指标值为 0.1496，排名最后一位的克拉玛依市环境压力指标值为 0.1036，相差较大。在不同城市，自然环境的天然性和人为对环境破坏程度的不同导致环境压力指标有很大幅度的波动。由于经济发展结构不同以及对环境破坏程度不同，西部地区城市的环境压力明显要小于东部城市，就排名情况来看，287 个参评城市中，有 189 个城市的环境压力指标值高于全国平均水平 0.1464。其中，排名前 10 位的城市分别是定西市、白城市、阜新市、铁岭市、朝阳市、张家界市、黑河市、丹东市、丽水市、商洛市。

图 3-4 按照不同地区展示了城市自然资产与环境压力指标排名的对比，可以看出东北地区环境压力和自然资产与环境压力排名靠前，在资源和环境储量方面具有较大优势。东部地区自然资产与环境压力整体排名最后，但环境压力排名领先于自然资产与环境压力排名，表明东部地区环境较好。中部地区环境压力排名整体靠后，且落后于自然资产与环境压力排名，面临较大的环境压力。相较于中部地区，西部地区自然资产与环境压力排名有所提升。

城市自然资产与环境压力和城市环境压力指标之间有着较强的一致性，表明城市环境压力指标对城市自然资产与环境压力作出了很大的贡献，影响较大。

从指标值来看，东部、中部、西部和东北地区环境压力指标值分别为 0.1460、0.1459、0.1463 和 0.1484。东北地区的环境压力指标值高于全国平均水平 0.1464，环境压力较小。西部、东部、中部地区环境压力指标值依次降低，在全国平均水平 0.1464 附近，整体相差较小。

从排名结果来看，环境压力指标排名前 10 位的城市中，东北地区有 6 个城市，分别是白城市、阜新市、铁岭市、朝阳市、黑河市、丹东市；西部地区有 2 个城市，包含定西市和商洛市；东部地区和中部地区分别有 1 个城市进入，分别为丽水市和张家界市。

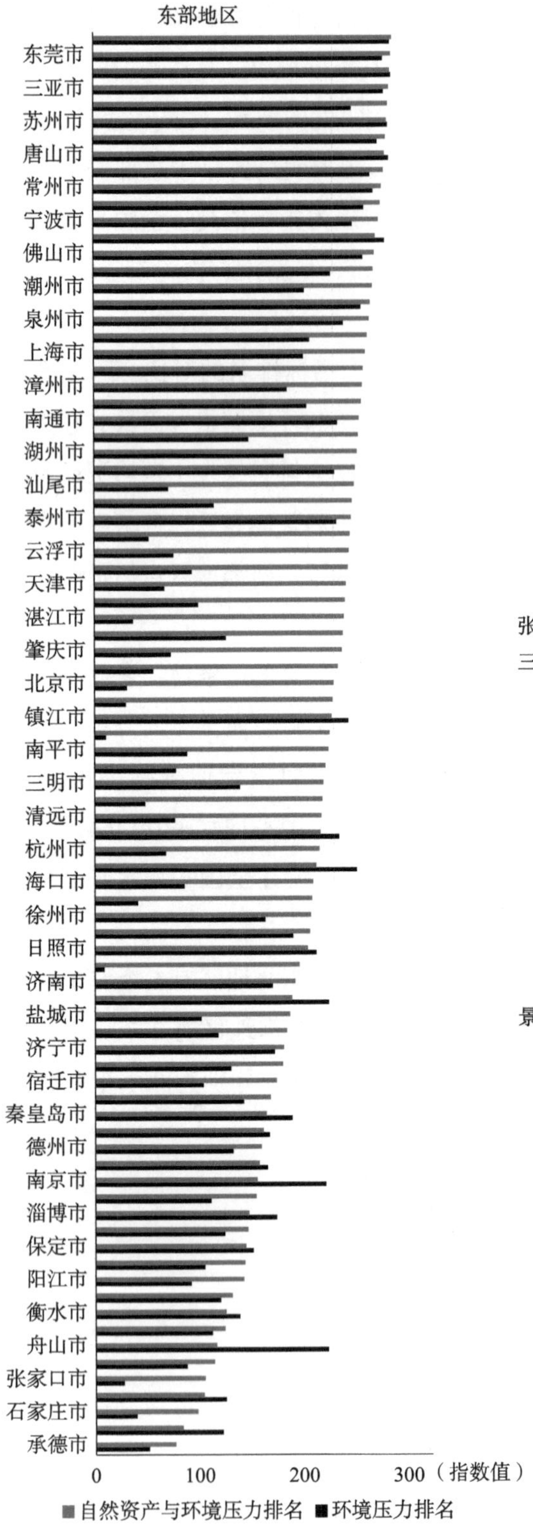
东部地区
东莞市
三亚市
苏州市
唐山市
常州市
宁波市
佛山市
潮州市
泉州市
上海市
漳州市
南通市
湖州市
汕尾市
泰州市
云浮市
天津市
湛江市
肇庆市
北京市
镇江市
南平市
三明市
清远市
杭州市
海口市
徐州市
日照市
济南市
盐城市
济宁市
宿迁市
秦皇岛市
德州市
南京市
淄博市
保定市
阳江市
衡水市
舟山市
张家口市
石家庄市
承德市
0
100
200
300
（指数值）
■自然资产与环境压力排名 ■环境压力排名

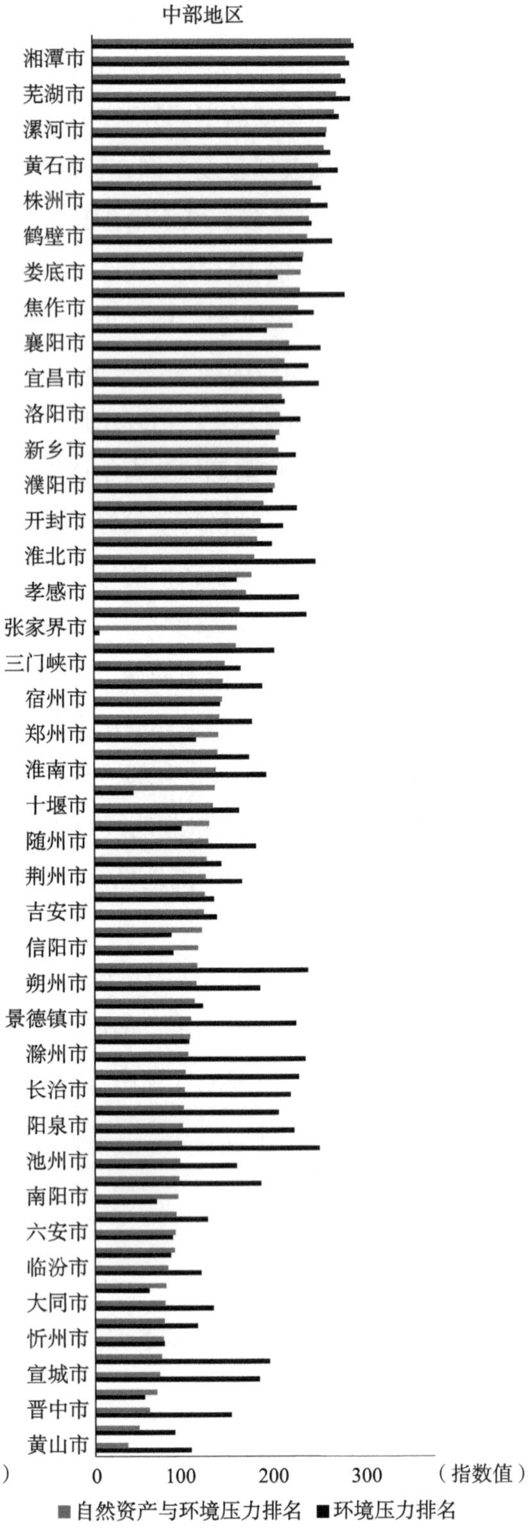
中部地区
湘潭市
芜湖市
漯河市
黄石市
株洲市
鹤壁市
娄底市
焦作市
襄阳市
宜昌市
洛阳市
新乡市
濮阳市
开封市
淮北市
孝感市
张家界市
三门峡市
宿州市
郑州市
淮南市
十堰市
随州市
荆州市
吉安市
信阳市
朔州市
景德镇市
滁州市
长治市
阳泉市
池州市
南阳市
六安市
临汾市
大同市
忻州市
宣城市
晋中市
黄山市
0
100
200
300
（指数值）
■自然资产与环境压力排名 ■环境压力排名

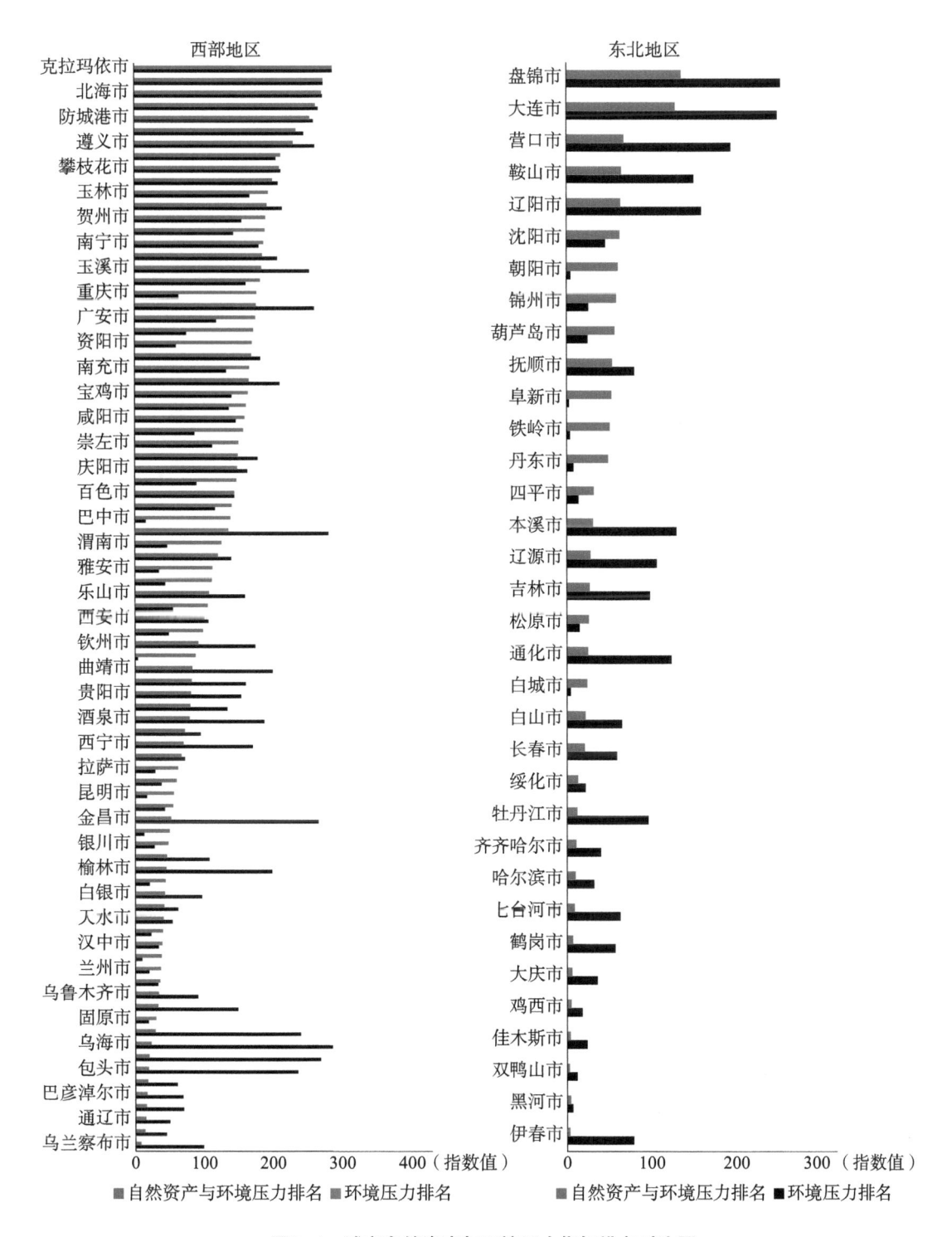

图3-4 城市自然资产与环境压力指标排名对比图

注：按东部、中部、西部和东北地区划分，根据自然资产与环境压力指标指数排名自下至上排列。

第四章

资源与环境效率测算及分析

资源与环境效率衡量的是城市经济、生活等活动和对资源的利用效率，以及给环境带来的负外部性。本章根据中国城市绿色竞争力指数指标体系中资源与环境效率的测度标准，利用2020年的年度数据，从资源效率、环境效率两个方面对中国287个城市的资源与环境效率进行了测度。

一、资源与环境效率的测算结果

根据中国城市绿色竞争力指数指标体系中城市资源与环境效率的测度体系和权重标准，中国287个城市的资源与环境效率测算结果如表4-1所示。

表4-1 中国287个城市资源与环境效率指标及排名

指标	资源与环境效率		二级指标			
			资源效率		环境效率	
城市	指标值	排名	指标值	排名	指标值	排名
杭州市	0.1949	1	0.0926	1	0.1023	7
上海市	0.1949	2	0.0922	4	0.1027	2
天津市	0.1946	3	0.0921	5	0.1024	4
舟山市	0.1934	4	0.0924	3	0.1010	35
宁波市	0.1931	5	0.0925	2	0.1006	53
绍兴市	0.1919	6	0.0913	6	0.1006	52
南京市	0.1915	7	0.0895	10	0.1020	12
嘉兴市	0.1905	8	0.0903	7	0.1003	65
无锡市	0.1903	9	0.0898	8	0.1005	57
苏州市	0.1900	10	0.0895	11	0.1005	58
湖州市	0.1900	11	0.0895	9	0.1004	63
常州市	0.1896	12	0.0890	12	0.1005	56
扬州市	0.1888	13	0.0883	13	0.1005	55
镇江市	0.1887	14	0.0882	14	0.1005	59
南通市	0.1886	15	0.0881	15	0.1005	60
台州市	0.1882	16	0.0875	16	0.1007	49
合肥市	0.1880	17	0.0857	20	0.1023	6
泰州市	0.1877	18	0.0873	17	0.1004	62

续表

指标	资源与环境效率		二级指标			
			资源效率		环境效率	
城市	指标值	排名	指标值	排名	指标值	排名
衢州市	0.1871	19	0.0862	18	0.1009	40
温州市	0.1870	20	0.0861	19	0.1009	44
深圳市	0.1863	21	0.0838	26	0.1025	3
金华市	0.1861	22	0.0851	23	0.1010	34
盐城市	0.1854	23	0.0845	24	0.1009	41
淮安市	0.1853	24	0.0844	25	0.1008	45
广州市	0.1849	25	0.0830	32	0.1019	13
丽水市	0.1849	26	0.0838	27	0.1011	33
徐州市	0.1842	27	0.0834	30	0.1009	42
佛山市	0.1838	28	0.0820	37	0.1018	18
珠海市	0.1834	29	0.0833	31	0.1000	72
连云港市	0.1825	30	0.0817	38	0.1008	46
东莞市	0.1821	31	0.0805	41	0.1016	24
芜湖市	0.1814	32	0.0855	21	0.0959	203
马鞍山市	0.1813	33	0.0854	22	0.0959	206
宿迁市	0.1812	34	0.0804	42	0.1008	47
长沙市	0.1804	35	0.0792	43	0.1012	30
郑州市	0.1803	36	0.0779	47	0.1024	5
黄山市	0.1802	37	0.0823	35	0.0979	135
铜陵市	0.1799	38	0.0837	28	0.0963	197
惠州市	0.1796	39	0.0780	46	0.1016	23
滁州市	0.1794	40	0.0836	29	0.0958	211
中山市	0.1794	41	0.0782	45	0.1012	29
蚌埠市	0.1793	42	0.0822	36	0.0970	169
池州市	0.1789	43	0.0824	33	0.0965	189
重庆市	0.1786	44	0.0774	52	0.1012	32
青岛市	0.1785	45	0.0764	60	0.1022	8
宣城市	0.1783	46	0.0824	34	0.0960	202
东营市	0.1783	47	0.0771	53	0.1012	31
安庆市	0.1782	48	0.0816	39	0.0966	182
江门市	0.1782	49	0.0775	51	0.1007	48
淮北市	0.1781	50	0.0813	40	0.0968	175
海口市	0.1778	51	0.0760	64	0.1018	17
厦门市	0.1776	52	0.0762	62	0.1014	28

续表

指标	资源与环境效率		二级指标			
			资源效率		环境效率	
城市	指标值	排名	指标值	排名	指标值	排名
武汉市	0.1773	53	0.0757	68	0.1016	25
济南市	0.1772	54	0.0755	70	0.1017	20
烟台市	0.1772	55	0.0755	69	0.1017	22
福州市	0.1770	56	0.0760	63	0.1009	37
威海市	0.1767	57	0.0750	79	0.1017	21
泉州市	0.1757	58	0.0758	67	0.1000	73
淮南市	0.1757	59	0.0786	44	0.0972	166
茂名市	0.1756	60	0.0747	81	0.1010	36
龙岩市	0.1754	61	0.0751	76	0.1003	64
肇庆市	0.1751	62	0.0754	71	0.0997	82
宿州市	0.1745	63	0.0768	56	0.0978	138
六安市	0.1743	64	0.0766	57	0.0976	146
三明市	0.1741	65	0.0753	73	0.0988	107
洛阳市	0.1740	66	0.0764	59	0.0976	148
阳江市	0.1739	67	0.0744	82	0.0995	88
亳州市	0.1737	68	0.0759	65	0.0978	137
漯河市	0.1737	69	0.0758	66	0.0979	134
三门峡市	0.1736	70	0.0763	61	0.0973	161
许昌市	0.1735	71	0.0769	55	0.0967	178
汕头市	0.1731	72	0.0737	87	0.0994	89
焦作市	0.1731	73	0.0751	75	0.0980	132
岳阳市	0.1730	74	0.0775	50	0.0955	214
淄博市	0.1730	75	0.0721	100	0.1009	39
漳州市	0.1730	76	0.0738	86	0.0992	98
湛江市	0.1729	77	0.0720	103	0.1009	38
阜阳市	0.1726	78	0.0751	77	0.0975	152
宁德市	0.1725	79	0.0731	92	0.0994	91
常德市	0.1724	80	0.0769	54	0.0954	215
莆田市	0.1722	81	0.0730	94	0.0992	95
株洲市	0.1720	82	0.0775	49	0.0945	240
衡阳市	0.1720	83	0.0750	78	0.0969	173
张家界市	0.1719	84	0.0718	105	0.1002	69
贵阳市	0.1719	85	0.0713	110	0.1006	54
开封市	0.1718	86	0.0734	90	0.0985	119

续表

指标	资源与环境效率		二级指标			
			资源效率		环境效率	
城市	指标值	排名	指标值	排名	指标值	排名
湘潭市	0.1716	87	0.0779	48	0.0938	246
鹤壁市	0.1716	88	0.0754	72	0.0962	198
韶关市	0.1715	89	0.0730	95	0.0985	117
北京市	0.1713	90	0.0685	127	0.1028	1
信阳市	0.1713	91	0.0725	97	0.0987	110
郴州市	0.1710	92	0.0751	74	0.0959	205
濮阳市	0.1710	93	0.0722	98	0.0988	106
平顶山市	0.1710	94	0.0734	89	0.0976	149
汕尾市	0.1709	95	0.0711	114	0.0999	75
新乡市	0.1708	96	0.0732	91	0.0976	145
南阳市	0.1705	97	0.0714	109	0.0992	99
南平市	0.1703	98	0.0720	102	0.0983	123
清远市	0.1702	99	0.0721	101	0.0981	127
宜昌市	0.1700	100	0.0750	80	0.0950	228
驻马店市	0.1699	101	0.0715	107	0.0984	122
永州市	0.1698	102	0.0726	96	0.0971	167
云浮市	0.1697	103	0.0711	113	0.0987	114
揭阳市	0.1697	104	0.0690	125	0.1007	50
河源市	0.1697	105	0.0696	121	0.1001	70
潍坊市	0.1697	106	0.0692	123	0.1005	61
安阳市	0.1695	107	0.0718	104	0.0978	140
怀化市	0.1695	108	0.0717	106	0.0978	139
益阳市	0.1694	109	0.0743	83	0.0951	227
娄底市	0.1694	110	0.0735	88	0.0959	207
鄂州市	0.1692	111	0.0743	84	0.0950	231
潮州市	0.1691	112	0.0713	111	0.0978	136
日照市	0.1690	113	0.0703	118	0.0987	112
商丘市	0.1689	114	0.0705	117	0.0985	120
滨州市	0.1685	115	0.0695	122	0.0990	101
襄阳市	0.1684	116	0.0739	85	0.0945	239
邵阳市	0.1684	117	0.0711	112	0.0973	162
周口市	0.1681	118	0.0701	120	0.0981	128
荆门市	0.1677	119	0.0730	93	0.0947	235
十堰市	0.1667	120	0.0714	108	0.0953	219

续表

指标	资源与环境效率		二级指标			
			资源效率		环境效率	
城市	指标值	排名	指标值	排名	指标值	排名
德州市	0.1667	121	0.0672	128	0.0995	84
长春市	0.1666	122	0.0651	135	0.1015	27
西安市	0.1664	123	0.0646	139	0.1019	15
济宁市	0.1663	124	0.0668	130	0.0995	85
咸宁市	0.1662	125	0.0709	115	0.0954	217
三亚市	0.1661	126	0.0766	58	0.0895	276
黄石市	0.1661	127	0.0721	99	0.0940	244
孝感市	0.1659	128	0.0702	119	0.0957	212
泰安市	0.1655	129	0.0657	133	0.0998	78
荆州市	0.1655	130	0.0688	126	0.0967	177
随州市	0.1654	131	0.0705	116	0.0949	233
昆明市	0.1648	132	0.0627	147	0.1021	9
梅州市	0.1637	133	0.0650	136	0.0987	111
黄冈市	0.1629	134	0.0663	132	0.0966	180
石家庄市	0.1627	135	0.0610	154	0.1017	19
临沂市	0.1626	136	0.0628	146	0.0998	77
枣庄市	0.1622	137	0.0634	144	0.0988	109
大庆市	0.1615	138	0.0606	158	0.1009	43
榆林市	0.1613	139	0.0646	138	0.0967	176
延安市	0.1612	140	0.0638	140	0.0974	155
南昌市	0.1611	141	0.0590	167	0.1020	11
宝鸡市	0.1610	142	0.0636	142	0.0974	156
铜川市	0.1607	143	0.0612	153	0.0995	86
兰州市	0.1605	144	0.0587	171	0.1019	16
菏泽市	0.1605	145	0.0607	157	0.0998	79
唐山市	0.1602	146	0.0668	129	0.0934	254
咸阳市	0.1602	147	0.0616	151	0.0986	116
廊坊市	0.1601	148	0.0626	148	0.0974	158
白山市	0.1599	149	0.0629	145	0.0970	170
聊城市	0.1595	150	0.0603	160	0.0992	96
通化市	0.1590	151	0.0635	143	0.0956	213
沈阳市	0.1586	152	0.0567	181	0.1019	14
秦皇岛市	0.1584	153	0.0612	152	0.0971	168
铜仁市	0.1579	154	0.0653	134	0.0927	261

续表

指标	资源与环境效率		二级指标			
			资源效率		环境效率	
城市	指标值	排名	指标值	排名	指标值	排名
哈尔滨市	0.1577	155	0.0575	177	0.1002	68
黑河市	0.1576	156	0.0569	180	0.1007	51
太原市	0.1573	157	0.0552	198	0.1021	10
辽源市	0.1573	158	0.0608	155	0.0965	187
大连市	0.1572	159	0.0591	166	0.0981	126
汉中市	0.1569	160	0.0579	174	0.0990	103
渭南市	0.1569	161	0.0574	179	0.0995	87
白城市	0.1569	162	0.0576	176	0.0993	93
松原市	0.1566	163	0.0578	175	0.0988	108
沧州市	0.1565	164	0.0605	159	0.0960	201
承德市	0.1563	165	0.0591	165	0.0972	164
盘锦市	0.1558	166	0.0595	164	0.0963	195
安顺市	0.1554	167	0.0649	137	0.0905	273
玉溪市	0.1554	168	0.0636	141	0.0918	264
安康市	0.1553	169	0.0563	186	0.0990	104
吉林市	0.1549	170	0.0601	162	0.0948	234
双鸭山市	0.1547	171	0.0554	193	0.0993	92
成都市	0.1547	172	0.0564	185	0.0983	124
张家口市	0.1544	173	0.0562	187	0.0982	125
四平市	0.1543	174	0.0558	190	0.0985	118
遵义市	0.1543	175	0.0692	124	0.0851	283
鸡西市	0.1537	176	0.0546	200	0.0990	100
南宁市	0.1531	177	0.0566	182	0.0964	190
鹰潭市	0.1529	178	0.0586	172	0.0943	242
商洛市	0.1529	179	0.0535	215	0.0994	90
衡水市	0.1527	180	0.0553	194	0.0973	160
攀枝花市	0.1523	181	0.0565	184	0.0958	210
毕节市	0.1523	182	0.0601	161	0.0921	263
新余市	0.1522	183	0.0585	173	0.0937	247
绵阳市	0.1522	184	0.0544	204	0.0977	143
雅安市	0.1522	185	0.0532	217	0.0990	102
九江市	0.1521	186	0.0574	178	0.0947	236
乐山市	0.1521	187	0.0546	201	0.0975	153
本溪市	0.1520	188	0.0548	199	0.0972	165

续表

指标	资源与环境效率		二级指标			
			资源效率		环境效率	
城市	指标值	排名	指标值	排名	指标值	排名
德阳市	0.1519	189	0.0553	195	0.0967	179
佳木斯市	0.1519	190	0.0545	203	0.0974	159
曲靖市	0.1518	191	0.0587	170	0.0931	257
自贡市	0.1518	192	0.0540	210	0.0978	141
思茅市	0.1518	193	0.0552	197	0.0966	183
乌鲁木齐市	0.1516	194	0.0514	236	0.1002	67
营口市	0.1514	195	0.0538	211	0.0976	147
邯郸市	0.1513	196	0.0561	189	0.0952	225
景德镇市	0.1511	197	0.0561	188	0.0950	230
六盘水市	0.1510	198	0.0665	131	0.0845	284
宜春市	0.1509	199	0.0556	192	0.0953	222
宜宾市	0.1509	200	0.0544	205	0.0965	186
保定市	0.1507	201	0.0538	212	0.0970	171
鞍山市	0.1507	202	0.0526	223	0.0980	129
内江市	0.1506	203	0.0520	231	0.0986	115
临沧市	0.1505	204	0.0541	209	0.0964	192
眉山市	0.1503	205	0.0523	228	0.0980	131
丽江市	0.1502	206	0.0558	191	0.0944	241
辽阳市	0.1501	207	0.0526	224	0.0975	151
鹤岗市	0.1499	208	0.0546	202	0.0953	218
保山市	0.1497	209	0.0566	183	0.0930	258
朔州市	0.1496	210	0.0537	214	0.0959	204
抚州市	0.1496	211	0.0532	216	0.0964	191
吉安市	0.1496	212	0.0543	206	0.0953	223
绥化市	0.1496	213	0.0519	233	0.0977	144
遂宁市	0.1495	214	0.0526	222	0.0969	174
桂林市	0.1494	215	0.0541	207	0.0952	224
泸州市	0.1493	216	0.0528	220	0.0965	185
萍乡市	0.1491	217	0.0552	196	0.0939	245
广元市	0.1491	218	0.0514	238	0.0977	142
广安市	0.1491	219	0.0504	243	0.0987	113
南充市	0.1490	220	0.0511	240	0.0979	133
北海市	0.1488	221	0.0588	169	0.0900	274
赣州市	0.1488	222	0.0524	226	0.0964	193

续表

指标	资源与环境效率		二级指标			
			资源效率		环境效率	
城市	指标值	排名	指标值	排名	指标值	排名
达州市	0.1486	223	0.0502	244	0.0984	121
张掖市	0.1486	224	0.0520	232	0.0966	181
上饶市	0.1485	225	0.0524	227	0.0962	199
资阳市	0.1479	226	0.0488	251	0.0992	97
锦州市	0.1479	227	0.0480	252	0.1000	74
邢台市	0.1478	228	0.0516	234	0.0963	196
抚顺市	0.1473	229	0.0501	245	0.0972	163
齐齐哈尔市	0.1472	230	0.0514	237	0.0959	208
钦州市	0.1472	231	0.0537	213	0.0934	252
拉萨市	0.1469	232	0.0471	255	0.0997	81
武威市	0.1468	233	0.0494	248	0.0974	154
七台河市	0.1468	234	0.0515	235	0.0953	221
柳州市	0.1464	235	0.0596	163	0.0869	280
晋城市	0.1464	236	0.0529	219	0.0935	251
丹东市	0.1459	237	0.0458	260	0.1001	71
崇左市	0.1459	238	0.0527	221	0.0932	256
阳泉市	0.1457	239	0.0507	241	0.0950	229
防城港市	0.1457	240	0.0589	168	0.0868	281
牡丹江市	0.1456	241	0.0541	208	0.0915	266
巴中市	0.1449	242	0.0457	261	0.0992	94
银川市	0.1449	243	0.0433	263	0.1015	26
来宾市	0.1444	244	0.0507	242	0.0937	248
伊春市	0.1438	245	0.0531	218	0.0907	271
长治市	0.1437	246	0.0500	246	0.0937	249
贺州市	0.1436	247	0.0522	229	0.0913	267
梧州市	0.1435	248	0.0525	225	0.0909	269
玉林市	0.1429	249	0.0488	250	0.0941	243
大同市	0.1428	250	0.0464	258	0.0965	188
嘉峪关市	0.1427	251	0.0617	150	0.0810	286
阜新市	0.1421	252	0.0423	266	0.0999	76
葫芦岛市	0.1420	253	0.0431	264	0.0989	105
朝阳市	0.1418	254	0.0422	267	0.0996	83
金昌市	0.1418	255	0.0608	156	0.0811	285
百色市	0.1415	256	0.0521	230	0.0894	277

续表

指标	资源与环境效率		二级指标			
			资源效率		环境效率	
城市	指标值	排名	指标值	排名	指标值	排名
晋中市	0.1410	257	0.0460	259	0.0949	232
昭通市	0.1402	258	0.0472	254	0.0930	259
酒泉市	0.1400	259	0.0513	239	0.0888	278
河池市	0.1400	260	0.0467	257	0.0933	255
贵港市	0.1400	261	0.0494	247	0.0906	272
铁岭市	0.1396	262	0.0398	274	0.0998	80
吕梁市	0.1393	263	0.0469	256	0.0924	262
鄂尔多斯市	0.1391	264	0.0493	249	0.0898	275
西宁市	0.1387	265	0.0413	271	0.0974	157
忻州市	0.1387	266	0.0433	262	0.0953	220
白银市	0.1386	267	0.0474	253	0.0912	268
临汾市	0.1384	268	0.0430	265	0.0954	216
运城市	0.1376	269	0.0406	273	0.0970	172
呼和浩特市	0.1361	270	0.0358	277	0.1002	66
平凉市	0.1359	271	0.0413	270	0.0946	238
包头市	0.1349	272	0.0415	269	0.0934	253
天水市	0.1315	273	0.0369	276	0.0946	237
石嘴山市	0.1292	274	0.0385	275	0.0908	270
乌海市	0.1290	275	0.0410	272	0.0880	279
庆阳市	0.1285	276	0.0419	268	0.0867	282
陇南市	0.1274	277	0.0323	278	0.0951	226
巴彦淖尔市	0.1205	278	0.0243	280	0.0962	200
定西市	0.1186	279	0.0210	283	0.0975	150
克拉玛依市	0.1184	280	0.0625	149	0.0558	287
呼伦贝尔市	0.1176	281	0.0211	282	0.0965	184
中卫市	0.1173	282	0.0245	279	0.0928	260
吴忠市	0.1141	283	0.0224	281	0.0918	265
乌兰察布市	0.1115	284	0.0179	284	0.0936	250
通辽市	0.1100	285	0.0137	285	0.0963	194
赤峰市	0.1086	286	0.0128	286	0.0958	209
固原市	0.1007	287	0.0027	287	0.0980	130

注：1. 本表根据中国城市绿色竞争力指数指标体系中资源与环境效率的指数指标体系，依据各指标 2020 年数据测算而得。

2. 本表各参评城市按照资源与环境效率的指数值从大到小排序。

3. 本表一级指标"资源与环境效率"指数值等于两个二级指标"资源效率"和"环境效率"指数值之和。

4. 本表测度结果保留4位小数，如果指数相同、排名相同说明两市测算的指数完全一样；如果指数相同但排名不同则是小数点四舍五入的结果，说明指数值在小数点后4位之后有差异。

5. 以上数据及排名根据《中国统计年鉴2021》《2021中国环境统计年报》《中国环境统计年鉴2021》《中国城市统计年鉴2021》《中国省市经济发展年鉴2021》及人工整理测算。

6. 为便于后文进行比较分析，基于算术平均方法，我们测算得到287个参评城市资源与环境效率的平均水平为0.1607，资源效率指标的平均水平为0.0636，环境效率指标的平均水平为0.0971。

从表4-1中可以看出，2020年中国287个城市资源与环境效率中，指数值最高的城市是杭州市，达到0.1949；指数值最低的城市是固原市，仅为0.1007。287个参评城市中，有143个城市资源与环境效率高出或等于全国平均水平，排在前20位的城市依次是杭州市、上海市、天津市、舟山市、宁波市、绍兴市、南京市、嘉兴市、无锡市、苏州市、湖州市、常州市、扬州市、镇江市、南通市、台州市、合肥市、泰州市、衢州市、温州市。资源效率指标排名前20位的城市依次是杭州市、宁波市、舟山市、上海市、天津市、绍兴市、嘉兴市、无锡市、湖州市、南京市、苏州市、常州市、扬州市、镇江市、南通市、台州市、泰州市、衢州市、温州市、合肥市。环境效率指标排名前20位的城市依次是北京市、上海市、深圳市、天津市、郑州市、合肥市、杭州市、青岛市、昆明市、太原市、南昌市、南京市、广州市、沈阳市、西安市、兰州市、海口市、佛山市、石家庄市、济南市。2020年，中国287个城市资源与环境效率排名前20位和后20位的具体情况如图4-1所示。

根据表4-1和图4-1，我们进一步从城市资源与环境效率区域间差异、城市资源与环境效率区域内差异以及城市资源与环境效率对中国城市绿色竞争力指数的影响三个方面进行分析。

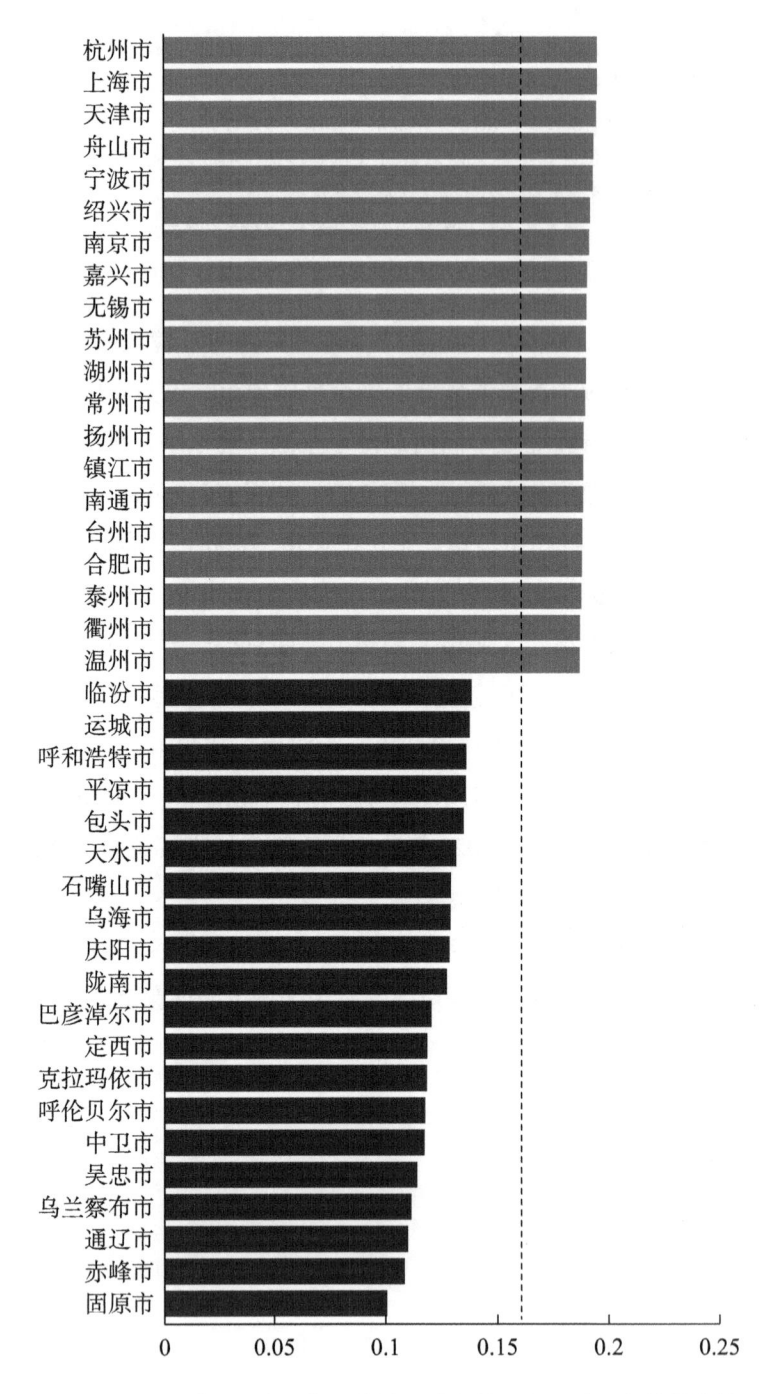

图4-1 中国287个城市资源与环境效率排名前20位和后20位的具体情况

注：本图根据表4-1制作。指数值由高到低排列，虚线表示所有参评城市资源与环境效率的平均值0.1607。

（一）城市资源与环境效率区域间差异分析

资源与环境效率具有东部地区城市明显好于中部、西部和东北地区城市的地域分化格局，具体如图4-2所示。其中，东部地区参评城市的平均水平达到0.1756，大幅超过全国平均水平；中部地区参评城市的平均水平达到0.1658，略高于全国平均水平；西部地区参评城市的平均水平为0.1448，东北地区参评城市的平均水平为0.1520，均明显低于全国平均水平。

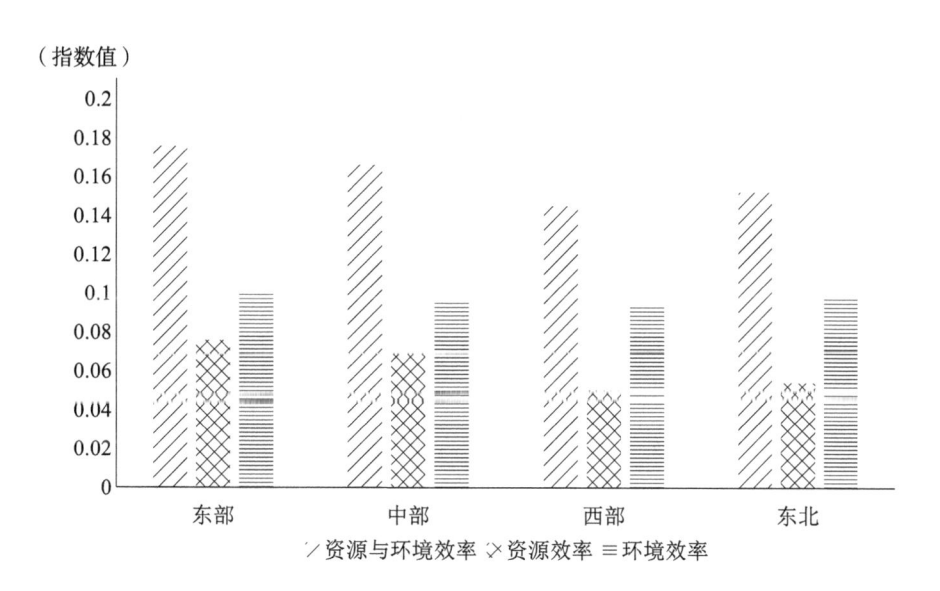

图4-2 中国四大区域城市资源与环境效率对照

注：本图数据为四大区域中各城市指数值的算术平均值。

二级指标方面，资源效率指标中，四大区域的差别仍较为明显。东部地区城市的平均水平较高，为0.0757，高于全国平均水平；中部地区城市为0.0691、西部地区城市和东北地区城市平均水平均略低于全国城市平均水平，分别为0.0502和0.0541。

环境效率指标中，东部地区城市的平均水平较高，为0.0999，高于全国城市平均水平0.0971；中部地区城市为0.0967，略低于全国城市平均水平，东北地区城市和西部地区城市均未达到全国城市平均水平，分别为0.0945和0.0979。

（二）城市资源与环境效率区域内差异分析

城市资源与环境效率在区域间呈现东部地区城市较好，中部地区城市次之，东北和西部地区城市较弱的局面，而且区域内部的各城市之间的差异较为明显。

1. 东部地区城市资源与环境效率指数及排名

2020年中国东部地区城市资源与环境效率指数及排名如表4-2所示。

表 4-2 中国东部地区城市资源与环境效率指数及排名

城市	指标值	整体排名	区域内排名	城市	指标值	整体排名	区域内排名
杭州市	0.1949	1	1	茂名市	0.1756	60	44
上海市	0.1949	2	2	龙岩市	0.1754	61	45
天津市	0.1946	3	3	肇庆市	0.1751	62	46
舟山市	0.1934	4	4	三明市	0.1741	65	47
宁波市	0.1931	5	5	阳江市	0.1739	67	48
绍兴市	0.1919	6	6	汕头市	0.1731	72	49
南京市	0.1915	7	7	淄博市	0.1730	75	50
嘉兴市	0.1905	8	8	漳州市	0.1730	76	51
无锡市	0.1903	9	9	湛江市	0.1729	77	52
苏州市	0.1900	10	10	宁德市	0.1725	79	53
湖州市	0.1900	11	11	莆田市	0.1722	81	54
常州市	0.1896	12	12	韶关市	0.1715	89	55
扬州市	0.1888	13	13	北京市	0.1713	90	56
镇江市	0.1887	14	14	汕尾市	0.1709	95	57
南通市	0.1886	15	15	南平市	0.1703	98	58
台州市	0.1882	16	16	清远市	0.1702	99	59
泰州市	0.1877	18	17	云浮市	0.1697	103	60
衢州市	0.1871	19	18	揭阳市	0.1697	104	61
温州市	0.1870	20	19	河源市	0.1697	105	62
深圳市	0.1863	21	20	潍坊市	0.1697	106	63
金华市	0.1861	22	21	潮州市	0.1691	112	64
盐城市	0.1854	23	22	日照市	0.1690	113	65
淮安市	0.1853	24	23	滨州市	0.1685	115	66
广州市	0.1849	25	24	德州市	0.1667	121	67
丽水市	0.1849	26	25	济宁市	0.1663	124	68
徐州市	0.1842	27	26	三亚市	0.1661	126	69
佛山市	0.1838	28	27	泰安市	0.1655	129	70
珠海市	0.1834	29	28	梅州市	0.1637	133	71
连云港市	0.1825	30	29	石家庄市	0.1627	135	72
东莞市	0.1821	31	30	临沂市	0.1626	136	73
宿迁市	0.1812	34	31	枣庄市	0.1622	137	74
惠州市	0.1796	39	32	菏泽市	0.1605	145	75
中山市	0.1794	41	33	唐山市	0.1602	146	76
青岛市	0.1785	45	34	廊坊市	0.1601	148	77

续表

城市	指标值	整体排名	区域内排名	城市	指标值	整体排名	区域内排名
东营市	0.1783	47	35	聊城市	0.1595	150	78
江门市	0.1782	49	36	秦皇岛市	0.1584	153	79
海口市	0.1778	51	37	沧州市	0.1565	164	80
厦门市	0.1776	52	38	承德市	0.1563	165	81
济南市	0.1772	54	39	张家口市	0.1544	173	82
烟台市	0.1772	55	40	衡水市	0.1527	180	83
福州市	0.1770	56	41	邯郸市	0.1513	196	84
威海市	0.1767	57	42	保定市	0.1507	201	85
泉州市	0.1757	58	43	邢台市	0.1478	228	86

注：根据表4-1整理。

东部地区参评的86个城市中，10个城市位居所有参评城市的前10位，分别是杭州市、上海市、天津市、舟山市、宁波市、绍兴市、南京市等地。其中，杭州市以0.1949的指数值位居所有参评城市的第一位，远高于其他东部参评城市；而邢台市以0.1478的指数值位居所有参评城市的倒数第一位。总的来说，东部大部分城市资源与环境效率位居全国中游及以上。

2. 中部地区城市资源与环境效率指数及排名

2020年，中国中部地区城市资源与环境效率指数及排名如表4-3所示。

表4-3 中国中部地区城市资源与环境效率指数及排名

城市	指标值	整体排名	区域内排名	城市	指标值	整体排名	区域内排名
合肥市	0.1880	17	1	永州市	0.1698	102	41
芜湖市	0.1814	32	2	安阳市	0.1695	107	42
马鞍山市	0.1813	33	3	怀化市	0.1695	108	43
长沙市	0.1804	35	4	益阳市	0.1694	109	44
郑州市	0.1803	36	5	娄底市	0.1694	110	45
黄山市	0.1802	37	6	鄂州市	0.1692	111	46
铜陵市	0.1799	38	7	商丘市	0.1689	114	47
滁州市	0.1794	40	8	襄阳市	0.1684	116	48
蚌埠市	0.1793	42	9	邵阳市	0.1684	117	49
池州市	0.1789	43	10	周口市	0.1681	118	50
宣城市	0.1783	46	11	荆门市	0.1677	119	51
安庆市	0.1782	48	12	十堰市	0.1667	120	52
淮北市	0.1781	50	13	咸宁市	0.1662	125	53

续表

城市	指标值	整体排名	区域内排名	城市	指标值	整体排名	区域内排名
武汉市	0.1773	53	14	黄石市	0.1661	127	54
淮南市	0.1757	59	15	孝感市	0.1659	128	55
宿州市	0.1745	63	16	荆州市	0.1655	130	56
六安市	0.1743	64	17	随州市	0.1654	131	57
洛阳市	0.1740	66	18	黄冈市	0.1629	134	58
亳州市	0.1737	68	19	南昌市	0.1611	141	59
漯河市	0.1737	69	20	太原市	0.1573	157	60
三门峡市	0.1736	70	21	鹰潭市	0.1529	178	61
许昌市	0.1735	71	22	新余市	0.1522	183	62
焦作市	0.1731	73	23	九江市	0.1521	186	63
岳阳市	0.1730	74	24	景德镇市	0.1511	197	64
阜阳市	0.1726	78	25	宜春市	0.1509	199	65
常德市	0.1724	80	26	朔州市	0.1496	210	66
株洲市	0.1720	82	27	抚州市	0.1496	211	67
衡阳市	0.1720	83	28	吉安市	0.1496	212	68
张家界市	0.1719	84	29	萍乡市	0.1491	217	69
开封市	0.1718	86	30	赣州市	0.1488	222	70
湘潭市	0.1716	87	31	上饶市	0.1485	225	71
鹤壁市	0.1716	88	32	晋城市	0.1464	236	72
信阳市	0.1713	91	33	阳泉市	0.1457	239	73
郴州市	0.1710	92	34	长治市	0.1437	246	74
濮阳市	0.1710	93	35	大同市	0.1428	250	75
平顶山市	0.1710	94	36	晋中市	0.1410	257	76
新乡市	0.1708	96	37	吕梁市	0.1393	263	77
南阳市	0.1705	97	38	忻州市	0.1387	266	78
宜昌市	0.1700	100	39	临汾市	0.1384	268	79
驻马店市	0.1699	101	40	运城市	0.1376	269	80

注：根据表 4-1 整理。

中部地区参评的 80 个城市中，没有城市居所有参评城市的前 10 位。整个中部地区有 59 个城市资源与环境效率高于全国平均水平，剩下的 21 个城市资源与环境效率均低于全国平均水平，其中运城市以 0.1376 的指数值位居所有中部地区参评城市的最后一位，中部大部分城市资源与环境效率在全国排名靠后。

3. 西部地区城市资源与环境效率指数及排名

2020年中国西部地区城市资源与环境效率指数及排名如表4-4所示。

表4-4 中国西部地区城市资源与环境效率指数及排名

城市	指标值	整体排名	区域内排名	城市	指标值	整体排名	区域内排名
重庆市	0.1786	44	1	达州市	0.1486	223	45
贵阳市	0.1719	85	2	张掖市	0.1486	224	46
西安市	0.1664	123	3	资阳市	0.1479	226	47
昆明市	0.1648	132	4	钦州市	0.1472	231	48
榆林市	0.1613	139	5	拉萨市	0.1469	232	49
延安市	0.1612	140	6	武威市	0.1468	233	50
宝鸡市	0.1610	142	7	柳州市	0.1464	235	51
铜川市	0.1607	143	8	崇左市	0.1459	238	52
兰州市	0.1605	144	9	防城港市	0.1457	240	53
咸阳市	0.1602	147	10	巴中市	0.1449	242	54
铜仁市	0.1579	154	11	银川市	0.1449	243	55
汉中市	0.1569	160	12	来宾市	0.1444	244	56
渭南市	0.1569	161	13	贺州市	0.1436	247	57
安顺市	0.1554	167	14	梧州市	0.1435	248	58
玉溪市	0.1554	168	15	玉林市	0.1429	249	59
安康市	0.1553	169	16	嘉峪关市	0.1427	251	60
成都市	0.1547	172	17	金昌市	0.1418	255	61
遵义市	0.1543	175	18	百色市	0.1415	256	62
南宁市	0.1531	177	19	昭通市	0.1402	258	63
商洛市	0.1529	179	20	酒泉市	0.1400	259	64
攀枝花市	0.1523	181	21	河池市	0.1400	260	65
毕节市	0.1523	182	22	贵港市	0.1400	261	66
绵阳市	0.1522	184	23	鄂尔多斯市	0.1391	264	67
雅安市	0.1522	185	24	西宁市	0.1387	265	68
乐山市	0.1521	187	25	白银市	0.1386	267	69
德阳市	0.1519	189	26	呼和浩特市	0.1361	270	70
曲靖市	0.1518	191	27	平凉市	0.1359	271	71
自贡市	0.1518	192	28	包头市	0.1349	272	72
思茅市	0.1518	193	29	天水市	0.1315	273	73
乌鲁木齐市	0.1516	194	30	石嘴山市	0.1292	274	74

续表

城市	指标值	整体排名	区域内排名	城市	指标值	整体排名	区域内排名
六盘水市	0.1510	198	31	乌海市	0.1290	275	75
宜宾市	0.1509	200	32	庆阳市	0.1285	276	76
内江市	0.1506	203	33	陇南市	0.1274	277	77
临沧市	0.1505	204	34	巴彦淖尔市	0.1205	278	78
眉山市	0.1503	205	35	定西市	0.1186	279	79
丽江市	0.1502	206	36	克拉玛依市	0.1184	280	80
保山市	0.1497	209	37	呼伦贝尔市	0.1176	281	81
遂宁市	0.1495	214	38	中卫市	0.1173	282	82
桂林市	0.1494	215	39	吴忠市	0.1141	283	83
泸州市	0.1493	216	40	乌兰察布市	0.1115	284	84
广元市	0.1491	218	41	通辽市	0.1100	285	85
广安市	0.1491	219	42	赤峰市	0.1086	286	86
南充市	0.1490	220	43	固原市	0.1007	287	87
北海市	0.1488	221	44	—	—	—	—

注：本表根据表 4-1 整理。

西部地区参评的 87 个城市中，没有城市位居所有参评城市的前 10 位。除此之外，西部地区的重庆市、贵阳市、西安市、昆明市、榆林市、延安市、宝鸡市、铜川市 8 个城市的资源与环境效率也高于或等于全国平均水平。而西部地区的兰州市、咸阳市、铜仁市等 79 个城市的资源与环境效率低于全国平均水平，其中固原市以 0.1007 的指数值位居所有参评城市的最后一位。总的来看，西部地区绝大部分城市资源与环境效率位居全国中下游水平，需要着力提升。

4. 东北地区城市资源与环境效率指数及排名

2020 年中国东北地区城市资源与环境效率指数及排名如表 4-5 所示。

表 4-5　中国东北地区城市资源与环境效率指数及排名

城市	指标值	整体排名	区域内排名	城市	指标值	整体排名	区域内排名
长春市	0.1666	122	1	佳木斯市	0.1519	190	18
大庆市	0.1615	138	2	营口市	0.1514	195	19
白山市	0.1599	149	3	鞍山市	0.1507	202	20
通化市	0.1590	151	4	辽阳市	0.1501	207	21
沈阳市	0.1586	152	5	鹤岗市	0.1499	208	22

续表

城市	指标值	整体排名	区域内排名	城市	指标值	整体排名	区域内排名
哈尔滨市	0.1577	155	6	绥化市	0.1496	213	23
黑河市	0.1576	156	7	锦州市	0.1479	227	24
辽源市	0.1573	158	8	抚顺市	0.1473	229	25
大连市	0.1572	159	9	齐齐哈尔市	0.1472	230	26
白城市	0.1569	162	10	七台河市	0.1468	234	27
松原市	0.1566	163	11	丹东市	0.1459	237	28
盘锦市	0.1558	166	12	牡丹江市	0.1456	241	29
吉林市	0.1549	170	13	伊春市	0.1438	245	30
双鸭山市	0.1547	171	14	阜新市	0.1421	252	31
四平市	0.1543	174	15	葫芦岛市	0.1420	253	32
鸡西市	0.1537	176	16	朝阳市	0.1418	254	33
本溪市	0.1520	188	17	铁岭市	0.1396	262	34

注：本表根据表4-1整理。

东北地区参评的34个城市中，区域内没有位居全国所有参评城市排名前10位的城市。长春市、大庆市两个城市的资源与环境效率高于全国平均水平。而白山市、通化市、沈阳市等32个城市的资源与环境效率低于全国平均水平，其中铁岭市以0.1396的指数值位居东北地区参评城市的最后一位。东北地区城市资源与环境效率位居全国中下游的偏多。

（三）城市资源与环境效率对中国城市绿色竞争力指数的影响分析

对比2020年中国城市绿色竞争力指数和城市资源与环境效率后发现，287个参评城市中，有151个城市资源与环境效率排名高于中国城市绿色竞争力指数排名，这表明这些城市的资源与环境效率提高了城市整体绿色竞争力水平，如德州市、安康市、咸阳市、铜陵市等；有133个城市资源与环境效率排名低于中国城市绿色竞争力指数排名，这表明这些城市资源与环境效率拉低了城市的整体绿色竞争力水平，如昆明市、三亚市、上饶市、萍乡市等。

从影响的程度看，城市资源与环境效率和中国城市绿色竞争力指数排名差异较大（超过50名）的城市有116个，占所有城市的40.42%，如德州市、安康市、咸阳市等，这表明这些城市的资源与环境效率对绿色竞争力指数总排名影响明显；其中，呼和浩特市的排名差异最大，相差226名。宿州市的绿色竞争力指数排名第230位，位于所有城市中较靠后的位置，但其资源与环境效率排名较为靠前，为第63位；呼和浩特市绿色竞争力指数位列第 44 位，而资源与环境效率仅位居所有参评城市的第 270 位，资源和环境效率水平拉低了其绿色竞争力综合排名结果。有 171 个城市排名差异较小（50 名以内），如杭州市、上海市、苏州市等，这表明这些城市的资源与环境效率对城市绿色竞争力指数总排名影响不明显。2020 年中国城市绿色竞争力指数和城市资源与环境效率排名差异超过 50 位的城市如表 4-6 所示。

表 4-6 中国城市绿色竞争力指数排名和城市资源与环境效率排名差异超过 50 位的城市

城市	城市绿色竞争力排名	城市资源与环境效率排名	位次变化	城市	城市绿色竞争力排名	城市资源与环境效率排名	位次变化
德州市	171	121	50	昆明市	82	132	−50
安康市	220	169	51	三亚市	75	126	−51
咸阳市	199	147	52	上饶市	173	225	−52
铜陵市	91	38	53	萍乡市	163	217	−54
新乡市	151	96	55	景德镇市	141	197	−56
蚌埠市	98	42	56	辽阳市	150	207	−57
郴州市	148	92	56	松原市	105	163	−58
咸宁市	181	125	56	丹东市	179	237	−58
铜仁市	210	154	56	沧州市	103	164	−61
鄂州市	168	111	57	金昌市	193	255	−62
黄山市	95	37	58	兰州市	81	144	−63
孝感市	187	128	59	沈阳市	89	152	−63
遵义市	234	175	59	鹰潭市	115	178	−63
商洛市	238	179	59	银川市	178	243	−65
漯河市	129	69	60	石家庄市	69	135	−66
驻马店市	161	101	60	新余市	117	183	−66
毕节市	242	182	60	张家口市	106	173	−67
信阳市	152	91	61	赤峰市	217	286	−69
荆州市	191	130	61	太原市	85	157	−72
怀化市	170	108	62	九江市	113	186	−73
宣城市	109	46	63	长春市	47	122	−75
益阳市	172	109	63	吉安市	137	212	−75
三门峡市	134	70	64	乌兰察布市	209	284	−75
潮州市	180	112	68	成都市	96	172	−76
安顺市	237	167	70	抚州市	135	211	−76
焦作市	144	73	71	廊坊市	70	148	−78
开封市	157	86	71	唐山市	66	146	−80

续表

城市	城市绿色竞争力排名	城市资源与环境效率排名	位次变化	城市	城市绿色竞争力排名	城市资源与环境效率排名	位次变化
商丘市	185	114	71	秦皇岛市	72	153	-81
黄石市	198	127	71	宜春市	118	199	-81
枣庄市	208	137	71	承德市	83	165	-82
思茅市	264	193	71	石嘴山市	190	274	-84
六盘水市	269	198	71	阜新市	167	252	-85
娄底市	183	110	73	北京市	4	90	-86
鹤壁市	164	88	76	乌鲁木齐市	107	194	-87
聊城市	227	150	77	赣州市	133	222	-89
常德市	159	80	79	鸡西市	86	176	-90
十堰市	200	120	80	西宁市	175	265	-90
渭南市	241	161	80	南昌市	50	141	-91
滁州市	121	40	81	通辽市	194	285	-91
濮阳市	176	93	83	双鸭山市	77	171	-94
许昌市	156	71	85	大连市	62	159	-97
安阳市	196	107	89	黑河市	51	156	-105
安庆市	139	48	91	鹤岗市	102	208	-106
铜川市	235	143	92	七台河市	122	234	-112
黄冈市	233	134	99	大庆市	24	138	-114
邵阳市	218	117	101	呼伦贝尔市	162	281	-119
周口市	224	118	106	巴彦淖尔市	158	278	-120
菏泽市	252	145	107	佳木斯市	67	190	-123
随州市	240	131	109	绥化市	90	213	-123
平顶山市	204	94	110	哈尔滨市	27	155	-128
池州市	155	43	112	齐齐哈尔市	97	230	-133
张家界市	201	84	117	乌海市	142	275	-133
淮北市	177	50	127	克拉玛依市	136	280	-144
淮南市	192	59	133	伊春市	92	245	-153
六安市	205	64	141	牡丹江市	87	241	-154
亳州市	229	68	161	包头市	61	272	-211
阜阳市	243	78	165	鄂尔多斯市	39	264	-225
宿州市	230	63	167	呼和浩特市	44	270	-226

注：1. 本表根据表 1-4 和表 4-1 整理。

2. 表中排名差异为资源与环境效率排名和城市绿色竞争力指数排名之差，正值表示资源与环境效率较之于城市绿色竞争力指数进步的名次，负值表示资源与环境效率较之于城市绿色竞争力指数退后的名次。

二、资源与环境效率比较分析

城市资源与环境效率占 2020 年中国城市绿色竞争力指数指标总权重的 20%，共由资源效率、环境效率这 2 个二级指标及下属 6 个三级指标构成，包含 1 个正指标和 5 个逆指标。

（一）城市资源效率指标比较

城市资源效率指标占资源与环境效率指标总体权重的 50%，占城市绿色竞争力指数总权重的 10%，对城市绿色竞争力指数的贡献较大。

从指标结构上看，资源效率指标仅包括 2 个三级指标，即单位地区生产总值用水量和工业固体废物综合利用率。单位地区生产总值用水量这一指标是逆指标，占城市绿色竞争力指数的权重为 5%，工业固体废物综合利用率这一指标是正指标，占城市绿色竞争力指数的权重同样为 5%。具体情况如表 4-7 所示。

表 4-7 资源效率三级指标、权重及指标属性

指标序号	指标	权重/%	指标属性
23	单位地区生产总值用水量	5	逆
24	工业固体废物综合利用率	5	正

注：本表内容是由本报告课题组召开的多次研讨会确定的。

在对三级指标的原始数据进行标准化处理和综合测算后，得出 2020 年中国城市资源效率指数及其排名情况，如表 4-8 所示。

表 4-8 中国 287 个城市资源效率指数及排名

城市	资源效率指标值	资源效率排名	城市	资源效率指标值	资源效率排名	城市	资源效率指标值	资源效率排名
杭州市	0.0926	1	信阳市	0.0725	97	双鸭山市	0.0554	193
宁波市	0.0925	2	濮阳市	0.0722	98	衡水市	0.0553	194
舟山市	0.0924	3	黄石市	0.0721	99	德阳市	0.0553	195
上海市	0.0922	4	淄博市	0.0721	100	萍乡市	0.0552	196
天津市	0.0921	5	清远市	0.0721	101	思茅市	0.0552	197
绍兴市	0.0913	6	南平市	0.0720	102	太原市	0.0552	198
嘉兴市	0.0903	7	湛江市	0.0720	103	本溪市	0.0548	199

第四章 资源与环境效率测算及分析

续表

城市	资源效率指标值	资源效率排名	城市	资源效率指标值	资源效率排名	城市	资源效率指标值	资源效率排名
无锡市	0.0898	8	安阳市	0.0718	104	鸡西市	0.0546	200
湖州市	0.0895	9	张家界市	0.0718	105	乐山市	0.0546	201
南京市	0.0895	10	怀化市	0.0717	106	鹤岗市	0.0546	202
苏州市	0.0895	11	驻马店市	0.0715	107	佳木斯市	0.0545	203
常州市	0.0890	12	十堰市	0.0714	108	绵阳市	0.0544	204
扬州市	0.0883	13	南阳市	0.0714	109	宜宾市	0.0544	205
镇江市	0.0882	14	贵阳市	0.0713	110	吉安市	0.0543	206
南通市	0.0881	15	潮州市	0.0713	111	桂林市	0.0541	207
台州市	0.0875	16	邵阳市	0.0711	112	牡丹江市	0.0541	208
泰州市	0.0873	17	云浮市	0.0711	113	临沧市	0.0541	209
衢州市	0.0862	18	汕尾市	0.0711	114	自贡市	0.0540	210
温州市	0.0861	19	咸宁市	0.0709	115	营口市	0.0538	211
合肥市	0.0857	20	随州市	0.0705	116	保定市	0.0538	212
芜湖市	0.0855	21	商丘市	0.0705	117	钦州市	0.0537	213
马鞍山市	0.0854	22	日照市	0.0703	118	朔州市	0.0537	214
金华市	0.0851	23	孝感市	0.0702	119	商洛市	0.0535	215
盐城市	0.0845	24	周口市	0.0701	120	抚州市	0.0532	216
淮安市	0.0844	25	河源市	0.0696	121	雅安市	0.0532	217
深圳市	0.0838	26	滨州市	0.0695	122	伊春市	0.0531	218
丽水市	0.0838	27	潍坊市	0.0692	123	晋城市	0.0529	219
铜陵市	0.0837	28	遵义市	0.0692	124	泸州市	0.0528	220
滁州市	0.0836	29	揭阳市	0.0690	125	崇左市	0.0527	221
徐州市	0.0834	30	荆州市	0.0688	126	遂宁市	0.0526	222
珠海市	0.0833	31	北京市	0.0685	127	鞍山市	0.0526	223
广州市	0.0830	32	德州市	0.0672	128	辽阳市	0.0526	224
池州市	0.0824	33	唐山市	0.0668	129	梧州市	0.0525	225
宣城市	0.0824	34	济宁市	0.0668	130	赣州市	0.0524	226

续表

城市	资源效率指标值	资源效率排名	城市	资源效率指标值	资源效率排名	城市	资源效率指标值	资源效率排名
黄山市	0.0823	35	六盘水市	0.0665	131	上饶市	0.0524	227
蚌埠市	0.0822	36	黄冈市	0.0663	132	眉山市	0.0523	228
佛山市	0.0820	37	泰安市	0.0657	133	贺州市	0.0522	229
连云港市	0.0817	38	铜仁市	0.0653	134	百色市	0.0521	230
安庆市	0.0816	39	长春市	0.0651	135	内江市	0.0520	231
淮北市	0.0813	40	梅州市	0.0650	136	张掖市	0.0520	232
东莞市	0.0805	41	安顺市	0.0649	137	绥化市	0.0519	233
宿迁市	0.0804	42	榆林市	0.0646	138	邢台市	0.0516	234
长沙市	0.0792	43	西安市	0.0646	139	七台河市	0.0515	235
淮南市	0.0786	44	延安市	0.0638	140	乌鲁木齐市	0.0514	236
中山市	0.0782	45	玉溪市	0.0636	141	齐齐哈尔市	0.0514	237
惠州市	0.0780	46	宝鸡市	0.0636	142	广元市	0.0514	238
郑州市	0.0779	47	通化市	0.0635	143	酒泉市	0.0513	239
湘潭市	0.0779	48	枣庄市	0.0634	144	南充市	0.0511	240
株洲市	0.0775	49	白山市	0.0629	145	阳泉市	0.0507	241
岳阳市	0.0775	50	临沂市	0.0628	146	来宾市	0.0507	242
江门市	0.0775	51	昆明市	0.0627	147	广安市	0.0504	243
重庆市	0.0774	52	廊坊市	0.0626	148	达州市	0.0502	244
东营市	0.0771	53	克拉玛依市	0.0625	149	抚顺市	0.0501	245
常德市	0.0769	54	嘉峪关市	0.0617	150	长治市	0.0500	246
许昌市	0.0769	55	咸阳市	0.0616	151	贵港市	0.0494	247
宿州市	0.0768	56	秦皇岛市	0.0612	152	武威市	0.0494	248
六安市	0.0766	57	铜川市	0.0612	153	鄂尔多斯市	0.0493	249
三亚市	0.0766	58	石家庄市	0.0610	154	玉林市	0.0488	250
洛阳市	0.0764	59	辽源市	0.0608	155	资阳市	0.0488	251
青岛市	0.0764	60	金昌市	0.0608	156	锦州市	0.0480	252
三门峡市	0.0763	61	菏泽市	0.0607	157	白银市	0.0474	253

续表

城市	资源效率指标值	资源效率排名	城市	资源效率指标值	资源效率排名	城市	资源效率指标值	资源效率排名
厦门市	0.0762	62	大庆市	0.0606	158	昭通市	0.0472	254
福州市	0.0760	63	沧州市	0.0605	159	拉萨市	0.0471	255
海口市	0.0760	64	聊城市	0.0603	160	吕梁市	0.0469	256
亳州市	0.0759	65	毕节市	0.0601	161	河池市	0.0467	257
漯河市	0.0758	66	吉林市	0.0601	162	大同市	0.0464	258
泉州市	0.0758	67	柳州市	0.0596	163	晋中市	0.0460	259
武汉市	0.0757	68	盘锦市	0.0595	164	丹东市	0.0458	260
烟台市	0.0755	69	承德市	0.0591	165	巴中市	0.0457	261
济南市	0.0755	70	大连市	0.0591	166	忻州市	0.0433	262
肇庆市	0.0754	71	南昌市	0.0590	167	银川市	0.0433	263
鹤壁市	0.0754	72	防城港市	0.0589	168	葫芦岛市	0.0431	264
三明市	0.0753	73	北海市	0.0588	169	临汾市	0.0430	265
郴州市	0.0751	74	曲靖市	0.0587	170	阜新市	0.0423	266
焦作市	0.0751	75	兰州市	0.0587	171	朝阳市	0.0422	266
龙岩市	0.0751	76	鹰潭市	0.0586	172	庆阳市	0.0419	268
阜阳市	0.0751	77	新余市	0.0585	173	包头市	0.0415	269
衡阳市	0.0750	78	汉中市	0.0579	174	平凉市	0.0413	270
威海市	0.0750	79	松原市	0.0578	175	西宁市	0.0413	271
宜昌市	0.0750	80	白城市	0.0576	176	乌海市	0.0410	272
茂名市	0.0747	81	哈尔滨市	0.0575	177	运城市	0.0406	273
阳江市	0.0744	82	九江市	0.0574	178	铁岭市	0.0398	274
益阳市	0.0743	83	渭南市	0.0574	179	石嘴山市	0.0385	275
鄂州市	0.0743	84	黑河市	0.0569	180	天水市	0.0369	276
襄阳市	0.0739	85	沈阳市	0.0567	181	呼和浩特市	0.0358	277
漳州市	0.0738	86	南宁市	0.0566	182	陇南市	0.0323	278
汕头市	0.0737	87	保山市	0.0566	183	中卫市	0.0245	279
娄底市	0.0735	88	攀枝花市	0.0565	184	巴彦淖尔市	0.0243	280

续表

城市	资源效率指标值	资源效率排名	城市	资源效率指标值	资源效率排名	城市	资源效率指标值	资源效率排名
平顶山市	0.0734	89	成都市	0.0564	185	吴忠市	0.0224	281
开封市	0.0734	90	安康市	0.0563	186	呼伦贝尔市	0.0211	282
新乡市	0.0732	91	张家口市	0.0562	187	定西市	0.0210	283
宁德市	0.0731	92	景德镇市	0.0561	188	乌兰察布市	0.0179	284
荆门市	0.0730	93	邯郸市	0.0561	189	通辽市	0.0137	285
莆田市	0.0730	94	四平市	0.0558	190	赤峰市	0.0128	286
韶关市	0.0730	95	丽江市	0.0558	191	固原市	0.0027	287
永州市	0.0726	96	宜春市	0.0556	192	—	—	—

注：本表数据及排名根据《中国统计年鉴2021》《2021中国环境统计年报》《中国环境统计年鉴2021》《中国城市统计年鉴2021》《中国省市经济发展年鉴2021》及人工整理测算。

从表4-8可以看出，全国287个城市的资源效率指标测算结果介于0.0027~0.0926的范围内，极差为0.0899。高于或等于全国平均水平0.0636的城市有142个，占全部参评城市的49.48%，前20位的城市分别为杭州市、宁波市、舟山市、上海市、天津市、绍兴市、嘉兴市、无锡市、湖州市、南京市、苏州市、常州市、扬州市、镇江市、南通市、台州市、泰州市、衢州市、温州市、合肥市；有145个城市的资源效率指标低于全部参评城市的平均水平，占比50.52%，这些城市有宝鸡市、通化市、枣庄市、白山市、临沂市等，其中通辽市、赤峰市、固原市位居所有参评城市的最后三位，指数值分别为0.0137、0.0128和0.0027。

为了进行地区间的比较，图4-3按照东部、中部、西部和东北地区划分，根据资源与环境效率指数排名给出了城市资源与环境效率指标同城市资源效率指标的对比。可以看出各地区资源效率指数与资源与环境效率指数排名差距相对较小。从地区间差异的角度来看，东部、中部、西部和东北地区资源效率的平均水平分别为0.0757、0.0691、0.0502和0.0541，可以看出平均而言四个地区资源效率平均水平相差不大，但东部小幅领先于中部、东北地区和西部地区。

第四章　资源与环境效率测算及分析

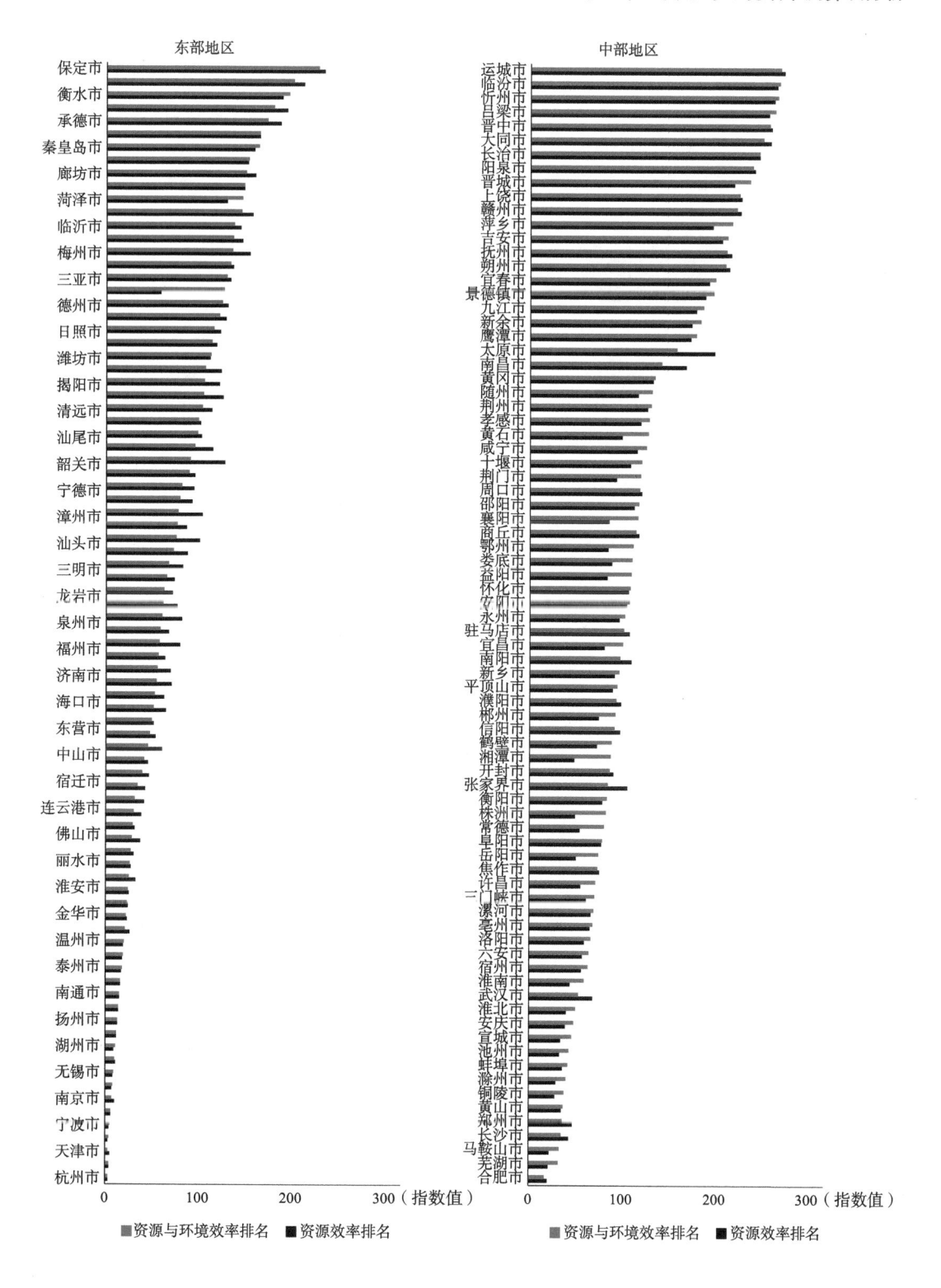

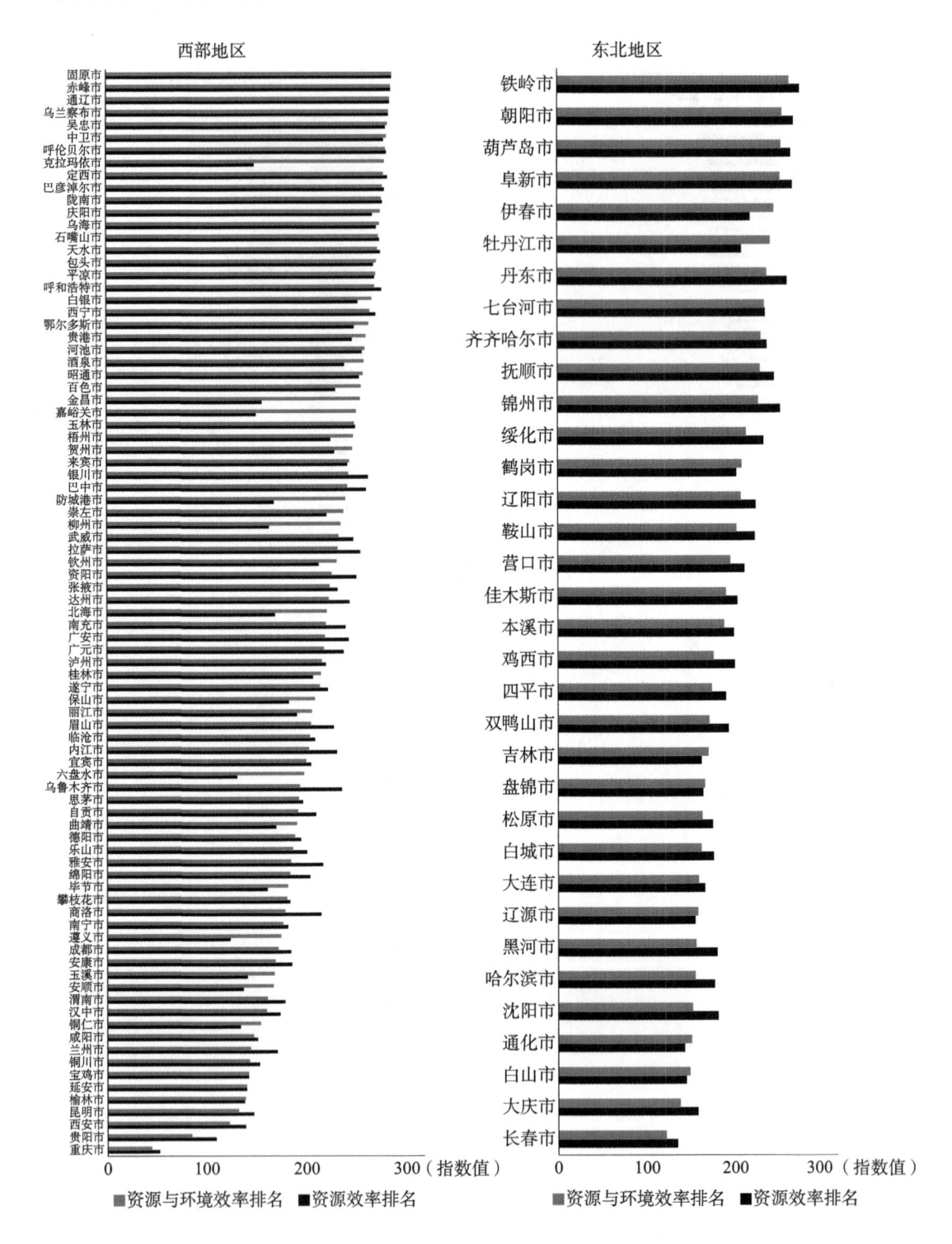

图4-3 城市资源与环境效率指标同城市资源效率指标对比

注：本图按照东部、中部、西部和东北地区划分，根据资源与环境效率指数排名自下至上排列。

就排名结果而言，资源效率指标前20位的城市，东部、中部、西部、东北地区分别有19个、1个、0个、0个，集中在东部地区。这些城市分别为东部地区的杭州市、宁波市、舟山市、上海市、天津市、绍兴市、嘉兴市、无锡市、湖州市、南京市、苏州市、常州市、扬州市、镇江市、南通市、台州市、泰州市、衢州市、温州市、合肥市。而排名后20位的城市中，东部地区没有；中部地区有1个城市，为运城；西部地区有18个城市，分别为庆阳市、包头市、平凉市、西宁市、乌海市、石嘴山市、天水市、呼和浩特市、陇南市、中卫市、巴彦淖尔市、吴忠市、呼伦贝尔市、定西市、乌兰察布市、通辽市、赤峰市、固原市；东北地区有1个城市，为铁岭市。由此可以看出，在资源效率这一指标上表现较好的东部地区，无在后20名的城市，可谓优势明显。

（二）城市环境效率指标比较

城市环境效率指标是测度城市资源与环境效率指标中较为重要的二级指标，包含单位地区生产总值二氧化硫排放量、单位地区生产总值化学需氧量排放量、单位地区生产总值氮氧化物排放量、单位地区生产总值氨氮排放量4个三级指标。这4个三级指标每个指标占城市绿色竞争力指数的总权重均为2.5%，加总占总权重的10%、占城市资源与环境效率权重的50%，具体情况如表4-9所示。

表4-9 环境效率三级指标、权重及指标属性

指标序号	指标	权重/%	指标属性
1	单位地区生产总值二氧化硫排放量	2.5	逆
2	单位地区生产总值化学需氧量排放量	2.5	逆
3	单位地区生产总值氮氧化物排放量	2.5	逆
4	单位地区生产总值氨氮排放量	2.5	逆

注：本表内容是由本报告课题组召开的多次研讨会确定的。

在对三级指标原始数据加以标准化处理后，根据表4-9中所示的权重，计算得出了本次参评的287个城市的环境效率指标的指数值。测算结果和排名如表4-10所示。

表4-10 中国城市环境效率指数及排名

城市	环境效率指标值	环境效率排名	城市	环境效率指标值	环境效率排名	城市	环境效率指标值	环境效率排名
北京市	0.1028	1	资阳市	0.0992	97	赣州市	0.0964	193
上海市	0.1027	2	漳州市	0.0992	98	通辽市	0.0963	194
深圳市	0.1025	3	南阳市	0.0992	99	盘锦市	0.0963	195
天津市	0.1024	4	鸡西市	0.0990	100	邢台市	0.0963	196

续表

城市	环境效率指标值	环境效率排名	城市	环境效率指标值	环境效率排名	城市	环境效率指标值	环境效率排名
郑州市	0.1024	5	滨州市	0.0990	101	铜陵市	0.0963	197
合肥市	0.1023	6	雅安市	0.0990	102	鹤壁市	0.0962	198
杭州市	0.1023	7	汉中市	0.0990	103	上饶市	0.0962	199
青岛市	0.1022	8	安康市	0.0990	104	巴彦淖尔市	0.0962	200
昆明市	0.1021	9	葫芦岛市	0.0989	105	沧州市	0.0960	201
太原市	0.1021	10	濮阳市	0.0988	106	宣城市	0.0960	202
南昌市	0.1020	11	三明市	0.0988	107	芜湖市	0.0959	203
南京市	0.1020	12	松原市	0.0988	108	朔州市	0.0959	204
广州市	0.1019	13	枣庄市	0.0988	109	郴州市	0.0959	205
沈阳市	0.1019	14	信阳市	0.0987	110	马鞍山市	0.0959	206
西安市	0.1019	15	梅州市	0.0987	111	娄底市	0.0959	207
兰州市	0.1019	16	日照市	0.0987	112	齐齐哈尔市	0.0959	208
海口市	0.1018	17	广安市	0.0987	113	赤峰市	0.0958	209
佛山市	0.1018	18	云浮市	0.0987	114	攀枝花市	0.0958	210
石家庄市	0.1017	19	内江市	0.0986	115	滁州市	0.0958	211
济南市	0.1017	20	咸阳市	0.0986	116	孝感市	0.0957	212
威海市	0.1017	21	韶关市	0.0985	117	通化市	0.0956	213
烟台市	0.1017	22	四平市	0.0985	118	岳阳市	0.0955	214
惠州市	0.1016	23	开封市	0.0985	119	常德市	0.0954	215
东莞市	0.1016	24	商丘市	0.0985	120	临汾市	0.0954	216
武汉市	0.1016	25	达州市	0.0984	121	咸宁市	0.0954	217
银川市	0.1015	26	驻马店市	0.0984	122	鹤岗市	0.0953	218
长春市	0.1015	27	南平市	0.0983	123	十堰市	0.0953	219
厦门市	0.1014	28	成都市	0.0983	124	忻州市	0.0953	220
中山市	0.1012	29	张家口市	0.0982	125	七台河市	0.0953	221
长沙市	0.1012	30	大连市	0.0981	126	宜春市	0.0953	222
东营市	0.1012	31	清远市	0.0981	127	吉安市	0.0953	223
重庆市	0.1012	32	周口市	0.0981	128	桂林市	0.0952	224
丽水市	0.1011	33	鞍山市	0.0980	129	邯郸市	0.0952	225
金华市	0.1010	34	固原市	0.0980	130	陇南市	0.0951	226
舟山市	0.1010	35	眉山市	0.0980	131	益阳市	0.0951	227
茂名市	0.1010	36	焦作市	0.0980	132	宜昌市	0.0950	228
福州市	0.1009	37	南充市	0.0979	133	阳泉市	0.0950	229

续表

城市	环境效率指标值	环境效率排名	城市	环境效率指标值	环境效率排名	城市	环境效率指标值	环境效率排名
湛江市	0.1009	38	漯河市	0.0979	134	景德镇市	0.0950	230
淄博市	0.1009	39	黄山市	0.0979	135	鄂州市	0.0950	231
衢州市	0.1009	40	潮州市	0.0978	136	晋中市	0.0949	232
盐城市	0.1009	41	亳州市	0.0978	137	随州市	0.0949	233
徐州市	0.1009	42	宿州市	0.0978	138	吉林市	0.0948	234
大庆市	0.1009	43	怀化市	0.0978	139	荆门市	0.0947	235
温州市	0.1009	44	安阳市	0.0978	140	九江市	0.0947	236
淮安市	0.1008	45	自贡市	0.0978	141	天水市	0.0946	237
连云港市	0.1008	46	广元市	0.0977	142	平凉市	0.0946	238
宿迁市	0.1008	47	绵阳市	0.0977	143	襄阳市	0.0945	239
江门市	0.1007	48	绥化市	0.0977	144	株洲市	0.0945	240
台州市	0.1007	49	新乡市	0.0976	145	丽江市	0.0944	241
揭阳市	0.1007	50	六安市	0.0976	146	鹰潭市	0.0943	242
黑河市	0.1007	51	营口市	0.0976	147	玉林市	0.0941	243
绍兴市	0.1006	52	洛阳市	0.0976	148	黄石市	0.0940	244
宁波市	0.1006	53	平顶山市	0.0976	149	萍乡市	0.0939	245
贵阳市	0.1006	54	定西市	0.0975	150	湘潭市	0.0938	246
扬州市	0.1005	55	辽阳市	0.0975	151	新余市	0.0937	247
常州市	0.1005	56	阜阳市	0.0975	152	来宾市	0.0937	248
无锡市	0.1005	57	乐山市	0.0975	153	长治市	0.0937	249
苏州市	0.1005	58	武威市	0.0974	154	乌兰察布市	0.0936	250
镇江市	0.1005	59	延安市	0.0974	155	晋城市	0.0935	251
南通市	0.1005	60	宝鸡市	0.0974	156	钦州市	0.0934	252
潍坊市	0.1005	61	西宁市	0.0974	157	包头市	0.0934	253
泰州市	0.1004	62	廊坊市	0.0974	158	唐山市	0.0934	254
湖州市	0.1004	63	佳木斯市	0.0974	159	河池市	0.0933	255
龙岩市	0.1003	64	衡水市	0.0973	160	崇左市	0.0932	256
嘉兴市	0.1003	65	三门峡市	0.0973	161	曲靖市	0.0931	257
呼和浩特市	0.1002	66	邵阳市	0.0973	162	保山市	0.0930	258
乌鲁木齐市	0.1002	67	抚顺市	0.0972	163	昭通市	0.0930	259
哈尔滨市	0.1002	68	承德市	0.0972	164	中卫市	0.0928	260
张家界市	0.1002	69	本溪市	0.0972	165	铜仁市	0.0927	261
河源市	0.1001	70	淮南市	0.0972	166	吕梁市	0.0924	262
丹东市	0.1001	71	永州市	0.0971	167	毕节市	0.0921	263

续表

城市	环境效率指标值	环境效率排名	城市	环境效率指标值	环境效率排名	城市	环境效率指标值	环境效率排名
珠海市	0.1000	72	秦皇岛市	0.0971	168	玉溪市	0.0918	264
泉州市	0.1000	73	蚌埠市	0.0970	169	吴忠市	0.0918	265
锦州市	0.1000	74	白山市	0.0970	170	牡丹江市	0.0915	266
汕尾市	0.0999	75	保定市	0.0970	171	贺州市	0.0913	267
阜新市	0.0999	76	运城市	0.0970	172	白银市	0.0912	268
临沂市	0.0998	77	衡阳市	0.0969	173	梧州市	0.0909	269
泰安市	0.0998	78	遂宁市	0.0969	174	石嘴山市	0.0908	270
菏泽市	0.0998	79	淮北市	0.0968	175	伊春市	0.0907	271
铁岭市	0.0998	80	榆林市	0.0967	176	贵港市	0.0906	272
拉萨市	0.0997	81	荆州市	0.0967	177	安顺市	0.0905	273
肇庆市	0.0997	82	许昌市	0.0967	178	北海市	0.0900	274
朝阳市	0.0996	83	德阳市	0.0967	179	鄂尔多斯市	0.0898	275
德州市	0.0995	84	黄冈市	0.0966	180	三亚市	0.0895	276
济宁市	0.0995	85	张掖市	0.0966	181	百色市	0.0894	277
铜川市	0.0995	86	安庆市	0.0966	182	酒泉市	0.0888	278
渭南市	0.0995	87	思茅市	0.0966	183	乌海市	0.0880	279
阳江市	0.0995	88	呼伦贝尔市	0.0965	184	柳州市	0.0869	280
汕头市	0.0994	89	泸州市	0.0965	185	防城港市	0.0868	281
商洛市	0.0994	90	宜宾市	0.0965	186	庆阳市	0.0867	282
宁德市	0.0994	91	辽源市	0.0965	187	遵义市	0.0851	283
双鸭山市	0.0993	92	大同市	0.0965	188	六盘水市	0.0845	284
白城市	0.0993	93	池州市	0.0965	189	金昌市	0.0811	285
巴中市	0.0992	94	南宁市	0.0964	190	嘉峪关市	0.0810	286
莆田市	0.0992	95	抚州市	0.0964	191	克拉玛依市	0.0558	287
聊城市	0.0992	96	临沧市	0.0964	192	—	—	—

注：本表数据及排名根据《中国统计年鉴2021》《2021中国环境统计年报》《中国环境统计年鉴2021》《中国城市统计年鉴2021》《中国省市经济发展年鉴2021》及人工整理测算。

从表4-10中可以看到，排名最高的北京环境效率指标指数值为0.1028，排名第287位的克拉玛依环境效率指标指数值为0.0558，极差为0.047，差距较大。

其中，高于或等于全国平均水平0.0971的城市有168个，占全部参评城市的58.54%。排名前20位的城市分别为北京市、上海市、深圳市、天津市、郑州市、合肥市、杭州市、青岛市、昆明市、太原市、南昌市、南京市、广州市、沈阳市、西安市、兰州市、海口市、佛山市、石家庄市、济南市。119个城市的环境效率指标低于全部参评城市平均水平，占全部参评城市的41.46%，这些城市有永州市、秦皇岛市、蚌埠市等，其中金昌市、嘉峪关市、克拉玛依市位居所有参评城市的最后三位，指数值分别为0.0811、0.081和0.0558。

图4-4按照不同地区显示了城市资源与环境效率同城市环境效率指标排名的对比。可以看出，中部、西部和东北地区环境效率指标和资源与环境效率指标排名差距相对较大，中部地区环境效率指标排名落后于资源与环境效率指标排名，西部和东北地区环境效率指标排名领先于资源与环境效率指标排名。从地区间差异的角度来看，东部、中部、西部和东北地区环境效率指标的平均水平分别为0.0999、0.0967、0.0945和0.0979，可以看出，东部地区的环境效率指标平均值大幅领先其他三个地区，西部地区的环境效率指标平均值最低。

就排名结果而言，环境效率指标前20位的城市，东部地区占据12席，这12个城市分别为北京市、上海市、深圳市、天津市、杭州市、青岛市、南京市、广州市、海口市、佛山市、石家庄市、济南市；中部地区占据4席，分别为郑州市、合肥市、太原市、南昌市；西部地区占据3席，分别为昆明市、西安市、兰州市；东北地区占据1席，为沈阳市。排名后20位的城市中，东部地区有1个，为三亚市；中部地区无；西部地区共有18个，分别为白银市、梧州市、石嘴山市、贵港市、安顺市、北海市、鄂尔多斯市、百色市、酒泉市、乌海市、柳州市、防城港市、庆阳市、遵义市、六盘水市、金昌市、嘉峪关市、克拉玛依市；东北地区有1个，为伊春市。由此看来，在环境效率这一二级指标上，东部、西部和东北部地区仍需要再接再厉。

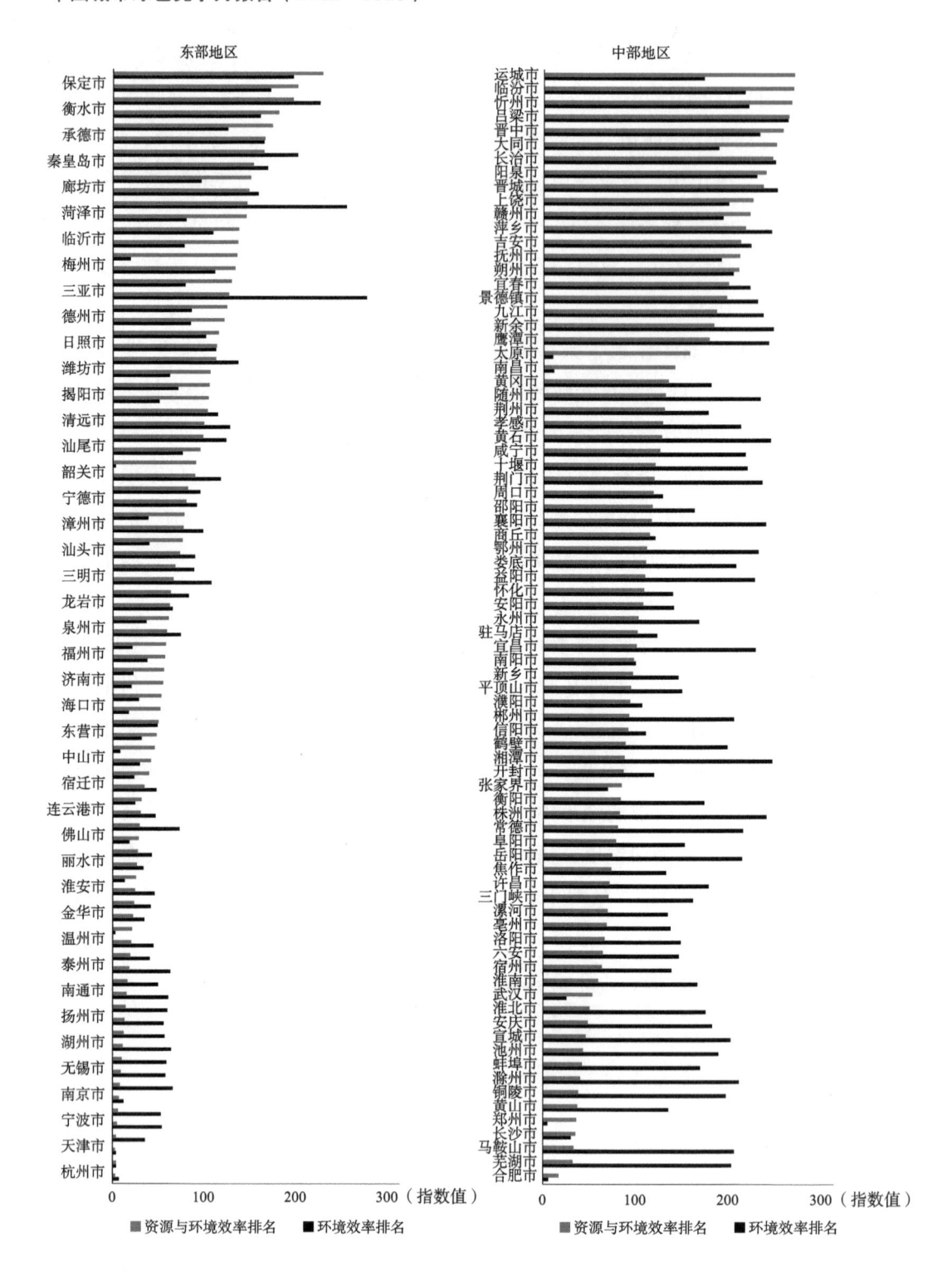

中国城市绿色竞争力报告（2022—2023）

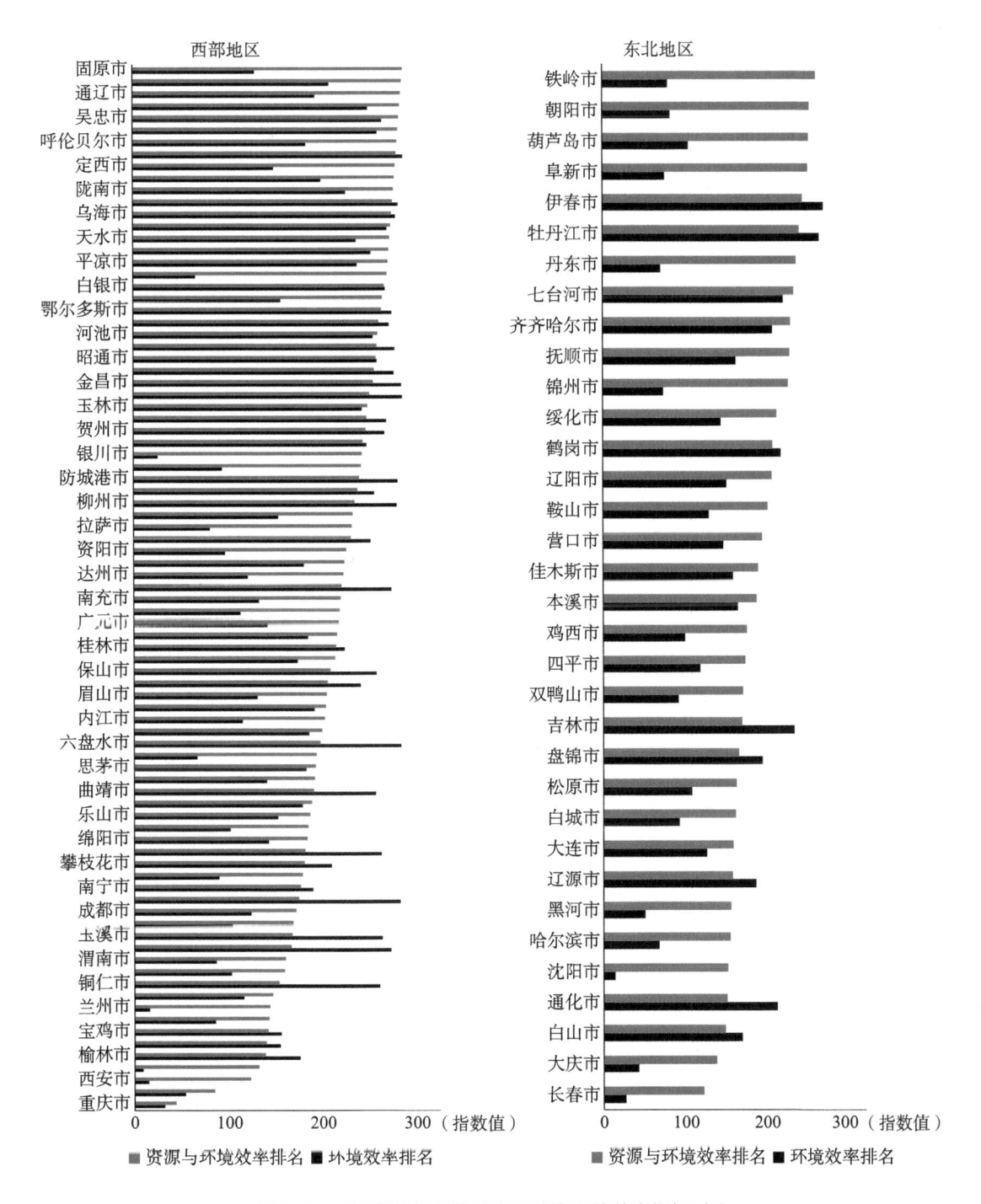

图4-4 城市资源与环境效率同城市环境效率指标对比

注：本图从东部、中部、西部和东北地区划分的角度，根据资源与环境效率指数排名自下至上排列。

第五章

政策响应与社会福利测算及分析

城市是实现绿色发展的重要载体，城市绿色竞争力是囊括了经济、政治、文化、社会、生态等各方面综合发展和进步的竞争力。因此秉承着创新、协调、绿色、开放、共享的新发展理念，近年来我国各地政府积极实施绿色新政，大力支持绿色发展、提升可持续发展能力，并且加大社会福利保障、提高人民生活质量，这是促进城市绿色竞争力提升的重要因素。在此背景下，本章根据城市绿色竞争力指标体系中政策响应与社会福利指数的测度标准，利用2020年度数据，从环境治理与投资和生活质量这两个方面对中国287个城市的政策响应与社会福利指数进行了测度分析。

一、政策响应与社会福利的测算结果

根据中国城市绿色竞争力评价指标体系中政策响应与社会福利的测度体系和权重标准，对2020年中国287个城市的政策响应与社会福利指数测算结果如表5-1所示。

表5-1 中国287个城市政策响应与社会福利指标及排名

指标	政策响应与社会福利		二级指标			
			环境投资与治理		生活质量	
城市	指标值	排名	指标值	排名	指标值	排名
深圳市	0.1981	1	0.0648	13	0.1333	1
天津市	0.1599	2	0.0589	81	0.1011	3
广州市	0.1588	3	0.0621	29	0.0967	6
上海市	0.1582	4	0.0469	274	0.1113	2
廊坊市	0.1543	5	0.0820	8	0.0723	32
珠海市	0.1504	6	0.0623	27	0.0880	9
北京市	0.1502	7	0.0526	171	0.0976	5
杭州市	0.1498	8	0.0506	218	0.0992	4
秦皇岛市	0.1490	9	0.0820	9	0.0670	38
呼和浩特市	0.1475	10	0.0555	117	0.0920	7
东莞市	0.1474	11	0.0613	45	0.0862	11
唐山市	0.1456	12	0.0821	7	0.0634	51
哈尔滨市	0.1444	13	0.0642	19	0.0802	22
张家口市	0.1439	14	0.0822	5	0.0617	56
南京市	0.1427	15	0.0553	122	0.0874	10

续表

指标	政策响应与社会福利		二级指标			
			环境投资与治理		生活质量	
城市	指标值	排名	指标值	排名	指标值	排名
大庆市	0.1417	16	0.0653	12	0.0764	25
承德市	0.1416	17	0.0826	3	0.0590	70
包头市	0.1398	18	0.0545	150	0.0853	13
沧州市	0.1391	19	0.0835	1	0.0557	92
宁波市	0.1390	20	0.0506	219	0.0884	8
鄂尔多斯市	0.1387	21	0.0555	119	0.0832	16
石家庄市	0.1386	22	0.0824	4	0.0562	89
苏州市	0.1378	23	0.0549	138	0.0829	17
温州市	0.1366	24	0.0506	220	0.0860	12
佛山市	0.1359	25	0.0617	35	0.0742	30
无锡市	0.1351	26	0.0558	110	0.0793	23
舟山市	0.1346	27	0.0499	235	0.0848	14
绍兴市	0.1345	28	0.0504	223	0.0841	15
青岛市	0.1332	29	0.0529	166	0.0803	20
厦门市	0.1330	30	0.0577	91	0.0753	27
金华市	0.1327	31	0.0502	228	0.0825	18
保定市	0.1315	32	0.0814	11	0.0501	152
中山市	0.1314	33	0.0614	40	0.0700	34
邯郸市	0.1309	34	0.0821	6	0.0487	165
台州市	0.1306	35	0.0500	231	0.0806	19
嘉兴市	0.1306	36	0.0504	224	0.0802	21
乌海市	0.1304	37	0.0550	131	0.0754	26
衡水市	0.1291	38	0.0829	2	0.0462	194
长春市	0.1282	39	0.0530	162	0.0752	28
惠州市	0.1274	40	0.0619	33	0.0656	44
牡丹江市	0.1274	41	0.0642	20	0.0632	52
济南市	0.1274	42	0.0524	175	0.0749	29
湖州市	0.1273	43	0.0504	222	0.0769	24
南昌市	0.1268	44	0.0610	48	0.0659	43
长沙市	0.1261	45	0.0562	104	0.0699	35
邢台市	0.1240	46	0.0820	10	0.0420	239
常州市	0.1239	47	0.0541	155	0.0699	36
泉州市	0.1238	48	0.0573	96	0.0665	40
福州市	0.1232	49	0.0586	87	0.0647	48

续表

指标	政策响应与社会福利		二级指标			
			环境投资与治理		生活质量	
城市	指标值	排名	指标值	排名	指标值	排名
丽水市	0.1231	50	0.0508	214	0.0723	31
齐齐哈尔市	0.1228	51	0.0623	28	0.0605	61
黑河市	0.1214	52	0.0637	23	0.0578	79
佳木斯市	0.1206	53	0.0613	43	0.0592	68
海口市	0.1202	54	0.0635	24	0.0566	87
镇江市	0.1200	55	0.0557	113	0.0643	50
三亚市	0.1198	56	0.0643	18	0.0555	94
衢州市	0.1195	57	0.0495	237	0.0700	33
松原市	0.1195	58	0.0533	159	0.0662	41
东营市	0.1193	59	0.0526	173	0.0667	39
赤峰市	0.1189	60	0.0541	153	0.0648	46
呼伦贝尔市	0.1184	61	0.0569	99	0.0615	57
西宁市	0.1182	62	0.0603	59	0.0579	78
威海市	0.1181	63	0.0522	179	0.0659	42
大连市	0.1177	64	0.0483	245	0.0694	37
烟台市	0.1175	65	0.0520	187	0.0655	45
伊春市	0.1171	66	0.0647	14	0.0524	122
新余市	0.1171	67	0.0605	57	0.0566	88
通辽市	0.1166	68	0.0552	127	0.0614	58
景德镇市	0.1165	69	0.0598	65	0.0567	85
七台河市	0.1164	70	0.0643	17	0.0521	125
龙岩市	0.1163	71	0.0572	97	0.0592	69
漳州市	0.1163	72	0.0577	90	0.0586	74
合肥市	0.1163	73	0.0563	103	0.0600	63
绥化市	0.1162	74	0.0629	25	0.0533	108
嘉峪关市	0.1158	75	0.0511	210	0.0647	47
九江市	0.1158	76	0.0610	47	0.0548	100
莆田市	0.1157	77	0.0574	95	0.0583	76
吉林市	0.1154	78	0.0526	172	0.0628	53
双鸭山市	0.1154	79	0.0645	15	0.0509	138
金昌市	0.1153	80	0.0510	212	0.0643	49
鸡西市	0.1151	81	0.0639	21	0.0512	131
株洲市	0.1148	82	0.0534	158	0.0614	59
三明市	0.1148	83	0.0560	109	0.0588	73

续表

指标	政策响应与社会福利		二级指标			
			环境投资与治理		生活质量	
城市	指标值	排名	指标值	排名	指标值	排名
乌兰察布市	0.1147	84	0.0553	124	0.0595	66
吉安市	0.1146	85	0.0602	61	0.0544	103
淄博市	0.1146	86	0.0521	183	0.0625	54
汕头市	0.1143	87	0.0613	44	0.0530	114
巴彦淖尔市	0.1143	88	0.0548	145	0.0595	65
南平市	0.1143	89	0.0576	92	0.0567	86
萍乡市	0.1141	90	0.0603	60	0.0538	105
江门市	0.1140	91	0.0614	39	0.0526	120
上饶市	0.1139	92	0.0593	70	0.0545	102
辽源市	0.1135	93	0.0527	170	0.0609	60
南通市	0.1135	94	0.0552	125	0.0583	77
宁德市	0.1134	95	0.0564	102	0.0570	84
白山市	0.1132	96	0.0530	163	0.0602	62
鹰潭市	0.1132	97	0.0601	62	0.0530	115
鹤岗市	0.1129	98	0.0644	16	0.0486	171
湛江市	0.1127	99	0.0604	58	0.0523	124
太原市	0.1127	100	0.0615	37	0.0512	132
泰州市	0.1125	101	0.0550	136	0.0576	81
酒泉市	0.1125	102	0.0508	213	0.0617	55
抚州市	0.1121	103	0.0598	66	0.0524	123
西安市	0.1121	104	0.0566	101	0.0555	93
韶关市	0.1120	105	0.0618	34	0.0503	151
赣州市	0.1120	106	0.0590	76	0.0530	116
宜春市	0.1120	107	0.0601	63	0.0519	127
扬州市	0.1120	108	0.0548	142	0.0572	83
肇庆市	0.1117	109	0.0609	50	0.0509	139
昆明市	0.1115	110	0.0541	152	0.0573	82
白城市	0.1113	111	0.0519	193	0.0594	67
梅州市	0.1109	112	0.0638	22	0.0471	186
成都市	0.1108	113	0.0522	176	0.0586	75
乌鲁木齐市	0.1108	114	0.0592	72	0.0516	130
大同市	0.1106	115	0.0588	82	0.0517	128
克拉玛依市	0.1103	116	0.0591	73	0.0512	134
重庆市	0.1102	117	0.0567	100	0.0535	106

续表

指标	政策响应与社会福利		二级指标			
			环境投资与治理		生活质量	
城市	指标值	排名	指标值	排名	指标值	排名
马鞍山市	0.1102	118	0.0550	133	0.0552	96
汕尾市	0.1102	119	0.0620	31	0.0481	174
茂名市	0.1100	120	0.0613	42	0.0486	168
晋中市	0.1097	121	0.0614	38	0.0483	172
湘潭市	0.1091	122	0.0543	151	0.0549	99
兰州市	0.1091	123	0.0515	204	0.0576	80
阳江市	0.1089	124	0.0615	36	0.0474	181
延安市	0.1087	125	0.0560	107	0.0526	119
清远市	0.1086	126	0.0607	53	0.0479	176
郑州市	0.1084	127	0.0590	74	0.0493	157
长治市	0.1082	128	0.0609	49	0.0473	183
朔州市	0.1080	129	0.0608	51	0.0472	184
芜湖市	0.1079	130	0.0552	126	0.0527	118
潍坊市	0.1077	131	0.0520	188	0.0557	91
四平市	0.1075	132	0.0513	206	0.0562	90
沈阳市	0.1074	133	0.0479	250	0.0595	64
晋城市	0.1074	134	0.0626	26	0.0448	212
盐城市	0.1071	135	0.0545	149	0.0526	121
吕梁市	0.1066	136	0.0621	30	0.0445	218
武汉市	0.1066	137	0.0476	253	0.0590	71
泰安市	0.1063	138	0.0531	160	0.0532	109
衡阳市	0.1062	139	0.0546	148	0.0517	129
揭阳市	0.1061	140	0.0606	56	0.0455	203
黄山市	0.1061	141	0.0550	134	0.0511	136
阳泉市	0.1060	142	0.0619	32	0.0442	221
河源市	0.1060	143	0.0598	67	0.0463	193
通化市	0.1060	144	0.0528	167	0.0532	111
郴州市	0.1055	145	0.0548	143	0.0507	144
潮州市	0.1053	146	0.0607	54	0.0446	215
庆阳市	0.1053	147	0.0504	225	0.0549	98
玉溪市	0.1053	148	0.0521	184	0.0532	110
娄底市	0.1052	149	0.0554	120	0.0498	154
银川市	0.1051	150	0.0499	233	0.0552	95
临沂市	0.1050	151	0.0519	191	0.0531	113

续表

指标	政策响应与社会福利		二级指标			
			环境投资与治理		生活质量	
城市	指标值	排名	指标值	排名	指标值	排名
白银市	0.1050	152	0.0503	227	0.0547	101
云浮市	0.1048	153	0.0601	64	0.0447	213
天水市	0.1046	154	0.0512	207	0.0534	107
榆林市	0.1044	155	0.0554	121	0.0490	159
丽江市	0.1042	156	0.0546	147	0.0496	156
平凉市	0.1040	157	0.0511	209	0.0529	117
武威市	0.1038	158	0.0507	216	0.0531	112
宣城市	0.1037	159	0.0549	137	0.0488	164
常德市	0.1035	160	0.0535	157	0.0500	153
曲靖市	0.1033	161	0.0527	169	0.0506	146
铜陵市	0.1031	162	0.0557	112	0.0473	182
日照市	0.1031	163	0.0521	181	0.0509	137
岳阳市	0.1029	164	0.0519	195	0.0511	135
济宁市	0.1028	165	0.0521	180	0.0507	141
忻州市	0.1026	166	0.0606	55	0.0420	240
广元市	0.1024	167	0.0521	185	0.0504	148
眉山市	0.1024	168	0.0517	200	0.0507	142
雅安市	0.1023	169	0.0511	208	0.0512	133
洛阳市	0.1023	170	0.0593	69	0.0430	230
泸州市	0.1022	171	0.0526	174	0.0497	155
绵阳市	0.1020	172	0.0518	197	0.0503	150
滨州市	0.1020	173	0.0514	205	0.0506	147
南宁市	0.1018	174	0.0480	249	0.0538	104
益阳市	0.1015	175	0.0546	146	0.0469	189
遂宁市	0.1015	176	0.0507	215	0.0507	140
临汾市	0.1014	177	0.0614	41	0.0400	251
张掖市	0.1013	178	0.0506	217	0.0507	143
汉中市	0.1012	179	0.0556	115	0.0456	201
乐山市	0.1012	180	0.0529	165	0.0483	173
保山市	0.1011	181	0.0520	189	0.0491	158
攀枝花市	0.1010	182	0.0421	283	0.0590	72
广安市	0.1009	183	0.0521	182	0.0488	163
南充市	0.1009	184	0.0519	194	0.0490	160
安康市	0.1008	185	0.0555	118	0.0453	205

续表

指标	政策响应与社会福利		二级指标			
			环境投资与治理		生活质量	
城市	指标值	排名	指标值	排名	指标值	排名
永州市	0.1006	186	0.0536	156	0.0470	188
徐州市	0.1006	187	0.0550	132	0.0455	202
运城市	0.1005	188	0.0612	46	0.0393	255
拉萨市	0.1003	189	0.0453	280	0.0550	97
宝鸡市	0.1000	190	0.0571	98	0.0429	232
枣庄市	0.1000	191	0.0519	190	0.0480	175
张家界市	0.0999	192	0.0531	161	0.0469	190
连云港市	0.0999	193	0.0550	135	0.0449	209
淮安市	0.0998	194	0.0541	154	0.0457	199
内江市	0.0998	195	0.0510	211	0.0487	166
怀化市	0.0996	196	0.0519	192	0.0476	178
北海市	0.0994	197	0.0491	239	0.0503	149
宜宾市	0.0994	198	0.0517	198	0.0476	177
贵阳市	0.0993	199	0.0504	226	0.0489	162
蚌埠市	0.0991	200	0.0561	106	0.0430	229
定西市	0.0989	201	0.0499	234	0.0490	161
资阳市	0.0988	202	0.0517	199	0.0472	185
咸阳市	0.0988	203	0.0575	93	0.0413	246
铜川市	0.0986	204	0.0560	108	0.0426	236
柳州市	0.0985	205	0.0465	276	0.0520	126
安庆市	0.0983	206	0.0556	116	0.0427	235
临沧市	0.0980	207	0.0530	164	0.0451	208
达州市	0.0980	208	0.0506	221	0.0475	180
昭通市	0.0979	209	0.0528	168	0.0451	207
池州市	0.0976	210	0.0548	140	0.0428	233
德阳市	0.0975	211	0.0516	202	0.0459	196
自贡市	0.0974	212	0.0516	201	0.0457	198
陇南市	0.0972	213	0.0486	242	0.0486	170
邵阳市	0.0968	214	0.0522	177	0.0446	214
商洛市	0.0966	215	0.0548	144	0.0418	243
许昌市	0.0963	216	0.0588	83	0.0375	258
巴中市	0.0962	217	0.0476	254	0.0486	169
玉林市	0.0961	218	0.0475	260	0.0486	167

续表

指标	政策响应与社会福利		二级指标			
			环境投资与治理		生活质量	
城市	指标值	排名	指标值	排名	指标值	排名
安阳市	0.0958	219	0.0586	86	0.0372	261
漯河市	0.0957	220	0.0592	71	0.0364	265
桂林市	0.0956	221	0.0481	248	0.0476	179
焦作市	0.0952	222	0.0590	79	0.0362	268
新乡市	0.0952	223	0.0587	84	0.0364	264
滁州市	0.0951	224	0.0558	111	0.0393	254
鹤壁市	0.0949	225	0.0590	77	0.0359	269
石嘴山市	0.0948	226	0.0500	232	0.0448	210
宿迁市	0.0947	227	0.0557	114	0.0391	256
六安市	0.0946	228	0.0551	130	0.0395	253
商丘市	0.0945	229	0.0590	78	0.0355	273
濮阳市	0.0944	230	0.0587	85	0.0357	272
盘锦市	0.0944	231	0.0473	267	0.0471	187
黄石市	0.0944	232	0.0488	241	0.0456	200
思茅市	0.0944	233	0.0522	178	0.0422	237
驻马店市	0.0940	234	0.0607	52	0.0333	279
南阳市	0.0939	235	0.0582	88	0.0358	271
鄂州市	0.0936	236	0.0475	261	0.0461	195
渭南市	0.0936	237	0.0562	105	0.0374	259
安顺市	0.0936	238	0.0489	240	0.0446	216
聊城市	0.0934	239	0.0518	196	0.0416	244
孝感市	0.0934	240	0.0471	271	0.0463	192
中卫市	0.0933	241	0.0501	229	0.0432	226
钦州市	0.0932	242	0.0474	263	0.0458	197
德州市	0.0930	243	0.0515	203	0.0415	245
毕节市	0.0929	244	0.0481	247	0.0448	211
开封市	0.0927	245	0.0579	89	0.0348	274
遵义市	0.0927	246	0.0459	278	0.0468	191
三门峡市	0.0925	247	0.0589	80	0.0336	277
鞍山市	0.0922	248	0.0483	243	0.0439	223
铜仁市	0.0920	249	0.0475	256	0.0445	219
荆门市	0.0920	250	0.0476	255	0.0444	220
防城港市	0.0919	251	0.0413	286	0.0506	145

续表

指标	政策响应与社会福利		二级指标			
			环境投资与治理		生活质量	
城市	指标值	排名	指标值	排名	指标值	排名
淮南市	0.0916	252	0.0553	123	0.0363	266
十堰市	0.0916	253	0.0483	244	0.0433	225
宜昌市	0.0915	254	0.0470	272	0.0445	217
信阳市	0.0913	255	0.0574	94	0.0338	276
荆州市	0.0911	256	0.0472	269	0.0439	222
固原市	0.0911	257	0.0493	238	0.0419	241
淮北市	0.0909	258	0.0551	129	0.0359	270
贺州市	0.0908	259	0.0477	251	0.0430	228
菏泽市	0.0907	260	0.0520	186	0.0387	257
周口市	0.0905	261	0.0593	68	0.0312	283
来宾市	0.0905	262	0.0475	257	0.0429	231
贵港市	0.0899	263	0.0448	281	0.0452	206
咸宁市	0.0899	264	0.0468	275	0.0431	227
黄冈市	0.0897	265	0.0496	236	0.0402	250
营口市	0.0895	266	0.0474	265	0.0421	238
阜阳市	0.0894	267	0.0549	139	0.0345	275
梧州市	0.0891	268	0.0437	282	0.0454	204
百色市	0.0888	269	0.0461	277	0.0427	234
宿州市	0.0880	270	0.0548	141	0.0331	280
亳州市	0.0878	271	0.0551	128	0.0327	281
随州市	0.0876	272	0.0473	268	0.0403	248
河池市	0.0874	273	0.0471	270	0.0402	249
襄阳市	0.0869	274	0.0470	273	0.0400	252
平顶山市	0.0868	275	0.0590	75	0.0278	285
锦州市	0.0842	276	0.0473	266	0.0368	262
辽阳市	0.0840	277	0.0475	258	0.0365	263
吴忠市	0.0838	278	0.0420	284	0.0419	242
本溪市	0.0838	279	0.0475	259	0.0363	267
崇左市	0.0838	280	0.0401	287	0.0437	224
抚顺市	0.0829	281	0.0457	279	0.0372	260
丹东市	0.0820	282	0.0417	285	0.0403	247
葫芦岛市	0.0816	283	0.0482	246	0.0333	278
阜新市	0.0791	284	0.0474	262	0.0317	282
朝阳市	0.0776	285	0.0474	264	0.0302	284

续表

指标	政策响应与社会福利		二级指标			
			环境投资与治理		生活质量	
城市	指标值	排名	指标值	排名	指标值	排名
六盘水市	0.0750	286	0.0500	230	0.0250	287
铁岭市	0.0743	287	0.0477	252	0.0266	286

注：1. 本表根据中国城市绿色竞争力评价指标体系中政策响应与社会福利指标体系，依据各指标2020年数据测算而得。

2. 本表各测评城市按照政策响应与社会福利指数值从大到小排序。

3. 本表一级指标政策响应与社会福利指数值等于两个二级指标环境治理与投资及生活质量指数值之和。

4. 本表测度结果保留4位小数，如果指数相同、排名相同说明两市测算的指数完全一样，如果指数相同但排名不同则是小数点四舍五入的结果，说明指数值在小数点4位之后有差异。

5. 以上数据及排名根据《中国统计年鉴2020》《中国环境统计年报2020》《中国环境统计年鉴2020》《中国城市统计年鉴2020》《中国城市建设统计年鉴2020》《中国区域经济统计年鉴2020》等测算。

6. 为了便于后文进行比较分析，基于算术平均方法，我们测算出全国所有参评城市政策响应与社会福利指数平均水平为0.1088，所有参评城市环境治理与投资指数平均水平为0.0554，所有参评城市生活质量指数平均水平为0.0534。

从表5-1可以看出，2020年中国287个城市政策响应与社会福利指数中，指数值最高的是深圳市，达到了0.1981；最低的是铁岭市，为0.0743。排在前20位的城市依次是深圳市、天津市、广州市、上海市、廊坊市、珠海市、北京市、杭州市、秦皇岛市、呼和浩特市、东莞市、唐山市、哈尔滨市、张家口市、南京市、大庆市、承德市、包头市、沧州市、宁波市。其中，二级指标中，环境治理与投资指标排名前20位的城市依次为沧州市、衡水市、承德市、石家庄市、张家口市、邯郸市、唐山市、廊坊市、秦皇岛市、邢台市、保定市、大庆市、深圳市、伊春市、双鸭山市、鹤岗市、七台河市、三亚市、哈尔滨市、牡丹江市。生活质量指标排名前20的是深圳市、上海市、天津市、杭州市、北京市、广州市、呼和浩特市、宁波市、珠海市、南京市、东莞市、温州市、包头市、舟山市、绍兴市、鄂尔多斯市、苏州市、金华市、台州市、青岛市。2020年中国287个城市政策响应与社会福利指数排名前20位和后20位的具体情况如图5-1所示。

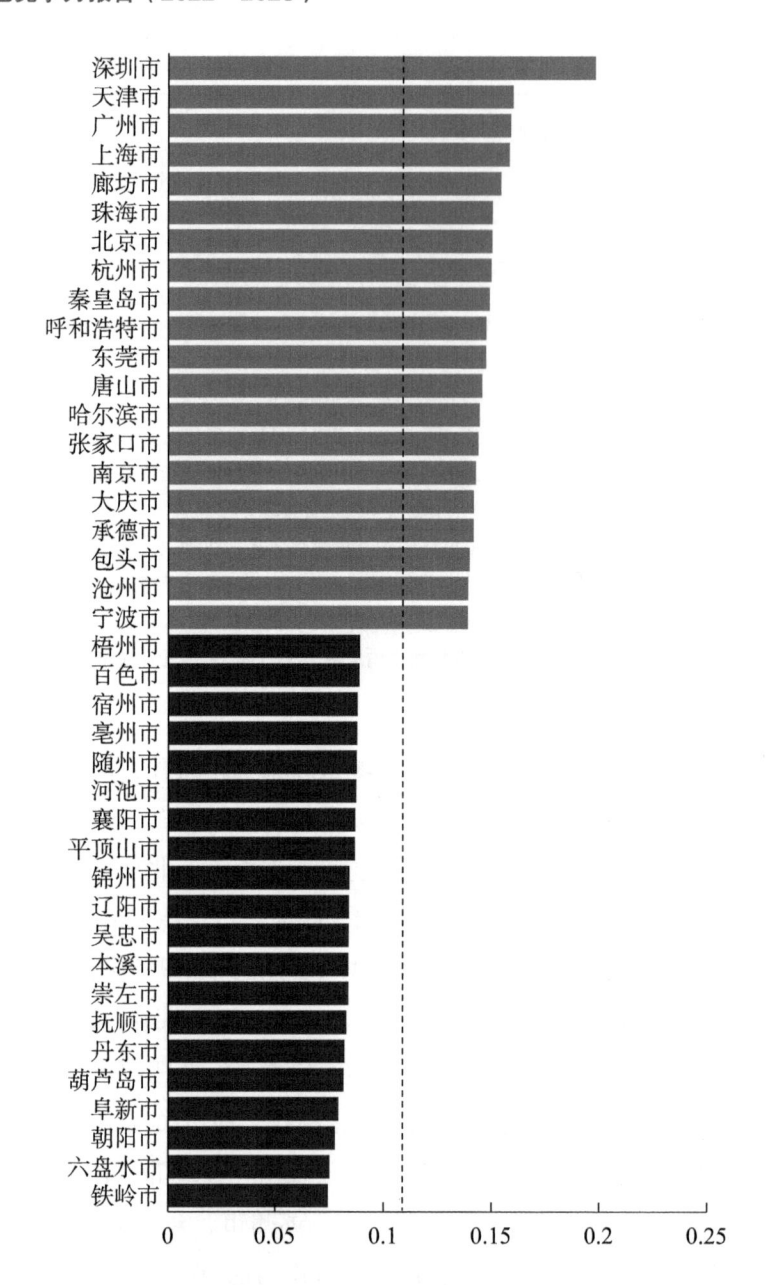

图5-1 中国城市政策响应与社会福利指数排名前20位和后20位的城市

注：本图根据表5-1制作。指数值由高到低排列，虚线表示所有参评城市政策响应与社会福利的平均值0.0997。

根据表5-1和图5-1，我们进一步从城市政策响应与社会福利指数区域间差异、区域内部差异以及城市政策响应与社会福利对中国城市绿色竞争力的影响进行分析。

（一）城市政策响应与社会福利区域间差异分析

总体看来，城市政策响应与社会福利指数的区域差异较为明显，其中东部地区城市领先于其他三个地区且拉开较大差距，但其他三个地区城市之间的差距不大，东北地区稍强、西部地区次之，中部地区最弱，具体如图5-2所示。其中，东部所有测评城市的平均水平达到0.1231，高于其他地区。中部、西部和东北地区城市的平均水平分别为0.1014、0.1025和0.1064，均低于东部地区，同时低于全国平均水平0.1088。

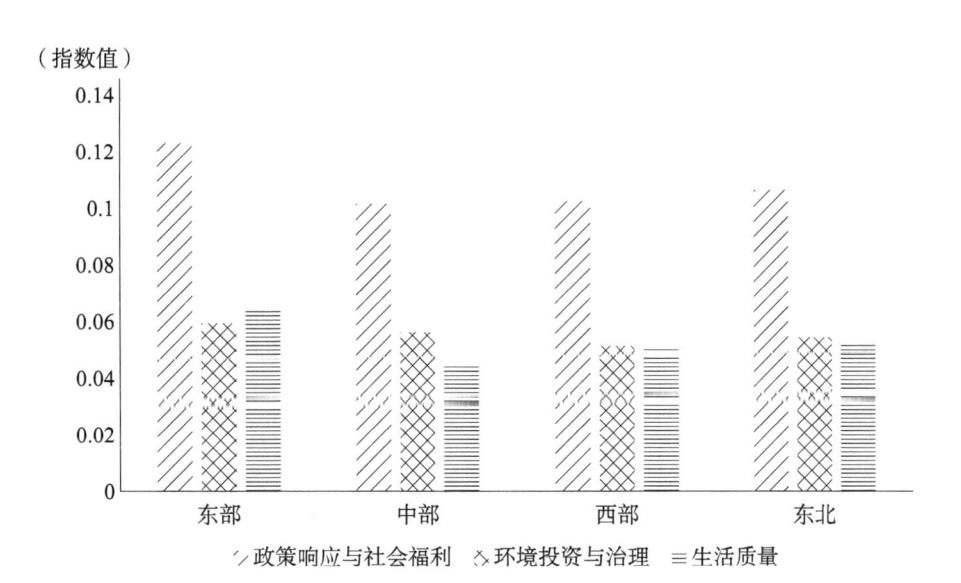

图5-2　中国四大区域城市政策响应与社会福利指数对照图

注：本图数据为四大区域中各城市指数值的算术平均值。

具体到各二级指标，城市环境投资与治理指标中，东部地区平均水平为0.0593，但与其他三个地区差距较小；中部地区平均水平稍逊于东部地区，指数均值为0.0561；东北地区次之，指数均值为0.0543；西部地区指数均值为0.0513，排名垫底。四大地区中，只有东部和中部地区均值指数高于全国平均水平0.0554。

生活质量指标中，东部地区平均水平为0.0637，高于全国平均水平0.0534；东北地区稍低于全国平均水平，指数值为0.0521；西部地区指数值为0.0512。中部地区值最低，指数值为0.0453。

（二）城市政策响应与社会福利区域内差异分析

从城市政策响应与社会福利指数测算结果来看，城市排名呈现出区域化特征，东部地区大多数城市排名相对靠前，中部、西部及东北部地区多数城市总体排名靠后。同时，各区域内城市之间的排名状况差异十分明显。从区域内部最高位次与最低位次的位差数来看：东部、中部、西部和东北地区差距分别为 259 位、231 位、276 位和 274 位。

1. 东部地区城市政策响应与社会福利指数及排名

2020 年中国东部地区城市政策响应与社会福利指数及排名如表 5-2 所示。

表 5-2　中国东部地区城市政策响应与社会福利指数及排名

城市	指标值	整体排名	区域内排名	城市	指标值	整体排名	区域内排名
深圳市	0.1981	1	1	衢州市	0.1195	57	44
天津市	0.1599	2	2	东营市	0.1193	59	45
广州市	0.1588	3	3	威海市	0.1181	63	46
上海市	0.1582	4	4	烟台市	0.1175	65	47
廊坊市	0.1543	5	5	龙岩市	0.1163	71	48
珠海市	0.1504	6	6	漳州市	0.1163	72	49
北京市	0.1502	7	7	莆田市	0.1157	77	50
杭州市	0.1498	8	8	三明市	0.1148	83	51
秦皇岛市	0.1490	9	9	淄博市	0.1146	86	52
东莞市	0.1474	11	10	汕头市	0.1143	87	53
唐山市	0.1456	12	11	南平市	0.1143	89	54
张家口市	0.1439	14	12	江门市	0.1140	91	55
南京市	0.1427	15	13	南通市	0.1135	94	56
承德市	0.1416	17	14	宁德市	0.1134	95	57
沧州市	0.1391	19	15	湛江市	0.1127	99	58
宁波市	0.1390	20	16	泰州市	0.1125	101	59
石家庄市	0.1386	22	17	韶关市	0.1120	105	60
苏州市	0.1378	23	18	扬州市	0.1120	108	61
温州市	0.1366	24	19	肇庆市	0.1117	109	62
佛山市	0.1359	25	20	梅州市	0.1109	112	63
无锡市	0.1351	26	21	汕尾市	0.1102	119	64
舟山市	0.1346	27	22	茂名市	0.1100	120	65
绍兴市	0.1345	28	23	阳江市	0.1089	124	66
青岛市	0.1332	29	24	清远市	0.1086	126	67
厦门市	0.1330	30	25	潍坊市	0.1077	131	68
金华市	0.1327	31	26	盐城市	0.1071	135	69
保定市	0.1315	32	27	泰安市	0.1063	138	70
中山市	0.1314	33	28	揭阳市	0.1061	140	71
邯郸市	0.1309	34	29	河源市	0.1060	143	72
台州市	0.1306	35	30	潮州市	0.1053	146	73

续表

城市	指标值	整体排名	区域内排名	城市	指标值	整体排名	区域内排名
嘉兴市	0.1306	36	31	临沂市	0.1050	151	74
衡水市	0.1291	38	32	云浮市	0.1048	153	75
惠州市	0.1274	40	33	日照市	0.1031	163	76
济南市	0.1274	42	34	济宁市	0.1028	165	77
湖州市	0.1273	43	35	滨州市	0.1020	173	78
邢台市	0.1240	46	36	徐州市	0.1006	187	79
常州市	0.1239	47	37	枣庄市	0.1000	191	80
泉州市	0.1238	48	38	连云港市	0.0999	193	81
福州市	0.1232	49	39	淮安市	0.0998	194	82
丽水市	0.1231	50	40	宿迁市	0.0947	227	83
海口市	0.1202	54	41	聊城市	0.0934	239	84
镇江市	0.1200	55	42	德州市	0.0930	243	85
三亚市	0.1198	56	43	菏泽市	0.0907	260	86

注：根据表5-1整理。

在东部参评的86个城市中，有16个城市位居所有测评城市的前20位，分别是深圳市、天津市、广州市、上海市、廊坊市、珠海市、北京市、杭州市、秦皇岛市、东莞市、唐山市、张家口市、南京市、承德市、沧州市、宁波市，占东部城市的18.60%。其中，深圳以0.1981的高分位居所有测评城市之首。除去全国排名前20的16个城市外，石家庄市、苏州市、温州市、佛山市、无锡市等50个城市排在全国第22名到124名不等的位置。这66个东部城市的政策响应与社会福利情况高于全国平均水平，占东部城市的76.74%，优势非常明显。

但东部地区的区域内部差异较大，其排名最高的深圳（第1名，指数值为0.1981）与排名最低的菏泽（第260名，指数值为0.0907）之间的位差为259名，在四大区域中排名第三，指数值的差为0.1074，在四大区域中位差最大。由此可见，尽管东部整体较强，但区域内部差异较大。

2. 中部地区城市政策响应与社会福利指数及排名

2020年，中国中部地区城市政策响应与社会福利指数及排名如表5-3所示。

表5-3 中国中部地区城市政策响应与社会福利指数及排名

城市	指标值	整体排名	区域内排名	城市	指标值	整体排名	区域内排名
南昌市	0.1268	44	1	运城市	0.1005	188	41
长沙市	0.1261	45	2	张家界市	0.0999	192	42

续表

城市	指标值	整体排名	区域内排名	城市	指标值	整体排名	区域内排名
新余市	0.1171	67	3	怀化市	0.0996	196	43
景德镇市	0.1165	69	4	蚌埠市	0.0991	200	44
合肥市	0.1163	73	5	安庆市	0.0983	206	45
九江市	0.1158	76	6	池州市	0.0976	210	46
株洲市	0.1148	82	7	邵阳市	0.0968	214	47
吉安市	0.1146	85	8	许昌市	0.0963	216	48
萍乡市	0.1141	90	9	安阳市	0.0958	219	49
上饶市	0.1139	92	10	漯河市	0.0957	220	50
鹰潭市	0.1132	97	11	焦作市	0.0952	222	51
太原市	0.1127	100	12	新乡市	0.0952	223	52
抚州市	0.1121	103	13	滁州市	0.0951	224	53
赣州市	0.1120	106	14	鹤壁市	0.0949	225	54
宜春市	0.1120	107	15	六安市	0.0946	228	55
大同市	0.1106	115	16	商丘市	0.0945	229	56
马鞍山市	0.1102	118	17	濮阳市	0.0944	230	57
晋中市	0.1097	121	18	黄石市	0.0944	232	58
湘潭市	0.1091	122	19	驻马店市	0.0940	234	59
郑州市	0.1084	127	20	南阳市	0.0939	235	60
长治市	0.1082	128	21	鄂州市	0.0936	236	61
朔州市	0.1080	129	22	孝感市	0.0934	240	62
芜湖市	0.1079	130	23	开封市	0.0927	245	63
晋城市	0.1074	134	24	三门峡市	0.0925	247	64
吕梁市	0.1066	136	25	荆门市	0.0920	250	65
武汉市	0.1066	137	26	淮南市	0.0916	252	66
衡阳市	0.1062	139	27	十堰市	0.0916	253	67
黄山市	0.1061	141	28	宜昌市	0.0915	254	68
阳泉市	0.1060	142	29	信阳市	0.0913	255	69
郴州市	0.1055	145	30	荆州市	0.0911	256	70
娄底市	0.1052	149	31	淮北市	0.0909	258	71
宣城市	0.1037	159	32	周口市	0.0905	261	72
常德市	0.1035	160	33	咸宁市	0.0899	264	73
铜陵市	0.1031	162	34	黄冈市	0.0897	265	74
岳阳市	0.1029	164	35	阜阳市	0.0894	267	75

续表

城市	指标值	整体排名	区域内排名	城市	指标值	整体排名	区域内排名
忻州市	0.1026	166	36	宿州市	0.0880	270	76
洛阳市	0.1023	170	37	亳州市	0.0878	271	77
益阳市	0.1015	175	38	随州市	0.0876	272	78
临汾市	0.1014	177	39	襄阳市	0.0869	274	79
永州市	0.1006	186	40	平顶山市	0.0868	275	80

注：根据表5-1整理。

中部参与测评的80个城市中，没有城市挤进参评城市排名前20位；其中，南昌市、长沙市、新余市、景德镇市、合肥市等19个城市的政策响应与社会福利指数高于全国所有参评城市的平均水平0.1088；而中部城市的指数值从全国排名第127位的郑州市开始，余下的61个城市的指数值均小于0.1088，即76.25%的中部城市低于全国平均水平，且有46.25%的中部城市分布在第200位至第287位，位列全国排名末端。总的来说，中部地区绝大多数城市的政策响应与社会福利指数在全国排名较低。

从区域内部差异来看，中部地区排名最高的南昌市（第44名，指数值0.1268）与排名最低的平顶山（第275名，指数值0.0868）之间的位差为231位，在四大区域中排名第4，指数值的差为0.0400，在四大区域中位差最小，可见中部地区区域内部差距较小。

3. 西部地区城市政策响应与社会福利指数及排名

2020年，中国西部地区城市政策响应与社会福利指数及排名如表5-4所示。

表5-4 中国西部地区城市政策响应与社会福利指数及排名

城市	指标值	整体排名	区域内排名	城市	指标值	整体排名	区域内排名
呼和浩特市	0.1475	10	1	南充市	0.1009	184	45
包头市	0.1398	18	2	安康市	0.1008	185	46
鄂尔多斯市	0.1387	21	3	拉萨市	0.1003	189	47
乌海市	0.1304	37	4	宝鸡市	0.1000	190	48
赤峰市	0.1189	60	5	内江市	0.0998	195	49
呼伦贝尔市	0.1184	61	6	北海市	0.0994	197	50
西宁市	0.1182	62	7	宜宾市	0.0994	198	51
通辽市	0.1166	68	8	贵阳市	0.0993	199	52
嘉峪关市	0.1158	75	9	定西市	0.0989	201	53
金昌市	0.1153	80	10	资阳市	0.0988	202	54
乌兰察布市	0.1147	84	11	咸阳市	0.0988	203	55

续表

城市	指标值	整体排名	区域内排名	城市	指标值	整体排名	区域内排名
巴彦淖尔市	0.1143	88	12	铜川市	0.0986	204	56
酒泉市	0.1125	102	13	柳州市	0.0985	205	57
西安市	0.1121	104	14	临沧市	0.0980	207	58
昆明市	0.1115	110	15	达州市	0.0980	208	59
成都市	0.1108	113	16	昭通市	0.0979	209	60
乌鲁木齐市	0.1108	114	17	德阳市	0.0975	211	61
克拉玛依市	0.1103	116	18	自贡市	0.0974	212	62
重庆市	0.1102	117	19	陇南市	0.0972	213	63
兰州市	0.1091	123	20	商洛市	0.0966	215	64
延安市	0.1087	125	21	巴中市	0.0962	217	65
庆阳市	0.1053	147	22	玉林市	0.0961	218	66
玉溪市	0.1053	148	23	桂林市	0.0956	221	67
银川市	0.1051	150	24	石嘴山市	0.0948	226	68
白银市	0.1050	152	25	思茅市	0.0944	233	69
天水市	0.1046	154	26	渭南市	0.0936	237	70
榆林市	0.1044	155	27	安顺市	0.0936	238	71
丽江市	0.1042	156	28	中卫市	0.0933	241	72
平凉市	0.1040	157	29	钦州市	0.0932	242	73
武威市	0.1038	158	30	毕节市	0.0929	244	74
曲靖市	0.1033	161	31	遵义市	0.0927	246	75
广元市	0.1024	167	32	铜仁市	0.0920	249	76
眉山市	0.1024	168	33	防城港市	0.0919	251	77
雅安市	0.1023	169	34	固原市	0.0911	257	78
泸州市	0.1022	171	35	贺州市	0.0908	259	79
绵阳市	0.1020	172	36	来宾市	0.0905	262	80
南宁市	0.1018	174	37	贵港市	0.0899	263	81
遂宁市	0.1015	176	38	梧州市	0.0891	268	82
张掖市	0.1013	178	39	百色市	0.0888	269	83
汉中市	0.1012	179	40	河池市	0.0874	273	84
乐山市	0.1012	180	41	吴忠市	0.0838	278	85
保山市	0.1011	181	42	崇左市	0.0838	280	86
攀枝花市	0.1010	182	43	六盘水市	0.0750	286	87

续表

城市	指标值	整体排名	区域内排名	城市	指标值	整体排名	区域内排名
广安市	0.1009	183	44	—	—	—	—

注：根据表5-1整理。

西部参与测评的87个城市中，呼和浩特市进入所有参评城市前10位，位居第10位；除此之外，还有包头市、鄂尔多斯市、乌海市、赤峰市、呼伦贝尔市等19个城市指数值大于0.1088，其城市政策响应与社会福利情况高于全国平均水平，位居全国所有参评城市中上游，同时位居西部参评城市的前列；而包括延安市、庆阳市、玉溪市、银川市、白银市等在内的67个城市指数值低于全国平均水平，占西部城市总数的77.01%。总的来说，西部城市的指数值的结构与中部城市类似，绝大多数城市指数值低于全国平均水平。

从区域内部差异来看，西部地区排名最高的呼和浩特市（第10名，指数值0.1475）与排名最低的六盘水（第286名，指数值0.0750）之间的位差为276位，在四大区域中排名第一，指数值的差为0.0725，在四大区域中位差排名第二。可见，西部地区区域内部差距较大。

4. 东北地区城市政策响应与社会福利指数及排名

2020年，中国东北地区城市政策响应与社会福利指数及排名如表5-5所示。

表5-5 中国东北地区城市政策响应与社会福利指数及排名

城市	指标值	整体排名	区域内排名	城市	指标值	整体排名	区域内排名
哈尔滨市	0.1444	13	1	鹤岗市	0.1129	98	18
大庆市	0.1417	16	2	白城市	0.1113	111	19
长春市	0.1282	39	3	四平市	0.1075	132	20
牡丹江市	0.1274	41	4	沈阳市	0.1074	133	21
齐齐哈尔市	0.1228	51	5	通化市	0.1060	144	22
黑河市	0.1214	52	6	盘锦市	0.0944	231	23
佳木斯市	0.1206	53	7	鞍山市	0.0922	248	24
松原市	0.1195	58	8	营口市	0.0895	266	25
大连市	0.1177	64	9	锦州市	0.0842	276	26
伊春市	0.1171	66	10	辽阳市	0.0840	277	27
七台河市	0.1164	70	11	本溪市	0.0838	279	28
绥化市	0.1162	74	12	抚顺市	0.0829	281	29
吉林市	0.1154	78	13	丹东市	0.0820	282	30

续表

城市	指标值	整体排名	区域内排名	城市	指标值	整体排名	区域内排名
双鸭山市	0.1154	79	14	葫芦岛市	0.0816	283	31
鸡西市	0.1151	81	15	阜新市	0.0791	284	32
辽源市	0.1135	93	16	朝阳市	0.0776	285	33
白山市	0.1132	96	17	铁岭市	0.0743	287	34

注：根据表5-1整理。

东北部参与测评的34个城市中，没有城市进入参评城市前10位的行列。哈尔滨市、大庆市、长春市、牡丹江市、齐齐哈尔市等19个城市的政策响应与社会福利指数值均大于等于全国平均水平0.1088；而包括四平市、沈阳市、通化市、盘锦市、鞍山市等在内的15个城市的指数值低于全国平均水平，占东北地区全部城市的44.12%。总的来说，东北地区绝大多数城市的政策响应与社会福利情况在全国的排名偏于低等水平。

从区域内部差异来看，东北地区排名最高的哈尔滨市（第13名，指数值0.1444）与排名最低的铁岭市（第287名，指数值0.0743）之间的位差为274位，在四大区域中排名第二，指数值的差为0.0701，在四大区域中位差排名第三，可见东北地区各城市间政策响应与社会福利水平较为接近，区域内部差距相对较小，但由于样本量也较小，所以这种接近也有一定的相对性。

（三）政策响应与社会福利对中国城市绿色竞争力的影响分析

对比2020年城市绿色竞争力指数和政策响应与社会福利指数后发现，287个参评城市中，有137个城市政策响应与社会福利指数排名高于其绿色竞争力指数排名，这表明这些城市的政府积极开展绿色行动，社会福利水平较高，提升了城市绿色竞争力，如新余市、内江市、七台河市、吉安市、玉林市等；148个城市的政策响应与社会福利指数排名低于其绿色竞争力指数排名，反映了这些城市政府的绿色行动不足、社会福利水平较低，影响了城市整体绿色发展水平的进一步提高，如宣城市、日照市、葫芦岛市、孝感市、鞍山市等。

从影响程度上分析，城市政策响应与社会福利指数和城市绿色竞争力指数排名差异较大（超过50名）的城市有119个，占所有城市的41.46%，其中为正差的城市有59个，如新余市、内江市、七台河市、吉安市、玉林市等，这些城市的政策响应与社会福利情况对城市总体绿色竞争力提升贡献很大；为负差的城市有60个，如宣城市、日照市、葫芦岛市、孝感市、鞍山市等，这些城市的政策响应与社会福利情况对城市总体绿色竞争力提升贡献较小。其中，赤峰市的排名差异变化最大，其政策响应与社会福利指数排名位居所有测评城市的第 60 位，但城市绿色竞争力指数排名为第 217 位，变化幅度达到了 157 位。同时，名次变动差异较小（50 名以内）的城市共有 168 个，占所有城市的 58.54%，如深圳市、北京市、上海市等，说明城市政策响应与社会福利情况对城市总体绿色竞争力的影响不明显。2020 年中国城市绿色竞争力指数和城市政策响应与社会福利指数排名差异超过 50 位的城市如表 5-6 所示。

表 5-6 中国城市绿色竞争力指数和政策响应与社会福利指数排名差异超过 50 位的城市

城市	城市绿色竞争力排名	政策响应与社会福利排名	位次变化	城市	城市绿色竞争力排名	政策响应与社会福利排名	位次变化
新余市	117	67	50	宣城市	109	159	-50
内江市	246	195	51	日照市	111	163	-52
七台河市	122	70	52	葫芦岛市	231	283	-52
吉安市	137	85	52	孝感市	187	240	-53
玉林市	271	218	53	鞍山市	195	248	-53
唐山市	66	12	54	十堰市	200	253	-53
达州市	262	208	54	云浮市	99	153	-54
武威市	216	158	58	濮阳市	176	230	-54
曲靖市	222	161	61	池州市	155	210	-55
巴中市	278	217	61	泰州市	45	101	-56
秦皇岛市	72	9	63	朝阳市	228	285	-57
延安市	188	125	63	清远市	68	126	-58
资阳市	265	202	63	许昌市	156	216	-60
廊坊市	70	5	65	淮南市	192	252	-60
承德市	83	17	66	合肥市	12	73	-61
巴彦淖尔市	158	88	70	鹤壁市	164	225	-61
景德镇市	141	69	72	滨州市	110	173	-63
广安市	255	183	72	荆州市	191	256	-65
南充市	256	184	72	安庆市	139	206	-67
萍乡市	163	90	73	鄂州市	168	236	-68
运城市	261	188	73	南通市	25	94	-69
昭通市	282	209	73	洛阳市	101	170	-69
陇南市	287	213	74	铜陵市	91	162	-71
遂宁市	251	176	75	平顶山市	204	275	-71
泸州市	247	171	76	新乡市	151	223	-72
眉山市	245	168	77	德州市	171	243	-72
保山市	258	181	77	驻马店市	161	234	-73

续表

城市	城市绿色竞争力排名	政策响应与社会福利排名	位次变化	城市	城市绿色竞争力排名	政策响应与社会福利排名	位次变化
上饶市	173	92	81	扬州市	34	108	-74
沧州市	103	19	84	焦作市	144	222	-78
定西市	286	201	85	郑州市	48	127	-79
广元市	254	167	87	阳江市	43	124	-81
张家口市	106	14	92	淮北市	177	258	-81
丽江市	248	156	92	咸宁市	181	264	-83
衡水市	131	38	93	抚顺市	197	281	-84
晋中市	214	121	93	肇庆市	23	109	-86
临汾市	270	177	93	武汉市	49	137	-88
朔州市	226	129	97	开封市	157	245	-88
晋城市	232	134	98	南阳市	146	235	-89
呼伦贝尔市	162	61	101	漯河市	129	220	-91
白银市	253	152	101	茂名市	28	120	-92
乌海市	142	37	105	锦州市	184	276	-92
平凉市	263	157	106	本溪市	186	279	-93
忻州市	277	166	111	芜湖市	33	130	-97
西宁市	175	62	113	荆门市	153	250	-97
金昌市	193	80	113	蚌埠市	98	200	-102
酒泉市	215	102	113	滁州市	121	224	-103
天水市	267	154	113	盘锦市	128	231	-103
阳泉市	260	142	118	信阳市	152	255	-103
保定市	154	32	122	丹东市	179	282	-103
乌兰察布市	209	84	125	盐城市	30	135	-105
通辽市	194	68	126	三门峡市	134	247	-113
嘉峪关市	202	75	127	贵阳市	84	199	-115
长治市	259	128	131	阜新市	167	284	-117
邯郸市	166	34	132	襄阳市	147	274	-127
庆阳市	283	147	136	辽阳市	150	277	-127
吕梁市	274	136	138	徐州市	52	187	-135
大同市	257	115	142	连云港市	58	193	-135
邢台市	203	46	157	淮安市	57	194	-137
赤峰市	217	60	157	宿迁市	78	227	-149
宜昌市	104	254	-150	—	—	—	—

注：1. 本表根据表 1-3 和表 5-1 整理。

2.表中排名差异为城市绿色竞争力指数排名与政策响应和社会福利指数排名之差,正值表示政策响应与社会福利指数较之于城市绿色竞争力指数进步的名次,负值表示政策响应与社会福利指数较之于城市绿色竞争力指数退后的名次。

二、政策响应与社会福利比较分析

2020年的政策响应与社会福利占该年城市绿色竞争力指数总权重的20%,共由环境投资与治理指标、生活质量指标这2个二级指标及9个三级指标构成。在这些三级指标中,正指标9个。本部分将以2个二级指标为例进行详细的分析与比较。

(一)城市环境投资与治理指标比较

在城市政策响应与社会福利指数测度体系中,环境投资与治理指标占政策响应与社会福利指数总权重的50%,占城市绿色竞争力指数总权重的10%,对城市绿色竞争力指数的贡献较大。表5-7中列出了城市绿色增长效率指标下的5个三级指标。

表5-7 环境投资与治理三级指标、权重及指标属性

指标序号	指标	权重/%	指标属性
29	节能保护支出占财政支出比重	2.00	正
30	城市市容环境卫生投资占市政公用设施建设固定资产投资比重	2.00	正
31	每万人拥有公共汽车数量	2.00	正
32	城市污水处理率	2.00	正
33	生活垃圾无害化处理率	2.00	正

注:本表内容是由本报告课题组召开的多次研讨会确定的。

根据表5-7所列的指标和权重,经过标准化处理综合测算,得出2020年中国城市环境投资与治理指标指数及其排名情况,具体如表5-8所示。

表5-8 中国287个城市环境投资与治理指数及排名

城市	环境投资与治理指标值	环境投资与治理排名	城市	环境投资与治理指标值	环境投资与治理排名	城市	环境投资与治理指标值	环境投资与治理排名
沧州市	0.0835	1	龙岩市	0.0572	97	白城市	0.0519	193
衡水市	0.0829	2	宝鸡市	0.0571	98	南充市	0.0519	194
承德市	0.0826	3	呼伦贝尔市	0.0569	99	岳阳市	0.0519	195
石家庄市	0.0824	4	重庆市	0.0567	100	聊城市	0.0518	196
张家口市	0.0822	5	西安市	0.0566	101	绵阳市	0.0518	197

续表

城市	环境投资与治理指标值	环境投资与治理排名	城市	环境投资与治理指标值	环境投资与治理排名	城市	环境投资与治理指标值	环境投资与治理排名
邯郸市	0.0821	6	宁德市	0.0564	102	宜宾市	0.0517	198
唐山市	0.0821	7	合肥市	0.0563	103	资阳市	0.0517	199
廊坊市	0.0820	8	长沙市	0.0562	104	眉山市	0.0517	200
秦皇岛市	0.0820	9	渭南市	0.0562	105	自贡市	0.0516	201
邢台市	0.0820	10	蚌埠市	0.0561	106	德阳市	0.0516	202
保定市	0.0814	11	延安市	0.0560	107	德州市	0.0515	203
大庆市	0.0653	12	铜川市	0.0560	108	兰州市	0.0515	204
深圳市	0.0648	13	三明市	0.0560	109	滨州市	0.0514	205
伊春市	0.0647	14	无锡市	0.0558	110	四平市	0.0513	206
双鸭山市	0.0645	15	滁州市	0.0558	111	天水市	0.0512	207
鹤岗市	0.0644	16	铜陵市	0.0557	112	雅安市	0.0511	208
七台河市	0.0643	17	镇江市	0.0557	113	平凉市	0.0511	209
三亚市	0.0643	18	宿迁市	0.0557	114	嘉峪关市	0.0511	210
哈尔滨市	0.0642	19	汉中市	0.0556	115	内江市	0.0510	211
牡丹江市	0.0642	19	安庆市	0.0556	116	金昌市	0.0510	212
鸡西市	0.0639	21	呼和浩特市	0.0555	117	酒泉市	0.0508	213
梅州市	0.0638	22	安康市	0.0555	118	丽水市	0.0508	214
黑河市	0.0637	23	鄂尔多斯市	0.0555	119	遂宁市	0.0507	215
海口市	0.0635	24	娄底市	0.0554	120	武威市	0.0507	216
绥化市	0.0629	25	榆林市	0.0554	121	张掖市	0.0506	217
晋城市	0.0626	26	南京市	0.0553	122	杭州市	0.0506	218
珠海市	0.0623	27	淮南市	0.0553	123	宁波市	0.0506	219
齐齐哈尔市	0.0623	28	乌兰察布市	0.0553	124	温州市	0.0506	220
广州市	0.0621	29	南通市	0.0552	125	达州市	0.0506	221
吕梁市	0.0621	30	芜湖市	0.0552	126	湖州市	0.0504	222
汕尾市	0.0620	31	通辽市	0.0552	127	绍兴市	0.0504	223
阳泉市	0.0619	32	亳州市	0.0551	128	嘉兴市	0.0504	224
惠州市	0.0619	33	淮北市	0.0551	129	庆阳市	0.0504	225
韶关市	0.0618	34	六安市	0.0551	130	贵阳市	0.0504	226
佛山市	0.0617	35	乌海市	0.0550	131	白银市	0.0503	227

续表

城市	环境投资与治理指标值	环境投资与治理排名	城市	环境投资与治理指标值	环境投资与治理排名	城市	环境投资与治理指标值	环境投资与治理排名
阳江市	0.0615	36	徐州市	0.0550	132	金华市	0.0502	228
太原市	0.0615	37	马鞍山市	0.0550	133	中卫市	0.0501	229
晋中市	0.0614	38	黄山市	0.0550	134	六盘水市	0.0500	230
江门市	0.0614	39	连云港市	0.0550	135	台州市	0.0500	231
中山市	0.0614	40	泰州市	0.0550	136	石嘴山市	0.0500	232
临汾市	0.0614	41	宣城市	0.0549	137	银川市	0.0499	233
茂名市	0.0613	42	苏州市	0.0549	138	定西市	0.0499	234
佳木斯市	0.0613	43	阜阳市	0.0549	139	舟山市	0.0499	235
汕头市	0.0613	44	池州市	0.0548	140	黄冈市	0.0496	236
东莞市	0.0613	45	宿州市	0.0548	141	衢州市	0.0495	237
运城市	0.0612	46	扬州市	0.0548	142	固原市	0.0493	238
九江市	0.0610	47	郴州市	0.0548	143	北海市	0.0491	239
南昌市	0.0610	48	商洛市	0.0548	144	安顺市	0.0489	240
长治市	0.0609	49	巴彦淖尔市	0.0548	145	黄石市	0.0488	241
肇庆市	0.0609	50	益阳市	0.0546	146	陇南市	0.0486	242
朔州市	0.0608	51	丽江市	0.0546	147	鞍山市	0.0483	243
驻马店市	0.0607	52	衡阳市	0.0546	148	十堰市	0.0483	244
清远市	0.0607	53	盐城市	0.0545	149	大连市	0.0483	245
潮州市	0.0607	54	包头市	0.0545	150	葫芦岛市	0.0482	246
忻州市	0.0606	55	湘潭市	0.0543	151	毕节市	0.0481	247
揭阳市	0.0606	56	昆明市	0.0541	152	桂林市	0.0481	248
新余市	0.0605	57	赤峰市	0.0541	153	南宁市	0.0480	249
湛江市	0.0604	58	淮安市	0.0541	154	沈阳市	0.0479	250
西宁市	0.0603	59	常州市	0.0541	155	贺州市	0.0477	251
萍乡市	0.0603	60	永州市	0.0536	156	铁岭市	0.0477	252
吉安市	0.0602	61	常德市	0.0535	157	武汉市	0.0476	253
鹰潭市	0.0601	62	株洲市	0.0534	158	巴中市	0.0476	254
宜春市	0.0601	63	松原市	0.0533	159	荆门市	0.0476	255
云浮市	0.0601	64	泰安市	0.0531	160	铜仁市	0.0475	256
景德镇市	0.0598	65	张家界市	0.0531	161	来宾市	0.0475	257
抚州市	0.0598	66	长春市	0.0530	162	辽阳市	0.0475	258

续表

城市	环境投资与治理指标值	环境投资与治理排名	城市	环境投资与治理指标值	环境投资与治理排名	城市	环境投资与治理指标值	环境投资与治理排名
河源市	0.0598	67	白山市	0.0530	163	本溪市	0.0475	259
周口市	0.0593	68	临沧市	0.0530	164	玉林市	0.0475	260
洛阳市	0.0593	69	乐山市	0.0529	165	鄂州市	0.0475	261
上饶市	0.0593	70	青岛市	0.0529	166	阜新市	0.0474	262
漯河市	0.0592	71	通化市	0.0528	167	钦州市	0.0474	263
乌鲁木齐市	0.0592	72	昭通市	0.0528	168	朝阳市	0.0474	264
克拉玛依市	0.0591	73	曲靖市	0.0527	169	营口市	0.0474	265
郑州市	0.0590	74	辽源市	0.0527	170	锦州市	0.0473	266
平顶山市	0.0590	75	北京市	0.0526	171	盘锦市	0.0473	267
赣州市	0.0590	76	吉林市	0.0526	172	随州市	0.0473	268
鹤壁市	0.0590	77	东营市	0.0526	173	荆州市	0.0472	269
商丘市	0.0590	78	泸州市	0.0526	174	河池市	0.0471	270
焦作市	0.0590	79	济南市	0.0524	175	孝感市	0.0471	271
三门峡市	0.0589	80	成都市	0.0522	176	宜昌市	0.0470	272
天津市	0.0589	81	邵阳市	0.0522	177	襄阳市	0.0470	273
大同市	0.0588	82	思茅市	0.0522	178	上海市	0.0469	274
许昌市	0.0588	83	威海市	0.0522	179	咸宁市	0.0468	275
新乡市	0.0587	84	济宁市	0.0521	180	柳州市	0.0465	276
濮阳市	0.0587	85	日照市	0.0521	181	百色市	0.0461	277
安阳市	0.0586	86	广安市	0.0521	182	遵义市	0.0459	278
福州市	0.0586	87	淄博市	0.0521	183	抚顺市	0.0457	279
南阳市	0.0582	88	玉溪市	0.0521	184	拉萨市	0.0453	280
开封市	0.0579	89	广元市	0.0521	185	贵港市	0.0448	281
漳州市	0.0577	90	菏泽市	0.0520	186	梧州市	0.0437	282
厦门市	0.0577	91	烟台市	0.0520	187	攀枝花市	0.0421	283
南平市	0.0576	92	潍坊市	0.0520	188	吴忠市	0.0420	284
咸阳市	0.0575	93	保山市	0.0520	189	丹东市	0.0417	285
信阳市	0.0574	94	枣庄市	0.0519	190	防城港市	0.0413	286
莆田市	0.0574	95	临沂市	0.0519	191	崇左市	0.0401	287
泉州市	0.0573	96	怀化市	0.0519	192	—	—	—

注：本表数据及排名根据《中国统计年鉴2021》《中国环境统计年报2021》《中国环境统计年鉴2021》《中国城市统计年鉴2021》《中国城市建设统计年鉴2021》等测算。

从表 5-8 可以看出，2020 年，中国 287 个城市环境投资与治理指标测算结果在 0.0401~0.0835 的范围内，极差为 0.0434。其中，有 119 个城市环境投资与治理水平高于等于全国平均水平，占全部参评城市的 41.46%，如沧州市、衡水市、承德市等；其中，沧州市、衡水市、承德市依次位居所有参评城市的前三位，指数值分别为 0.0835、0.0829 和 0.0826；但有 168 个城市环境投资与治理水平低于全国平均水平，占全部参评城市百分比的 58.54%，这些城市有娄底市、榆林市、南京市等；其中，丹东市、防城港市、崇左市位居所有参评城市的最后三位，指数值分别为 0.0417、0.0413 和 0.0401。

图 5-3 按照不同地区展示了城市政策响应与社会福利和城市环境投资与治理指标排名的对比。分区域来看，东部地区城市环境投资与治理指数平均值最高为 0.0593，然后依次是中部地区 0.0561、西部地区 0.0513 和东北地区 0.0543。东部地区城市环境投资与治理优势明显，西部地区最弱。

就排名结果来看，在环境投资与治理指标前 10 位的城市中，东部地区城市有 10 个，分别是沧州市、衡水市、承德市、石家庄市、张家口市、邯郸市、唐山市、廊坊市、秦皇岛市、邢台市；中部地区、西部地区和东北地区没有城市进入；而在环境投资与治理指标后 10 位的城市中，西部地区城市有 8 个，分别是崇左市、防城港市、吴忠市、攀枝花市、梧州市、贵港市、拉萨市、遵义市；东北地区有两个城市，为丹东市、抚顺市，东部地区和中部地区没有。

按照区域内城市最高指数值与最低指数值的差值来看，东部地区指数值最高的城市沧州市（指数值 0.0835）与指数值最低的城市上海市（指数值 0.0469）之间的差值为 0.0366；中部地区指数值的最高城市晋城市（指数值 0.0626）与指数值最低的城市襄阳市（指数值 0.0470）之间的差值为 0.0156；西部地区指数值最高的城市西宁市（指数值 0.0603）与指数值最低的城市崇左市（指数值 0.0401）之间的差值为 0.0202；东北地区指数值最高的城市大庆市（指数值 0.0653）与指数值最低的城市丹东市（指数值 0.0417）之间的差值为 0.0236。从中可以看出，四大区域内部中的城市环境投资与治理指标方面的指数值差值最大的是东部地区，东北地区和西部地区差值相近，中部地区差距最小。

中国城市绿色竞争力报告（2022—2023）

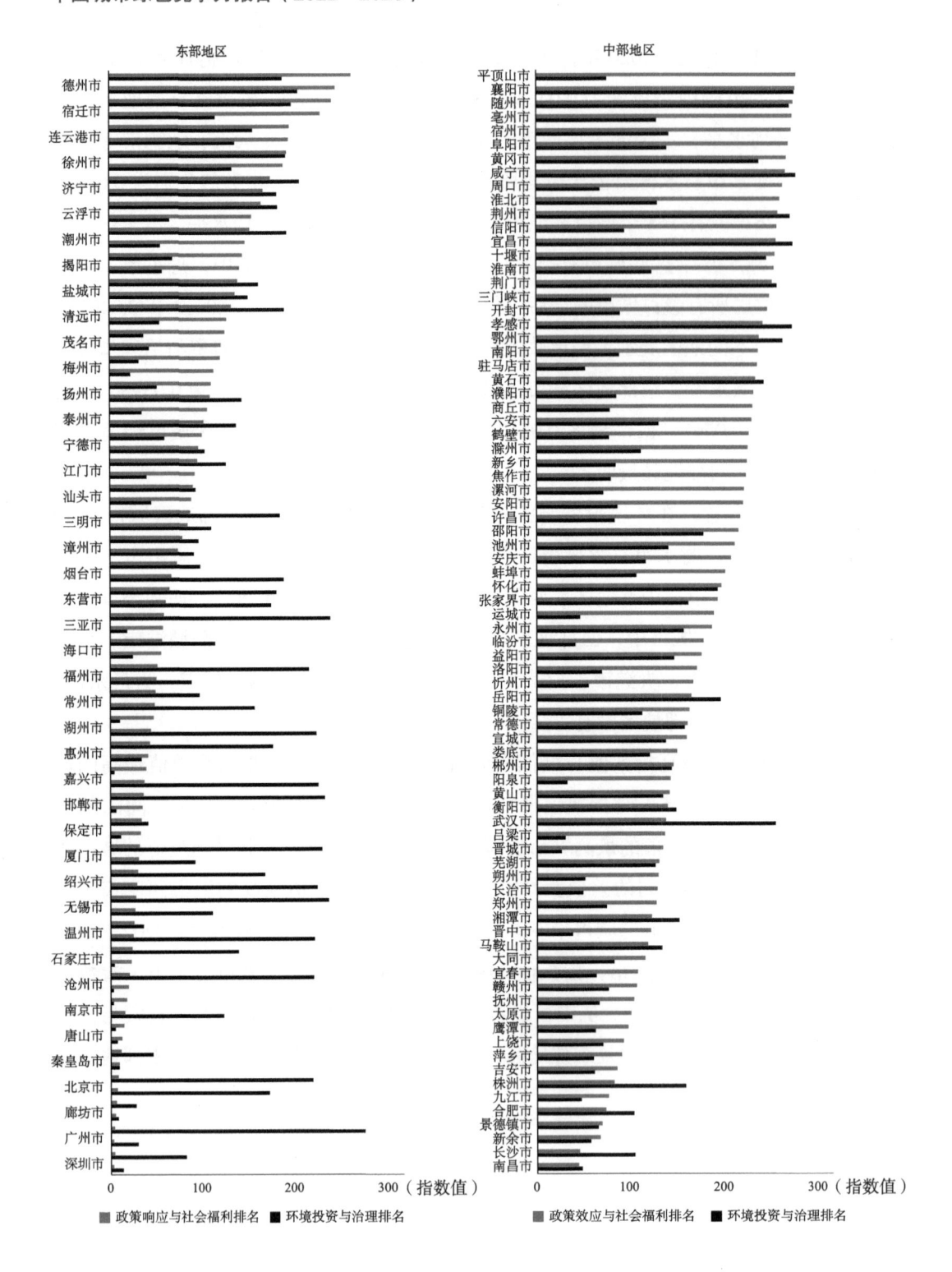

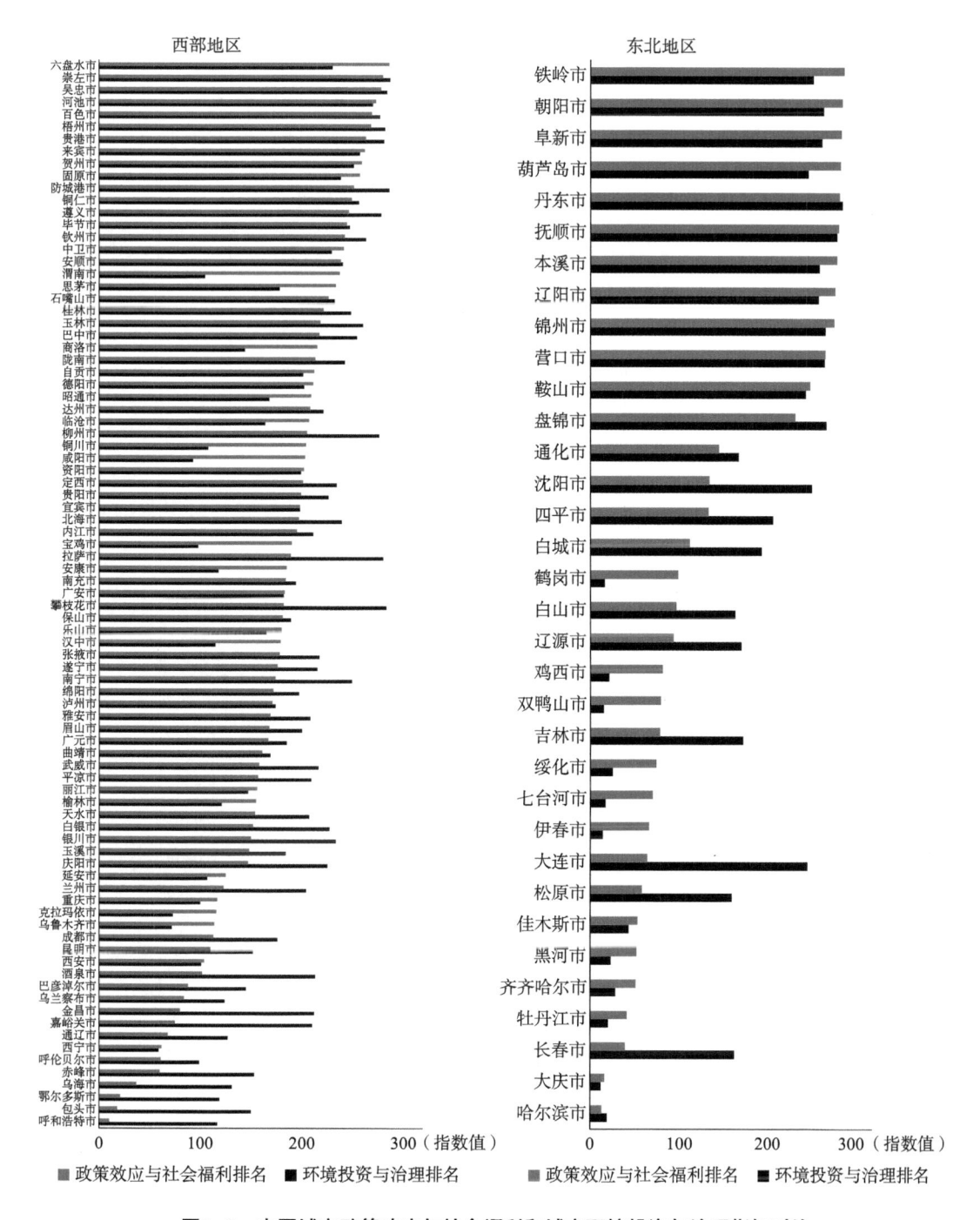

图5-3 中国城市政策响应与社会福利和城市环境投资与治理指标对比

注：本图按东部、中部、西部和东北地区划分，根据政策响应与社会福利指数排名自下至上排列。

（二）城市生活质量指标比较

在城市政策响应与社会福利指数测度体系中，生活质量指标包括4个三级指标，其权重占政策响应与社会福利指数的50%，占城市绿色竞争力指数总权重的10%。

表5-9 生活质量三级指标、权重及指标属性

指标序号	指标	权重/%	指标属性
1	城镇居民人均可支配收入	2.5	正
2	商品房售价	2.5	正
3	建成区绿化覆盖率	2.5	正
4	空气质量达到二级以上天数	2.5	正

注：本表内容是由本报告课题组召开的多次研讨会确定的。

按表5-9给出的权重，对三级指标原始数据做标准化处理并计算，得出我国287个城市生活质量指标指数及其排名，具体如表5-10所示。

表5-10 中国287个城市生活质量指标指数及排名

城市	生活质量指标值	生活质量排名	城市	生活质量指标值	生活质量排名	城市	生活质量指标值	生活质量排名
深圳市	0.1333	1	拉萨市	0.0550	97	河源市	0.0463	193
上海市	0.1113	2	庆阳市	0.0549	98	衡水市	0.0462	194
天津市	0.1011	3	湘潭市	0.0549	99	鄂州市	0.0461	195
杭州市	0.0992	4	九江市	0.0548	100	德阳市	0.0459	196
北京市	0.0976	5	白银市	0.0547	101	钦州市	0.0458	197
广州市	0.0967	6	上饶市	0.0545	102	自贡市	0.0457	198
呼和浩特市	0.0920	7	吉安市	0.0544	103	淮安市	0.0457	199
宁波市	0.0884	8	南宁市	0.0538	104	黄石市	0.0456	200
珠海市	0.0880	9	萍乡市	0.0538	105	汉中市	0.0456	201
南京市	0.0874	10	重庆市	0.0535	106	徐州市	0.0455	202
东莞市	0.0862	11	天水市	0.0534	107	揭阳市	0.0455	203
温州市	0.0860	12	绥化市	0.0533	108	梧州市	0.0454	204
包头市	0.0853	13	泰安市	0.0532	109	安康市	0.0453	205
舟山市	0.0848	14	玉溪市	0.0532	110	贵港市	0.0452	206
绍兴市	0.0841	15	通化市	0.0532	111	昭通市	0.0451	207
鄂尔多斯市	0.0832	16	武威市	0.0531	112	临沧市	0.0451	208
苏州市	0.0829	17	临沂市	0.0531	113	连云港市	0.0449	209
金华市	0.0825	18	汕头市	0.0530	114	石嘴山市	0.0448	210

续表

城市	生活质量指标值	生活质量排名	城市	生活质量指标值	生活质量排名	城市	生活质量指标值	生活质量排名
台州市	0.0806	19	鹰潭市	0.0530	115	毕节市	0.0448	211
青岛市	0.0803	20	赣州市	0.0530	116	晋城市	0.0448	212
嘉兴市	0.0802	21	平凉市	0.0529	117	云浮市	0.0447	213
哈尔滨市	0.0802	22	芜湖市	0.0527	118	邵阳市	0.0446	214
无锡市	0.0793	23	延安市	0.0526	119	潮州市	0.0446	215
湖州市	0.0769	24	江门市	0.0526	120	安顺市	0.0446	216
大庆市	0.0764	25	盐城市	0.0526	121	宜昌市	0.0445	217
乌海市	0.0754	26	伊春市	0.0524	122	吕梁市	0.0445	218
厦门市	0.0753	27	抚州市	0.0524	123	铜仁市	0.0445	219
长春市	0.0752	28	湛江市	0.0523	124	荆门市	0.0444	220
济南市	0.0749	29	七台河市	0.0521	125	阳泉市	0.0442	221
佛山市	0.0742	30	柳州市	0.0520	126	荆州市	0.0439	222
丽水市	0.0723	31	宜春市	0.0519	127	鞍山市	0.0439	223
廊坊市	0.0723	32	大同市	0.0517	128	崇左市	0.0437	224
衢州市	0.0700	33	衡阳市	0.0517	129	十堰市	0.0433	225
中山市	0.0700	34	乌鲁木齐市	0.0516	130	中卫市	0.0432	226
长沙市	0.0699	35	鸡西市	0.0512	131	咸宁市	0.0431	227
常州市	0.0699	36	太原市	0.0512	132	贺州市	0.0430	228
大连市	0.0694	37	雅安市	0.0512	133	蚌埠市	0.0430	229
秦皇岛市	0.0670	38	克拉玛依市	0.0512	134	洛阳市	0.0430	230
东营市	0.0667	39	岳阳市	0.0511	135	来宾市	0.0429	231
泉州市	0.0665	40	黄山市	0.0511	136	宝鸡市	0.0429	232
松原市	0.0662	41	日照市	0.0509	137	池州市	0.0428	233
威海市	0.0659	42	双鸭山市	0.0509	138	百色市	0.0427	234
南昌市	0.0659	43	肇庆市	0.0509	139	安庆市	0.0427	235
惠州市	0.0656	44	遂宁市	0.0507	140	铜川市	0.0426	236
烟台市	0.0655	45	济宁市	0.0507	141	思茅市	0.0422	237
赤峰市	0.0648	46	眉山市	0.0507	142	营口市	0.0421	238
嘉峪关市	0.0647	47	张掖市	0.0507	143	邢台市	0.0420	239
福州市	0.0647	48	郴州市	0.0507	144	忻州市	0.0420	240
金昌市	0.0643	49	防城港市	0.0506	145	固原市	0.0419	241
镇江市	0.0643	50	曲靖市	0.0506	146	吴忠市	0.0419	242

续表

城市	生活质量指标值	生活质量排名	城市	生活质量指标值	生活质量排名	城市	生活质量指标值	生活质量排名
唐山市	0.0634	51	滨州市	0.0506	147	商洛市	0.0418	243
牡丹江市	0.0632	52	广元市	0.0504	148	聊城市	0.0416	244
吉林市	0.0628	53	北海市	0.0503	149	德州市	0.0415	245
淄博市	0.0625	54	绵阳市	0.0503	150	咸阳市	0.0413	246
酒泉市	0.0617	55	韶关市	0.0503	151	丹东市	0.0403	247
张家口市	0.0617	56	保定市	0.0501	152	随州市	0.0403	248
呼伦贝尔市	0.0615	57	常德市	0.0500	153	河池市	0.0402	249
通辽市	0.0614	58	娄底市	0.0498	154	黄冈市	0.0402	250
株洲市	0.0614	59	泸州市	0.0497	155	临汾市	0.0400	251
辽源市	0.0609	60	丽江市	0.0496	156	襄阳市	0.0400	252
齐齐哈尔市	0.0605	61	郑州市	0.0493	157	六安市	0.0395	253
白山市	0.0602	62	保山市	0.0491	158	滁州市	0.0393	254
合肥市	0.0600	63	榆林市	0.0490	159	运城市	0.0393	255
沈阳市	0.0595	64	南充市	0.0490	160	宿迁市	0.0391	256
巴彦淖尔市	0.0595	65	定西市	0.0490	161	菏泽市	0.0387	257
乌兰察布市	0.0595	66	贵阳市	0.0489	162	许昌市	0.0375	258
白城市	0.0594	67	广安市	0.0488	163	渭南市	0.0374	259
佳木斯市	0.0592	68	宣城市	0.0488	164	抚顺市	0.0372	260
龙岩市	0.0592	69	邯郸市	0.0487	165	安阳市	0.0372	261
承德市	0.0590	70	内江市	0.0487	166	锦州市	0.0368	262
武汉市	0.0590	71	玉林市	0.0486	167	辽阳市	0.0365	263
攀枝花市	0.0590	72	茂名市	0.0486	168	新乡市	0.0364	264
三明市	0.0588	73	巴中市	0.0486	169	漯河市	0.0364	265
漳州市	0.0586	74	陇南市	0.0486	170	淮南市	0.0363	266
成都市	0.0586	75	鹤岗市	0.0486	171	本溪市	0.0363	267
莆田市	0.0583	76	晋中市	0.0483	172	焦作市	0.0362	268
南通市	0.0583	77	乐山市	0.0483	173	鹤壁市	0.0359	269
西宁市	0.0579	78	汕尾市	0.0481	174	淮北市	0.0359	270
黑河市	0.0578	79	枣庄市	0.0480	175	南阳市	0.0358	271
兰州市	0.0576	80	清远市	0.0479	176	濮阳市	0.0357	272
泰州市	0.0576	81	宜宾市	0.0476	177	商丘市	0.0355	273
昆明市	0.0573	82	怀化市	0.0476	178	开封市	0.0348	274

续表

城市	生活质量指标值	生活质量排名	城市	生活质量指标值	生活质量排名	城市	生活质量指标值	生活质量排名
扬州市	0.0572	83	桂林市	0.0476	179	阜阳市	0.0345	275
宁德市	0.0570	84	达州市	0.0475	180	信阳市	0.0338	276
景德镇市	0.0567	85	阳江市	0.0474	181	三门峡市	0.0336	277
南平市	0.0567	86	铜陵市	0.0473	182	葫芦岛市	0.0333	278
海口市	0.0566	87	长治市	0.0473	183	驻马店市	0.0333	279
新余市	0.0566	88	朔州市	0.0472	184	宿州市	0.0331	280
石家庄市	0.0562	89	资阳市	0.0472	185	亳州市	0.0327	281
四平市	0.0562	90	梅州市	0.0471	186	阜新市	0.0317	282
潍坊市	0.0557	91	盘锦市	0.0471	187	周口市	0.0312	283
沧州市	0.0557	92	永州市	0.0470	188	朝阳市	0.0302	284
西安市	0.0555	93	益阳市	0.0469	189	平顶山市	0.0278	285
三亚市	0.0555	94	张家界市	0.0469	190	铁岭市	0.0266	286
银川市	0.0552	95	遵义市	0.0468	191	六盘水市	0.0250	287
马鞍山市	0.0552	96	孝感市	0.0463	192	—	—	—

注：本表数据及排名根据《中国统计年鉴2021》《中国环境统计年报2021》《中国环境统计年鉴2021》《中国城市统计年鉴2021》《中国城市建设统计年鉴2021》等测算。

从表5-10可以看出，城市生活质量指数中，排名最高的是深圳市，指数值为0.1333；六盘水市位列倒数第一，指数值为0.0250。在参评的287个城市中，生活质量指数值高于等于全国平均水平的城市共106个，占全部参评城市的36.93%，如深圳市、上海市、天津市等；其中，深圳市、上海市、天津市位居所有参评城市前三位，指数值分别为0.1333、0.1113和0.1011。有181个城市生活质量指数值低于全国平均水平，占全部参评城市的63.07%，如天水市、绥化市、泰安市等，其中，平顶山市、铁岭市、六盘水市排到了最后三位，指数值分别为0.0278、0.0266和0.0250。

图5-4按照不同地区展示了城市政策响应与社会福利和城市生活质量指标排名的对比。分区域来看，各区域生活质量指标指数值差距不明显，按照简单算术平均方法具体计算，东部地区城市生活质量指标平均值为0.0637，中部地区为0.0453，西部地区为0.0512，东北地区为0.0521。

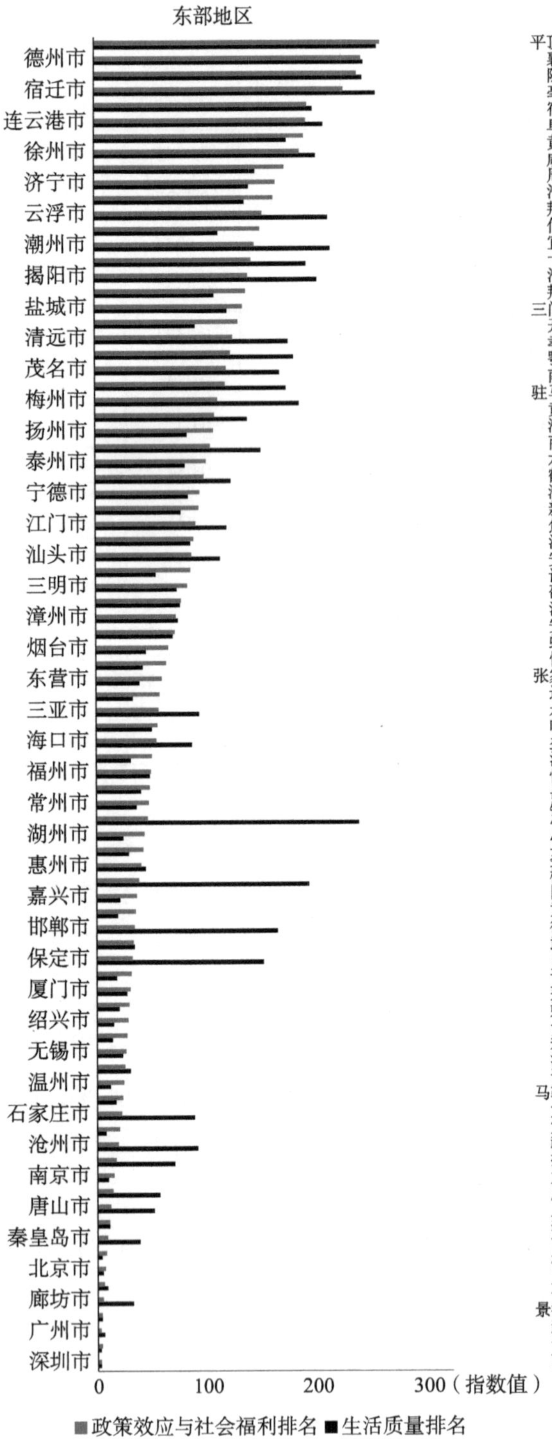
东部地区
德州市
宿迁市
连云港市
徐州市
济宁市
云浮市
潮州市
揭阳市
盐城市
清远市
茂名市
梅州市
扬州市
泰州市
宁德市
江门市
汕头市
三明市
漳州市
烟台市
东营市
三亚市
海口市
福州市
常州市
湖州市
惠州市
嘉兴市
邯郸市
保定市
厦门市
绍兴市
无锡市
温州市
石家庄市
沧州市
南京市
唐山市
秦皇岛市
北京市
廊坊市
广州市
深圳市
0
100
200
300（指数值）
■政策效应与社会福利排名 ■生活质量排名

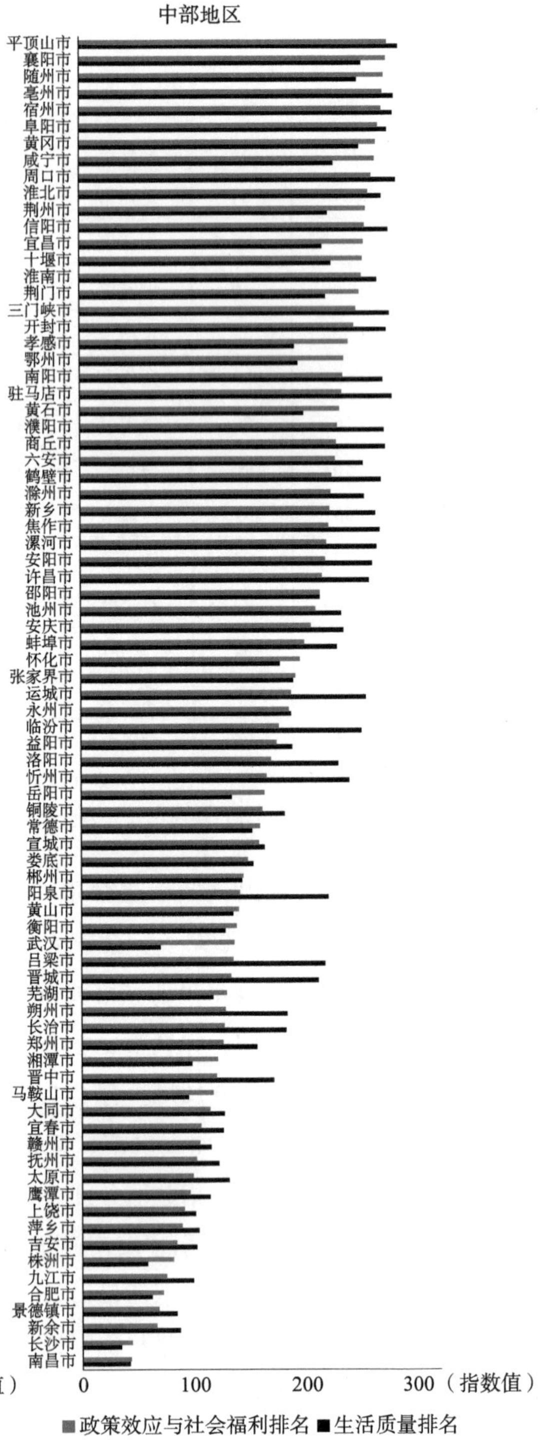
中部地区
平顶山市
襄阳市
随州市
亳州市
宿州市
阜阳市
黄冈市
咸宁市
周口市
淮北市
荆州市
信阳市
宜昌市
十堰市
淮南市
荆门市
三门峡市
开封市
孝感市
鄂州市
南阳市
驻马店市
黄石市
濮阳市
商丘市
六安市
鹤壁市
滁州市
新乡市
焦作市
漯河市
安阳市
许昌市
邵阳市
池州市
安庆市
蚌埠市
怀化市
张家界市
运城市
永州市
临汾市
益阳市
洛阳市
忻州市
岳阳市
铜陵市
常德市
宣城市
娄底市
郴州市
阳泉市
黄山市
衡阳市
武汉市
吕梁市
晋城市
芜湖市
朔州市
长治市
郑州市
湘潭市
晋中市
马鞍山市
大同市
宜春市
赣州市
抚州市
太原市
鹰潭市
上饶市
萍乡市
吉安市
株洲市
九江市
合肥市
景德镇市
新余市
长沙市
南昌市
0
100
200
300（指数值）
■政策效应与社会福利排名 ■生活质量排名

第五章 政策响应与社会福利测算及分析

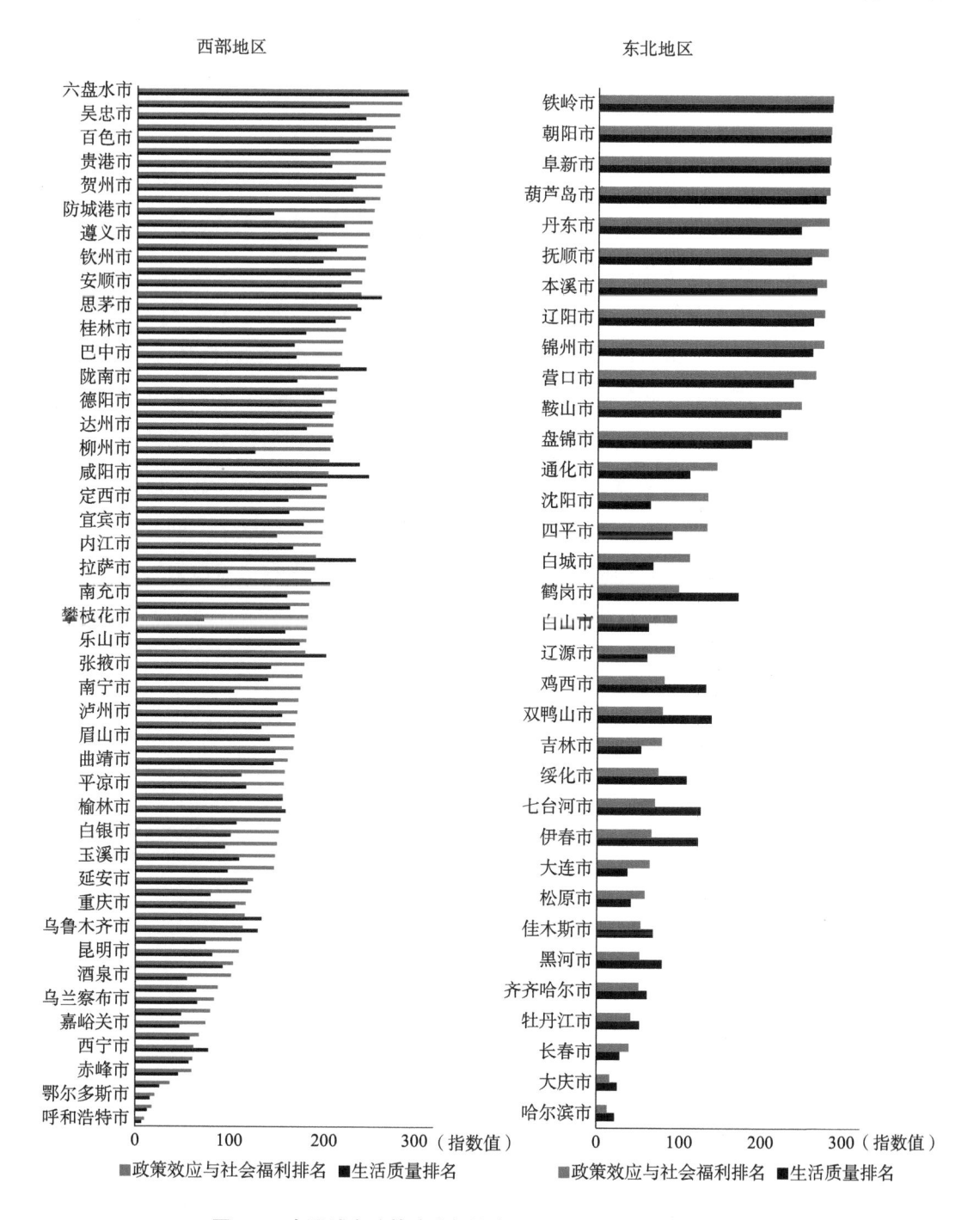

图5-4 中国城市政策响应与社会福利和城市生活质量指标对比

注：本图按东部、中部、西部和东北地区划分，根据政策响应与社会福利指数排名自下至上排列。

就排名结果来看，在生活质量指标前 10 位的城市中，东部地区城市有 9 个，分别是深圳市、上海市、天津市、杭州市、北京市、广州市、宁波市、珠海市、南京市；西部地区城市仅有 1 个，为呼和浩特市；没有中部地区和东北地区城市。而生活质量指标后 10 位的城市中，中部地区城市有 5 个，分别是驻马店市、宿州市、亳州市、周口市、平顶山市；西部地区城市仅有 1 个，为六盘水市；东北地区城市有 4 个，分别是葫芦岛市、阜新市、朝阳市、铁岭市。

按照区域内城市最高指数值与最低指数值的差值来看，东部地区指数值最高的深圳市（指数值 0.1333）与指数值最低的菏泽市（指数值 0.0387）之间的差值为 0.0946；中部地区指数值最高的长沙市（指数值 0.0699）与指数值最低的平顶山市（指数值 0.0278）之间的差值为 0.0421；西部地区指数值最高的城市呼和浩特市（指数值 0.092）与指数值最低的六盘水市（指数值 0.025）之间的差值为 0.067；东北地区指数值最高的哈尔滨市（指数值 0.0802）与指数值最低的铁岭市（指数值 0.0266）之间的差值仅为 0.0536。从中可以看出，四大区域内部城市生活质量指标上的指数值差值最大的是东部地区，其次是西部地区，最后是东北地区，中部地区差距最小。

第六章

提升城市群绿色竞争力,构建大中小城市绿色协调发展格局

党的二十大报告指出：促进区域协调发展。推动西部大开发形成新格局，推动东北全面振兴取得新突破，促进中部地区加快崛起，鼓励东部地区加快推进现代化。支持革命老区、民族地区加快发展，加强边疆地区建设，推进兴边富民、稳边固边。推进京津冀协同发展、长江经济带发展、长三角一体化发展，推动黄河流域生态保护和高质量发展。高标准、高质量建设雄安新区，推动成渝地区双城经济圈建设。健全主体功能区制度，优化国土空间发展格局。推进以人为核心的新型城镇化，加快农业转移人口市民化。以城市群、都市圈为依托构建大中小城市协调发展格局，推进以县城为重要载体的城镇化建设。

根据党的二十大精神，我们在全国范围内选取京津冀城市群、长三角城市群、珠三角城市群、成渝城市群、长江中游城市群五个具有代表意义的城市群，研究中国开始绿色转型之后各城市群之间以及城市群内部的绿色竞争力的区域差异。

一、五大城市群绿色竞争力表现

根据上述研究方法，选取京津冀城市群、长三角城市群、珠三角城市群、成渝城市群、长江中游城市群五个城市群，经过测算得到2010年、2015年、2020年三个年份的五大城市群绿色竞争力表现情况，具体结果如表6-1所示。

表6-1 五大城市群城市绿色竞争力测算结果及其排名

排名	2010年 城市	指数值	城市群	2015年 城市	指数值	城市群	2020年 城市	指数值	城市群
1	北京市	0.6079	京津冀	北京市	0.6736	京津冀	杭州市	0.7062	长三角
2	广州市	0.5727	珠三角	广州市	0.6362	珠三角	上海市	0.7051	长三角
3	深圳市	0.5727	珠三角	杭州市	0.6346	长三角	深圳市	0.6998	珠三角
4	杭州市	0.5574	长三角	上海市	0.6268	长三角	北京市	0.6921	京津冀
5	东莞市	0.5562	珠三角	南京市	0.6195	长三角	南京市	0.6833	长三角
6	上海市	0.5474	长三角	苏州市	0.6020	长三角	天津市	0.6768	京津冀
7	珠海市	0.5312	珠三角	宁波市	0.5904	长三角	宁波市	0.6764	长三角
8	南京市	0.5302	长三角	珠海市	0.5901	珠三角	广州市	0.6754	珠三角

续表

城市绿色竞争力指数

排名	2010年 城市	指数值	城市群	2015年 城市	指数值	城市群	2020年 城市	指数值	城市群
9	苏州市	0.5281	长三角	舟山市	0.5892	长三角	绍兴市	0.6624	长三角
10	无锡市	0.5242	长三角	绍兴市	0.5830	长三角	苏州市	0.6520	长三角
11	绍兴市	0.5215	长三角	深圳市	0.5820	珠三角	珠海市	0.6509	珠三角
12	宁波市	0.5200	长三角	温州市	0.5775	长三角	合肥市	0.6499	长三角
13	天津市	0.5114	京津冀	台州市	0.5742	长三角	湖州市	0.6316	长三角
14	南通市	0.5101	长三角	天津市	0.5737	京津冀	舟山市	0.6229	长三角
15	武汉市	0.5087	长江中游	南通市	0.5665	长三角	台州市	0.6277	长三角
16	嘉兴市	0.5080	长三角	金华市	0.5662	长三角	佛山市	0.6266	珠三角
17	合肥市	0.5072	长三角	无锡市	0.5643	长三角	嘉兴市	0.6200	长三角
18	金华市	0.5066	长三角	武汉市	0.5632	长江中游	长沙市	0.6199	长江中游
19	长沙市	0.5064	长江中游	常州市	0.5611	长三角	无锡市	0.6138	长三角
20	中山市	0.5030	珠三角	嘉兴市	0.5599	长三角	肇庆市	0.6128	珠三角
21	温州市	0.5029	长三角	东莞市	0.5594	珠三角	南通市	0.6086	长三角
22	台州市	0.5025	长三角	合肥市	0.5567	长三角	镇江市	0.6068	长三角
23	常州市	0.4980	长三角	湖州市	0.5567	长三角	盐城市	0.6043	长三角
24	佛山市	0.4975	珠三角	盐城市	0.5541	长三角	常州市	0.6040	长三角
25	扬州市	0.4972	长三角	镇江市	0.5535	长三角	芜湖市	0.6024	长三角
26	舟山市	0.4968	长三角	扬州市	0.5474	长三角	扬州市	0.6016	长三角
27	湖州市	0.4954	长三角	长沙市	0.5415	长江中游	东莞市	0.5995	珠三角
28	镇江市	0.4934	长三角	成都市	0.5408	成渝	温州市	0.5979	长三角
29	石家庄市	0.4930	京津冀	芜湖市	0.5372	长三角	金华市	0.5970	长三角
30	江门市	0.4925	珠三角	惠州市	0.5345	珠三角	泰州市	0.5917	长三角
31	芜湖市	0.4915	长三角	铜陵市	0.5342	长三角	武汉市	0.5912	长江中游
32	成都市	0.4897	成渝	泰州市	0.5321	长三角	南昌市	0.5911	长江中游
33	南昌市	0.4845	长江中游	南昌市	0.5294	长江中游	江门市	0.5885	珠三角
34	肇庆市	0.4842	珠三角	中山市	0.5240	珠三角	惠州市	0.5881	珠三角
35	泰州市	0.4812	长三角	江门市	0.5214	珠三角	中山市	0.5799	珠三角
36	廊坊市	0.4783	京津冀	石家庄市	0.5213	京津冀	株洲市	0.5756	长江中游
37	沧州市	0.4746	京津冀	重庆市	0.5162	成渝	唐山市	0.5745	京津冀
38	惠州市	0.4732	珠三角	佛山市	0.5150	珠三角	石家庄市	0.5734	京津冀
39	邯郸市	0.4709	京津冀	眉山市	0.5119	成渝	廊坊市	0.5718	京津冀

续表

排名	城市绿色竞争力指数									
	2010年			2015年			2020年		
	城市	指数值	城市群	城市	指数值	城市群	城市	指数值	城市群
40	盐城市	0.4683	长三角	肇庆市	0.5112	珠三角	秦皇岛市	0.5692	京津冀
41	唐山市	0.4653	京津冀	秦皇岛市	0.5102	京津冀	重庆市	0.5668	成渝
42	秦皇岛市	0.4634	京津冀	沧州市	0.5053	京津冀	湘潭市	0.5634	长江中游
43	重庆市	0.4593	成渝	廊坊市	0.5046	京津冀	马鞍山市	0.5590	长三角
44	衡水市	0.4589	京津冀	宣城市	0.5045	长三角	承德市	0.5580	京津冀
45	邢台市	0.4578	京津冀	马鞍山市	0.5034	长三角	铜陵市	0.5500	长三角
46	宣城市	0.4576	长三角	吉安市	0.5031	长江中游	成都市	0.5474	成渝
47	保定市	0.4574	京津冀	池州市	0.4993	长三角	沧州市	0.5402	京津冀
48	湘潭市	0.4562	长江中游	安庆市	0.4990	长三角	宜昌市	0.5385	长江中游
49	岳阳市	0.4543	长江中游	绵阳市	0.4946	成渝	张家口市	0.5381	京津冀
50	安庆市	0.4540	长三角	新余市	0.4944	长江中游	宣城市	0.5360	长三角
51	益阳市	0.4540	长江中游	滁州市	0.4940	长三角	九江市	0.5344	长江中游
52	黄冈市	0.4538	长江中游	唐山市	0.4913	京津冀	鹰潭市	0.5341	长江中游
53	襄阳市	0.4521	长江中游	株洲市	0.4912	长江中游	新余市	0.5338	长江中游
54	常德市	0.4516	长江中游	景德镇市	0.4891	长江中游	宜春市	0.5334	长江中游
55	株洲市	0.4496	长江中游	宜春市	0.4889	长江中游	岳阳市	0.5318	长江中游
56	景德镇市	0.4496	长江中游	邯郸市	0.4887	京津冀	滁州市	0.5295	长三角
57	荆州市	0.4489	长江中游	张家口市	0.4871	京津冀	衡阳市	0.5280	长江中游
58	吉安市	0.4480	长江中游	德阳市	0.4862	成渝	衡水市	0.5228	京津冀
59	资阳市	0.4470	成渝	常德市	0.4861	长江中游	抚州市	0.5222	长江中游
60	宜春市	0.4447	长江中游	抚州市	0.4853	长江中游	吉安市	0.5215	长江中游
61	广安市	0.4430	成渝	湘潭市	0.4852	长江中游	安庆市	0.5209	长三角
62	马鞍山市	0.4425	长三角	襄阳市	0.4847	长江中游	景德镇市	0.5209	长江中游
63	荆门市	0.4425	长江中游	鹰潭市	0.4829	长江中游	襄阳市	0.5195	长江中游
64	衡阳市	0.4420	长江中游	邢台市	0.4822	京津冀	荆门市	0.5174	长江中游
65	孝感市	0.4420	长江中游	宜宾市	0.4812	成渝	保定市	0.5172	京津冀
66	宜昌市	0.4415	长江中游	保定市	0.4804	京津冀	池州市	0.5172	长三角
67	娄底市	0.4380	长江中游	南充市	0.4792	成渝	常德市	0.5156	长江中游
68	咸宁市	0.4375	长江中游	自贡市	0.4765	成渝	绵阳市	0.5150	成渝
69	滁州市	0.4375	长三角	资阳市	0.4764	成渝	萍乡市	0.5139	长江中游
70	新余市	0.4371	长江中游	岳阳市	0.4763	长江中游	邯郸市	0.5133	京津冀

续表

排名	城市绿色竞争力指数							
	2010年			2015年			2020年		
	城市	指数值	城市群	城市	指数值	城市群	城市	指数值	城市群
71	九江市	0.4367	长江中游	衡阳市	0.4755	长江中游	鄂州市	0.5128	长江中游
72	鹰潭市	0.4362	长江中游	荆门市	0.4742	长江中游	雅安市	0.5111	成渝
73	遂宁市	0.4345	成渝	黄冈市	0.4741	长江中游	益阳市	0.5106	长江中游
74	铜陵市	0.4341	长三角	达州市	0.4739	成渝	上饶市	0.5106	长江中游
75	池州市	0.4318	长三角	萍乡市	0.4734	长江中游	咸宁市	0.5075	长江中游
76	抚州市	0.4310	长江中游	遂宁市	0.4720	成渝	娄底市	0.5063	长江中游
77	南充市	0.4308	成渝	内江市	0.4718	成渝	孝感市	0.5043	长江中游
78	鄂州市	0.4305	长江中游	泸州市	0.4717	成渝	荆州市	0.5036	长江中游
79	萍乡市	0.4280	长江中游	益阳市	0.4717	长江中游	黄石市	0.5015	长江中游
80	自贡市	0.4242	成渝	广安市	0.4711	成渝	邢台市	0.5009	京津冀
81	绵阳市	0.4233	成渝	九江市	0.4707	长江中游	德阳市	0.5001	成渝
82	张家口市	0.4212	京津冀	黄石市	0.4697	长江中游	自贡市	0.4965	成渝
83	眉山市	0.4192	成渝	孝感市	0.4676	长江中游	乐山市	0.4913	成渝
84	承德市	0.4184	京津冀	宜昌市	0.4667	长江中游	黄冈市	0.4869	长江中游
85	德阳市	0.4149	成渝	衡水市	0.4665	京津冀	宜宾市	0.4862	成渝
86	乐山市	0.4128	成渝	乐山市	0.4652	成渝	眉山市	0.4833	成渝
87	达州市	0.4125	成渝	承德市	0.4646	京津冀	内江市	0.4827	成渝
88	泸州市	0.4116	成渝	雅安市	0.4626	成渝	泸州市	0.4827	成渝
89	内江市	0.4107	成渝	鄂州市	0.4604	长江中游	遂宁市	0.4782	成渝
90	黄石市	0.4102	长江中游	咸宁市	0.4594	长江中游	广安市	0.4770	成渝
91	上饶市	0.4088	长江中游	娄底市	0.4577	长江中游	南充市	0.4769	成渝
92	宜宾市	0.4040	成渝	上饶市	0.4503	长江中游	达州市	0.4727	成渝
93	雅安市	0.3987	成渝	荆州市	0.4426	长江中游	资阳市	0.4704	成渝

二、五大城市群绿色竞争力区域差异

根据上文中五大城市群的城市绿色竞争力表现，可以得出综合指数的描述性统计结果，进而借助五大城市群绿色竞争力综合指数的描述性统计分析绿色竞争力在五大城市群维度存在的区域差异。其综合指数描述性统计结果如表6-2所示。

表 6-2　五大城市群绿色竞争力综合指数描述性统计结果

地区	时间	城市数量	绿色竞争力指数 均值	绿色竞争力指数 标准差
京津冀城市群	2010	13	0.4753	0.0452
	2015	13	0.5115	0.0540
	2020	13	0.5653	0.0562
长三角城市群	2010	27	0.4943	0.0332
	2015	27	0.5588	0.0377
	2020	27	0.6154	0.0586
珠三角城市群	2010	9	0.5203	0.0365
	2015	9	0.5526	0.0402
	2020	9	0.6246	0.0399
成渝城市群	2010	16	0.4273	0.0226
	2015	16	0.4845	0.0206
	2020	16	0.4962	0.0264
长江中游城市群	2010	28	0.4473	0.0218
	2015	28	0.4827	0.0256
	2020	28	0.5304	0.0305

结合五大城市群绿色竞争力综合指数描述性统计结果，发现：

第一，五大城市群之间绿色竞争力差距较大。综合2010年、2015年和2020年三个年份的绿色竞争力指数均值来看，珠三角城市群绿色竞争力最强，成渝城市群绿色竞争力最弱，长三角城市群和京津冀城市群绿色竞争力相对较强，长江中游城市群绿色竞争力相对较弱。根据表6-2，2010年城市群绿色竞争力指数均值由大到小依次排序为：珠三角城市群（0.5203）、长三角城市群（0.4943）、京津冀城市群（0.4753）、长江中游城市群（0.4473）、成渝城市群（0.4273）；2015年城市群绿色竞争力指数均值由大到小依次排序为：长三角城市群（0.5588）、珠三角城市群（0.5526）、京津冀城市群（0.5115）、成渝城市群（0.4845）、长江中游城市群（0.4827）；2020年城市群绿色竞争力指数均值由大到小依次排序为：珠三角城市群（0.6246）、长三角城市群（0.6154）、京津冀城市群（0.5653）、长江中游城市群（0.5304）、成渝城市群（0.4962）。

第二，2010—2020年五大城市群绿色竞争力呈现整体上升的相同发展趋势。结合表6-2和图6-1发现，五个城市群在2010年、2015年和2020年绿色竞争力指数均值均呈现持续上升的发展趋势。其中，长三角城市群绿色竞争力指数均值提升速度最快，成渝城市群绿色竞争力指数提升速度最慢。2010—2020年五个城市群绿色竞争力指数均值增加值由大到小依次为：长三角城市群（0.1211）、珠三角城市群（0.1043）、京津冀城市群（0.09）、长江中游城市群（0.0831）、成渝城市群（0.0689）。由于初始水平和发展速度的差异，五个城市群绿色竞争力出现了较为明显的分层现象，其中，长三角和珠三角城市群发展水平不断接近，为绿色竞争力水平最高的第一层；京津冀城市群和长江中游城市群发展水平逐渐趋同，为绿色竞争力水平相对居中的第二层；成渝城市群绿色竞争力发展水平与其他城市群差距逐渐显现，属于绿色竞争力最低的第三层。

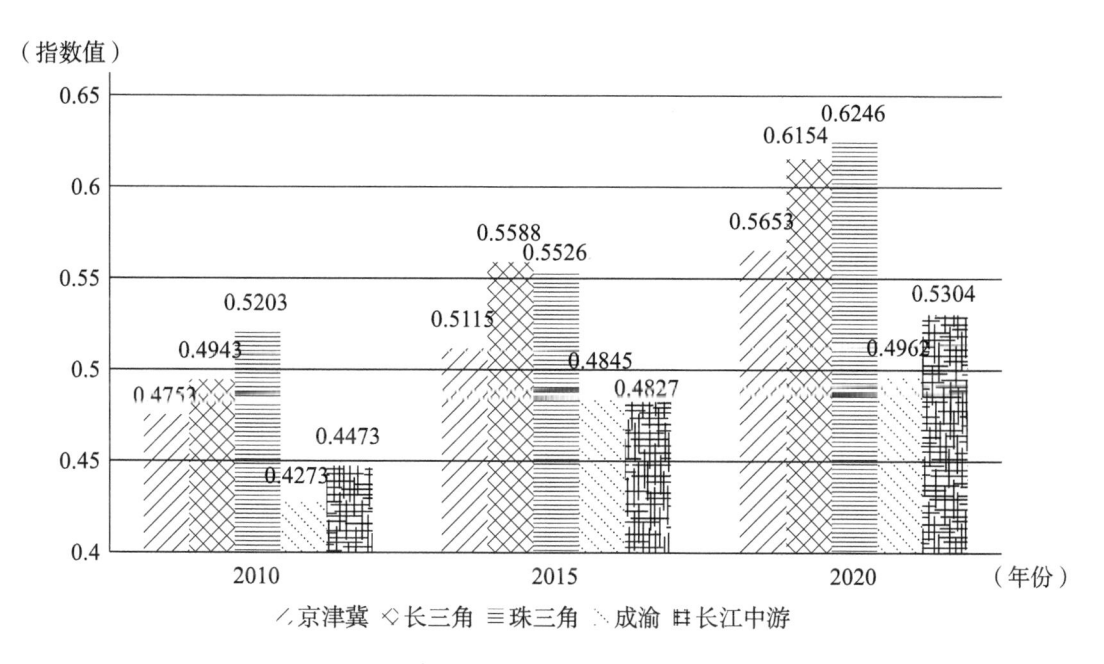

图6-1 五大城市群绿色竞争力综合指数均值

此外，发现五大城市群绿色竞争力发展趋势出现明显的阶段性差异。五大城市群2010—2015年的绿色竞争力发展速度均明显快于2015—2020年的绿色竞争力发展速度。我们认为，在进行绿色转型的早期，整体绿色竞争力水平较低，进行治理提升的难度较小，所以在2010—2015年五个城市群的绿色竞争力综合指数均值均以较快的速度提升；但是进入2015—2020年，绿色竞争力已经达到较高水平，各方面继续治理提升的难度加大，所以在此阶段，绿色竞争力综合指数均值的提升速度都出现明显的下降，成渝城市群甚至出现绿色竞争力综合指数均值的下降。

第三,五大城市群绿色竞争力的城市群内部波动情况差异较大。2010年城市群绿色竞争力综合指数标准差由大到小依次排序为京津冀城市群（0.0452）、珠三角城市群（0.0365）、长三角城市群（0.0332）、成渝城市群（0.0226）、长江中游城市群（0.0218）；2015年城市群绿色竞争力综合指数标准差由大到小依次排序为京津冀城市群（0.054）、珠三角城市群（0.0402）、长三角城市群（0.0377）、长江中游城市群（0.0256）、成渝城市群（0.0206）；2020年城市群绿色竞争力综合指数标准差由大到小依次排序为：长三角城市群（0.0586）、京津冀城市群（0.0562）、珠三角城市群（0.0399）、长江中游城市群（0.0305）、成渝城市群（0.0264）。结合图6-2和上述内容，发现：京津冀城市群、长三角城市群和长江中游城市群2010年、2015年和2020年的绿色竞争力指数标准差持续提高，说明两个城市群内部各城市的绿色竞争力差距在不断扩大；成渝城市群的绿色竞争力指数标准差出现先下降后上升的变化趋势，说明城市群内部各城市的绿色竞争力差距先下降后上升；珠三角城市群的绿色竞争力指数标准差出现先上升后下降的变化趋势，说明该城市群内部各城市的绿色竞争力差距先上升后下降。同时，注意到，2020年五个城市群绿色竞争力指数标准差与2010年相比都整体上升，说明五个城市群的内部各城市绿色竞争力差距变大。

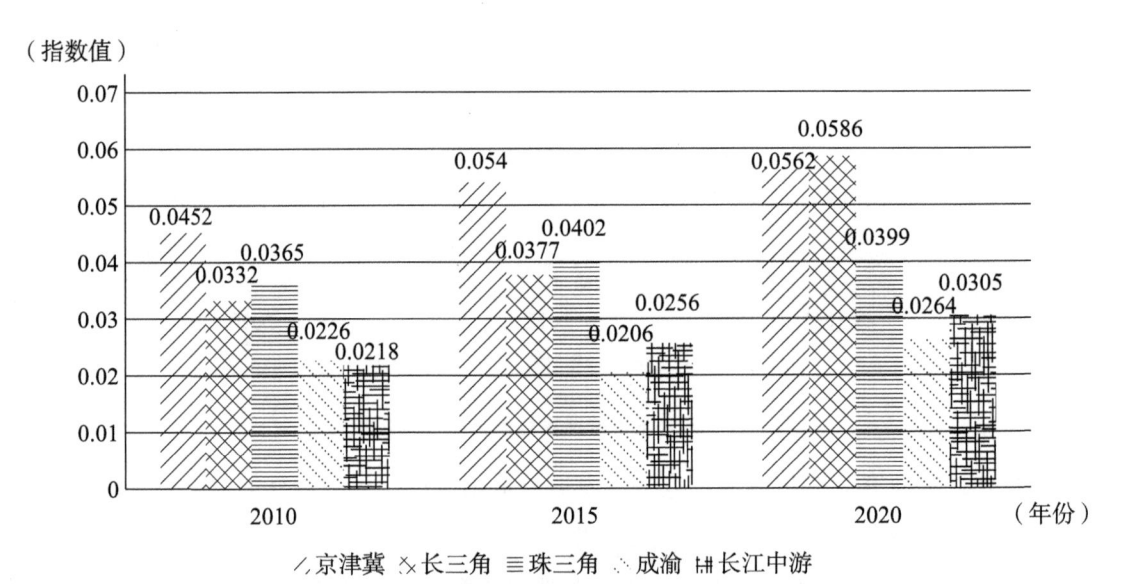

图6-2 五大城市群绿色竞争力综合指数标准差

三、五大城市群绿色竞争力区域差异分解与来源

在前文，我们通过对五大城市群绿色竞争力指数的描述性统计结果进行分析，发现五大城市群的绿色竞争力存在明显的区域差异。为了追溯造成五大城市群绿色竞争力区域差异的源头，我们采用泰尔指数分析法对整体区域差异进行分解。

（一）研究方法

为了准确反映五大城市群城市绿色竞争力的差异程度，以及了解总差异中有多少比例是由五大城市群的群间绿色竞争力差异导致的，有多少比例是由五大城市群内部差异导致的，采用泰尔指数模型来深入分析城市绿色竞争力的城市群差异情况。

假设 T_i 表示城市群的泰尔指数值，根据泰尔指数的定义，各个城市群的内部差异计算公式为

$$T_i = \sum_j \frac{Y_{ij}}{Y_i} \ln\left(\frac{\theta_i Y_{ij}}{\theta_{ij} Y_i}\right), \quad T_{WR} = \sum_i Y_i T_i$$

其中，Y_i 为城市群的 GDP（国内生产总值）占五大城市群 GDP 总额的比重；Y_{ij} 为城市群 i 的城市 j 的 GDP 占五大城市群 GDP 总额的比重；θ_i 为城市群 i 的绿色竞争力指数均值占五大城市群绿色竞争力指数均值的比重；θ_{ij} 为城市群 i 的城市 j 的绿色竞争力指数值占五大城市群绿色竞争力指数均值的比重；T_{WR} 为各个城市群内部绿色竞争力差异之和。

为了进一步分析各城市群之间的绿色竞争力差异，将各个城市群的 GDP 占五大城市群 GDP 总额的比重作为权数，用 T_{BR} 表示各个城市群之间的绿色竞争力差异，计算公式如下：

$$T_{BR} = \sum_i Y_i \ln\left(\frac{Y_i}{\theta_i}\right)$$

由于泰尔指数的可加分解特性，将城市群内部差异与群间差异加总即可得到总体差异，即泰尔指数总差异：

$$T = T_{BR} + T_{WR}$$

根据上述公式，可以分别计算出五大城市群的群内差异、群间差异和总体差异。

（二）绿色竞争力综合指数区域差异分解与来源

中国五大城市群绿色竞争力综合指数的泰尔指数分解结果如表 6-3 所示。经过分析发现，五大城市群绿色竞争力综合指数存在明显的区域差异。

表 6-3 中国五大城市群绿色竞争力综合指数区域差异的分解

维度	时间	京津冀城市群	长三角城市群	珠三角城市群	成渝城市群	长江中游城市群	群内差异	群间差异	总差异
指数	2010	2.1511	2.9292	1.9139	2.2150	3.0700	2.5548	1.5318	4.0866
	2015	2.1230	2.9746	1.8892	2.1580	3.0365	2.5564	1.5456	4.1020
	2020	2.0539	2.9763	1.8628	2.1146	3.0462	2.5532	1.5394	4.0926
	总和	6.3280	8.8801	5.6659	6.4876	9.1527	7.6644	4.6168	12.2812

第一,五大城市群绿色竞争力指数的区域差异主要来源于各城市群群内差异。指数的区域总差异可以分解为城市群群内差异和群间差异,根据表6-3的分解结果可以发现,2010年、2015年和2020年群内差异的泰尔指数值均明显大于群间差异的泰尔指数值,在对应三个年份里,群内差异对总差异的贡献率分别为62.52%、62.32%和62.36%,所以城市群群内差异是造成绿色竞争力指数区域总差异的主要原因。(图6-3)

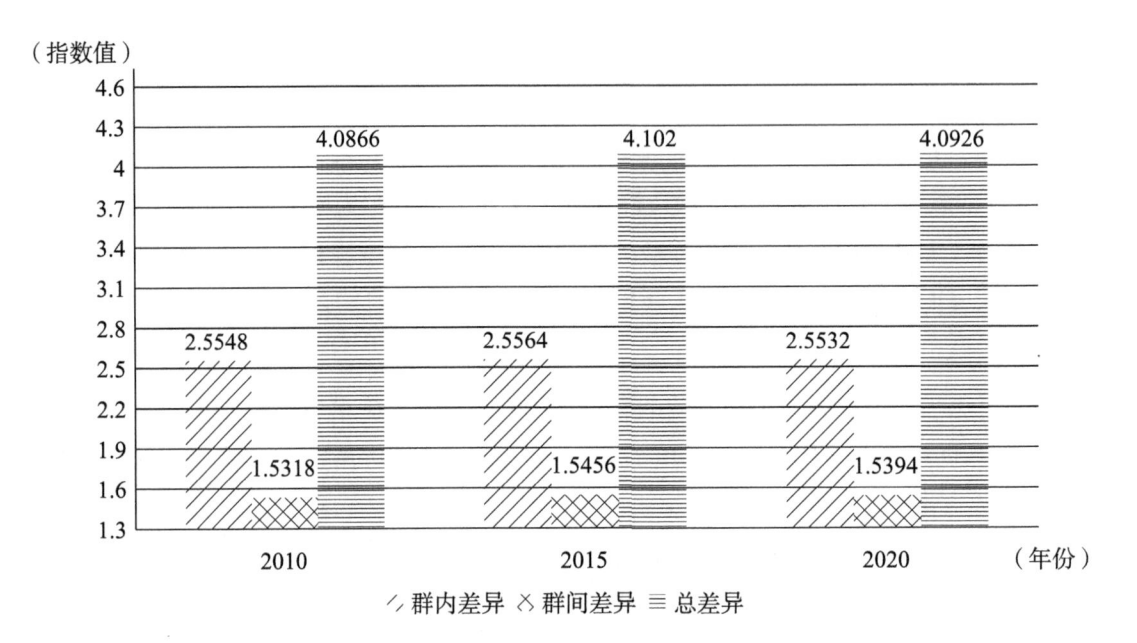

图6-3 五大城市群城市绿色竞争力区域差异分解

第二,五大城市群各自的绿色竞争力内部差异差距较大。五大城市群各自泰尔指数值的2010年、2015年、2020年三年总值由大到小依次排序为:长江中游城市群(9.1527,28市)、长三角城市群(8.8801,27市)、成渝城市群(6.4876,16市)、京津冀城市群(6.3280,13市)、珠三角城市群(5.6659,9市)。长江中游城市群绿色竞争力指数的内部差异最大,珠三角城市群绿色竞争力指数的内部差异最小,京津冀城市群和成渝城市群绿色竞争力指数的内部差异情况相近。整体来说,五个城市群绿色竞争力内部差距较大。

分析认为,各个城市群绿色竞争力内部差异出现较大差距的原因在于各个城市群的规模差异。将五大城市群各自泰尔指数值和城市群内包含的城市数量进行对比,发现城市群的泰尔指数值与城市群所包含城市的数量成正比关系。以泰尔指数值排名第二的长三角城市群为例,该城市群涉及上海市、浙江省、江苏省和安徽省四个省级行政单位的27个市,各省、市的经济发展水平、科技水平、自然资源和环境状况、社会福利和政策水平均存在一定的差异,自然导致反映该城市群绿色竞争力内部差异的泰尔指数值较大。

第三，五大城市群绿色竞争力区域差异呈现总体上升、阶段性先上升后下降的变化趋势。结合表6-3和图6-4的结果，发现五大城市群绿色竞争力群间差异和总差异呈现总体上升、阶段性先上升后下降的变化趋势，而群内差异出现总体下降的变化趋势。上述变化趋势说明2020年与2010年相比，五大城市群群内各城市间的绿色竞争力差异逐渐变小，而五大城市群之间的绿色竞争力差异变大。

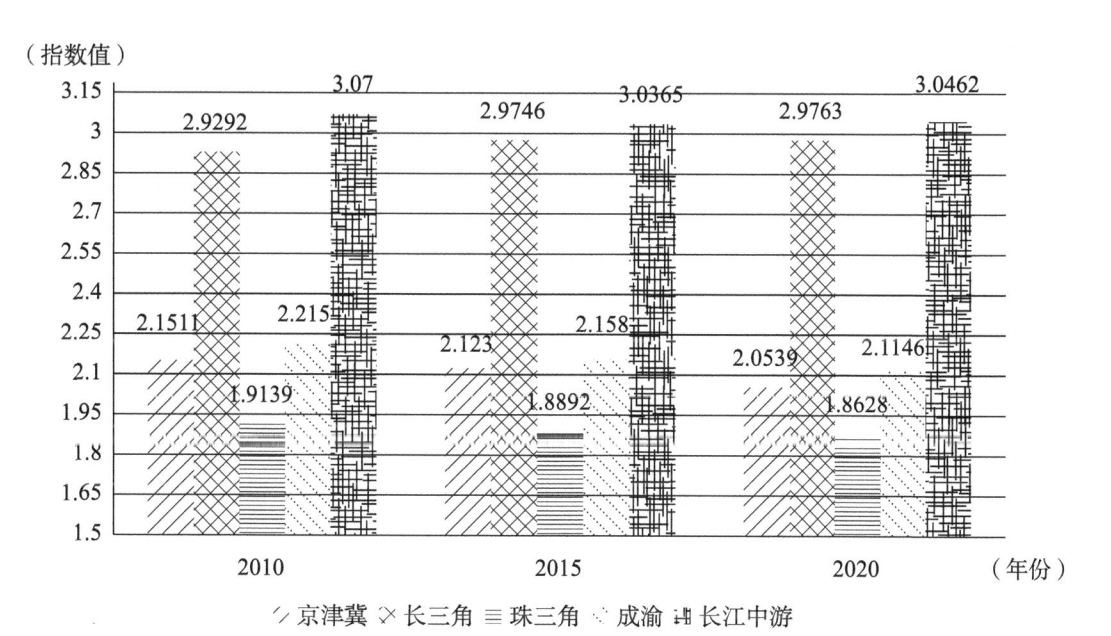

图6-4 五大城市群城市绿色竞争力泰尔指数值

此外，我们认为，城市群绿色竞争力总差异总体上升、阶段性先上升后下降的变化趋势与我国绿色转型的进程相契合。在进行绿色转型的早期，各城市群和各城市的自然禀赋条件、治理思路和发展模式的转变速度不同，导致2015年相比于2010年城市群绿色竞争力区域差异变大；但是，随着绿色转型的不断开展，各区域的治理思路和发展模式逐步完成转变，转变相对缓慢区域通过借鉴成功经验获得后来者优势，得以迅速提升绿色竞争力，所以2020年相比于2015年城市群绿色竞争力区域差异变小；但是应该注意，2020年反映绿色竞争力区域差异的泰尔指数值仍大于2010年的泰尔指数值，说明五大城市群的绿色竞争力区域差异仍未恢复到我国开始绿色转型之前的水平，反映出我国仍有部分地区绿色转型进展相对缓慢，导致绿色竞争力提升缓慢，我国绿色转型的进程尚未完成。

四、结论与建议

根据上文对五大城市群绿色竞争力的差异分析，可以得出以下结论：

第一，我国城市绿色竞争力发展不均衡。首先，绿色竞争力发展的不均衡体现为城市群之间发展不均衡，根据2010年、2015年、2020年五大城市群绿色竞争力指数均值的演变，可以发现五大城市群的绿色竞争力水平出现了比较明显的分层现象，说明城市群之间存在显著的绿色竞争力差距。其次，绿色竞争力发展的不均衡体现为城市群内部各城市之间发展不均衡，根据五大城市群绿色竞争力泰尔指数分解结果，城市群内部差距较大，反映城市群内部存在显著的绿色竞争力差距。

第二，五大城市群绿色竞争力的区域差异主要来源于城市群群内差异。2010年、2015年、2020年五大城市群绿色竞争力指数的泰尔指数值显示，群内差异的泰尔指数值对总差异的贡献率均占据绝对优势，说明城市群群内差异是造成五大城市群绿色竞争力区域总差异的主要原因。

第三，我国绿色转型取得显著成效，进入转型深水区。整体来看，2010—2020年五大城市群绿色竞争力指数均值得到了较大提升，反映我国开始绿色转型以来绿色竞争力得到了明显改善。但是，应该注意到长三角、珠三角和成渝城市群2015—2020年的绿色竞争力指数均值提升速度相比于2010—2015年的提升速度明显变慢；绿色转型相对缓慢地区随着后来者优势的消失，面临转型和追赶速度下降的挑战。所以，我国城市绿色竞争力在提升到较高水平之后，继续进行绿色转型的难度变大，转型进入深水区。

我们根据对五大城市群绿色竞争力的差异性分析结果，提出以下建议：利用中国城市绿色竞争力测算结果，将连续三年绿色竞争力排名均为后30名的城市判别为绿色转型相对缓慢地区，着力提升绿色转型落后地区的绿色竞争力水平，进而提高我国整体的绿色竞争力；绿色转型领先地区应该充分借助城市群的辐射带动作用，积极吸收绿色转型领先地区的经验、人才和技术，借鉴成熟的转型模式，发挥后来者优势，迅速提高绿色竞争力；绿色转型领先地区应该发挥引领作用，利用各方面有利因素，积极探索有益于突破资源、环境、人口等自然禀赋限制的绿色转型新思路、新技术、新机制。

第七章

注重公众参与对绿色竞争力的作用，打造以人为本的城镇化

一、背景

　　党的二十大报告指出：推进以人为核心的新型城镇化，加快农业转移人口市民化。坚持人民城市人民建、人民城市为人民，提高城市规划、建设、治理水平，加快转变超大特大城市发展方式，实施城市更新行动，加强城市基础设施建设，打造宜居、韧性、智慧城市。研究城市绿色竞争力必须要意识到，单纯依靠政府的力量是不够的，一定要调动公众积极参与城市绿色发展的建设中来。

　　改革开放以来，我国的经济发展和城镇化建设取得巨大成就，但是传统粗放型的经济发展模式消耗了大量资源，带来了一系列环境污染问题，居民的绿色空间减少，生态环境压力持续加大。为解决环境污染带来的问题，党的十八届五中全会提出"创新、协调、绿色、开放、共享"的新发展理念，推动城市绿色可持续发展。城市绿色建设的内涵丰富，如要加大环境治理力度，解决大气、固体废弃物污染等问题；要推进科技创新，提高资源使用效率，节约资源；要优化城市生态环境，提升环境承载力；要推进绿色低碳社区、公共交通建设，提升公共服务水平；要宣传绿色环保知识，提升人民群众生活幸福感。推动城市绿色建设不是传统的政府单一责任模式。党的十九届四中全会指出，"完善党委领导、政府负责、民主协商、社会协同、公众参与、法治保障、科技支撑的社会治理体系，建设人人有责、人人尽责、人人享有的社会治理共同体"。社会公众是城市生产、生活的主体。城市绿色建设在很大程度上直接影响他们的生产、消费、生活等方式和体验感。社会公众可以通过信访、政府网络服务大厅、百度搜索引擎等多种渠道对城市绿色发展等相关方面发表看法、提供建议，从而形成公众和政府、企业的良性互动，推动城市绿色建设。

　　现有关于公众参与、城市绿色发展相关的文献，一类文献是关于公众参与的文献。首先，"公众参与"这一概念最早来自 Tiebout 1956 年提出的当一部分消费选民对其社区模式感到不满时，他们会移动到满足其偏好模式的社区。将消费者主动选择满足其偏好模式的行为看作公众参与对公共服务的评价。其次，现有公众参与的度量方式包括以下几种：郑思齐 2014 年基于谷歌搜索引擎的关键词"环境污染"的搜索量衡量城市的公众参与。张国兴等 2021 年用环保来信、环保来访、人大代表提案以及政协委员提案的形式衡量公众参与。张志斌 2021 年利用百度搜索引擎构建关键词"环境污染"

的日均搜索量衡量公众参与。最后，公众参与的重要性和相关研究，集中在绿色技术创新，减污降碳，缓解政府和企业信息不对称，降低政企合谋，提升环境规制等方面。Eckerberg K 等于 2004 年指出，在环境治理发展中，环境保护是公共部门和私人部门的共同责任。私人部门参与环境政策和法规制定中，有助于表达其观点和利益诉求，提升环境政策的约束效力和执行力度，实现更高的环境质量。2013 年，郑思齐等认为地方政府基于对民众负责的态度和激励考核的地方官员晋升机制会积极回应公众诉求，改善环境治理和提升产业结构。2017 年，游达明等认为公众参与可以缓解政府和企业间的信息不对称，提升监管力度，督促企业创新，提升环境质量。2022 年，秦炳涛等研究指出公众参与可以提高绿色技术创新。2023 年，李光亮指出公众参与可以显著减少污染，降低碳排放；寇坡等指出在互联网作用下，公众参与会增加政企合谋成本，抑制政企合谋，降低环境污染。

另一类是关于城市绿色发展，研究城市绿色发展效率有利于识别"经济—社会—自然"要素的发展状况，提高城市资源配置效率的文献。城市绿色发展测度方式主要有两种：一种是构建综合评价指标体系。2021 年严宇珺等构建了基于绿色生产、绿色治理、绿色产业、绿色社会、绿色维度五个方面的城市绿色发展综合评价指标体系。2022 年，李健等则从经济发展、社会进步、生态环境三个维度构建城市绿色竞争力指数评价。另一种是采用径向、角度 DEA（数据包络分析）模型，或者 Super-SBM 模型从投入和产出两个角度构建绿色经济效率的评价指标。2021 年，李兰冰等以劳动、资本、能源为投入项，地区生产总值为期望产出，工业废水、工业二氧化硫和工业废尘为非期望产出，采用 Super-SBM 模型构建绿色经济效率的评价指标。2019 年，何爱平等利用 SBM-DEA 模型方向性距离函数测算了省级区域绿色发展效率。

本报告则探究公众参与对城市绿色竞争力的影响。首先，本报告使用包含五个一级指标以及多个二级指标的综合指标衡量城市绿色竞争力。其次，本报告使用 271 个地级市的面板数据来探究公众参与对城市绿色竞争力的影响。最后，对东部、中部、西部和东北地区分组回归，探究公众参与对城市绿色竞争力影响的异质性。将城市划分为资源型城市和非资源型城市，探究在资源禀赋不同的地方，公众参与对城市绿色竞争力的影响。

二、模型设定、变量选取与数据说明

（一）模型设定

为研究公众参与对城市绿色竞争力的影响，构建如下模型

$$UGC_{it}=Pub_{it}+controls_{it}+u_i+\varepsilon_{it}$$

其中，UGC 为城市绿色竞争力；Pub 为公众参与；controls 为一系列相关控制变量；u 为不随个体变化的个体固定效应；v 为不随时间变化的时间固定效应；ε 为随机扰动项。

（二）变量选取

（1）被解释变量——城市绿色竞争力（UGC）。城市绿色竞争力是本报告的核心指标。报告提供了 2010 年、2015 年、2020 年的城市绿色竞争力数据。

（2）核心解释变量——公众参与（Pub）。随着互联网技术的迅猛发展和移动手机端的广泛普及，人们更加倾向于采用网络的方式表达自己的合理诉求和热切关注，推动环境保护和科技创新，实现绿色发展。因此，本报告使用百度指数搜索引擎，以"绿色经济""环境保护""科技创新""资源节约""环境保护""空气质量"六个关键词来衡量全国 284[①] 个城市在 2010 年、2015 年、2020 年的公众参与水平，并采用熵值法将这六个关键词的年度整体日均值合成一个综合指标来测算公众参与度。公众参与的数值越高，表示公众对城市绿色发展的关注度越高，越容易推动形成城市绿色的生产方式和生活方式，从而提高城市绿色竞争力。

熵值法是基于各项指标值所包含的信息量的大小确定各指标权重的客观赋权法。某一指标的熵值越小，表明该指标的不确定性越小，所提供的已知信息量越大，在综合评价中发挥的作用越大，赋予的权重较高。熵值法的计算过程如下：

第一步，数据的标准化处理。由于"绿色经济""环境保护""科技创新""资源节约""环境保护""空气质量"六个关键词的搜索量是基于百度指数得出的年度整体日均值，因此六个关键词的搜索量在城市的横向以及时间的纵向范围之间具有可比性，不用进行数据的标准化过程。

第二步，分别计算各个指标的信息熵。首先，计算每个城市 i 第 j 项指标（第 j 个关键词搜索量）占所有城市该指标的比重 p_{ij}。其次，计算第 j 项指标的熵值 e_j，m 为城市数量 284。

[①] 由于2010、2015年毕节市、铜仁市、普洱市的统计数据缺失，故选取284个城市作为研究对象。

第七章 注重公众参与对绿色竞争力的作用,打造以人为本的城镇化

$$P_{ij} = \frac{x_{ij}}{\sum_{i=1}^{m} x_{ij}}$$

$e_j = -k \sum_{i=1}^{m} p_{ij} \ln p_{ij}$,其中 $k = \frac{1}{\ln m}$

第三步,分别计算各个指标的权重。首先,计算第 j 项指标的差异系数 g_j,差异系数越大,表示该指标对研究所起的作用越大。其次,计算第 j 项指标的熵值 w_j,n 为指标数量6。

$$g_j = 1 - e_j$$
$$w_j = \frac{g_i}{\sum_{j=1}^{n} g_j}$$

第四步,分别计算各个城市的公众参与度。将每个城市 i 的各项指标数值和相应的权重相乘,加总求和,可得到各个城市的公众参与度。

$$\text{Pub}_i = \sum_{j=1}^{n} w_j x_{ij}$$

(3)控制变量

为增加研究的可信度,本文选取了如下相关的控制变量:

对于产业结构(ind),靖学青用以下公式表示,即 ind=b1+2b2+3b3,其中 b1、b2、b3 分别代表第一产业增加值、第二产业增加值、第三产业增加值占 GDP 的比重。配第－克拉克定理表示,随着经济发展水平的提高,第一产业的国民收入和劳动力的相对比重下降;第二产业的国民收入和劳动力的相对比重上升;随着经济的进一步发展,第三产业的国民收入和劳动力的比重也开始上升。因此,产业结构数值越大,表明该地区的产业结构层次系数越大,产业结构水平越高。

外商直接投资(lnfdi),可用该地区实际使用外资金额占 GDP 比重的对数表示。外商投资与绿色发展存在三种关系:污染天堂假说、污染光环假说、不确定性假说。污染天堂假说指贸易会让污染密集型的企业从环境标准相对严格的国家转移到环境标准相对较弱的国家,会使当地环境质量遭到破坏。污染光环假说是指外商直接投资带来了先进的技术和管理,从而提升东道国环境质量。不确定性假说是指外商直接投资可能会提升或者恶化东道国的环境质量。

财政支持力度(lnexp),可用该地区人均财政支出的对数表示。地方政府在经济生活中扮演着重要角色,财政支出强度会如何影响城市绿色竞争力强度。

人口数量(pop),可用该城市的年末户籍人口数量表示。

（三）数据说明

选择 2010 年、2015 年、2020 年全国 284 个城市的面板数据进行实证分析。数据来源于《中国统计年鉴》《中国城市统计年鉴》《中国城市建设统计》、各省份统计年鉴以及城市的国民经济和社会发展统计公报、EPS 和百度指数搜索引擎等。考虑到百度指数搜索引擎仅提供 2011 年以来的数据，本研究采用 2011 年的"绿色经济""环境保护""科技创新""资源节约""生活质量""空气质量"这六个关键词的年度整体日均值来替代 2010 年的数据。缺失数据使用插值法等方法进行填补。数据的描述性统计结果如表 7-1 所示。

表 7-1 变量描述性统计

变量	样本量	均值	标准差	最大值	最小值
UGC	852	0.496	0.300	0.706	0.0558
Pub	852	8.196	0	316.2	16.63
ind	852	2.295	1.892	2.836	0.147
lnexp	852	2.016	0.358	4.793	0.642
lnfdi	852	0.0181	0.0001	1.403	0.0512
pop	852	448.7	20.25	3372	340.8
UGC	852	0.496	0.300	0.706	0.0558

三、实证结果

（一）基准回归分析

采用 Stata16 软件对模型中的被解释变量和核心解释变量进行固定效应面板回归，判断两者的关系。表 7-2 所列为回归结果分析。

表 7-2 回归结果分析

控制变量	（1）基准回归	（2）固定效应回归
Pub	0.001105*	0.000159***
	（0.000594）	（0.000053）
ind		0.119557***
		（0.033835）
lnexp		0.044608***
		（0.005286）
lnfdi		0.013258
		（0.012979）

第七章 注重公众参与对绿色竞争力的作用，打造以人为本的城镇化

续表

控制变量	（1）基准回归	（2）固定效应回归
pop		0.000114***
		（0.000013）
_cons	0.486864***	0.078753
	（0.004869）	（0.066585）
地区	控制	控制
r^2	0.057637	0.747176

注：***、**、*分别表示对应系数值在1%、5%、10%的水平下显著，括号内为标准误。下同。

表8-2列（1）表示公众参与的系数为正；列（2）结果表示，公众参与的系数为正，在1%的水平下显著，表示公众参与与城市绿色竞争力是显著的正向关系，提高公众参与度可以显著提高城市绿色竞争力，推动绿色经济发展。这可能是因为公众可以在互联网上表达对城市绿色发展的热切关注，形成社会舆论，弥补政府在环境污染问题和环境规制上的信息不对称，提升政府环境规制强度，推动企业和社会绿色转型。随着公众意识的提升，公众越来越关注生活质量，提倡绿色消费，对产品生产过程中可能造成的负外部性问题进行投诉，从而用社会舆论推动企业进行技术创新和研发绿色产品。

在控制变量中，产业结构系数为正，在1%的水平下显著，表明产业结构对城市绿色竞争力产生了显著的正向效应。这可能是因为提升产业结构会推动我国产业结构转型升级，减少污染物排放，降低单位GDP的能耗，提升城市绿色竞争力。政府支持力度对城市绿色竞争力具有显著的正向效应。政府是社会治理的重要主体，在提升城市绿色竞争力方面发挥着重要作用，在教育、科技创新、环保治理等方面提供引领和资金支持。外商直接投资的系数为正，但未通过显著性检验。人口数量系数为正，通过显著性检验。人口数量越多越可以推动社会舆论，引导政府和公司关注城市绿色发展的层面，从而推动城市绿色竞争力。

（二）异质性分析

（1）东部、中部、西部、东北。中国地域广阔，不同地区经济发展程度、互联网发展水平有差距，公众参与对城市绿色竞争力的影响不同。本报告按照国家统计局的相关规定，将284个城市分为东部、中部、西部和东北四个区域，进行固定效应面板回归。回归结果显示，在东部地区，公众参与对城市绿色竞争力的系数为正，且在1%的水平下显著。在中部、西部和东北地区，公众参与的系数为正，但未通过显著性检验。这一结果可能是因为东部地区经济发展水平较高、居民社会责任意识较强以及当地较为健全

的政府管理体制。公众会主动关注切身利益相关的议题和社会新闻，主动发声，曝光相关企业的恶劣行迹，形成社会舆论；或者向相关政府部门主动投诉或提供建议。政府可以及时回应公众的合理诉求，推动相关职能部门解决问题，加强监管和执法，从而形成公众、政府的正向循环，推动城市绿色建设。中部、西部、东北地区经济发展程度相较于东部地区较低，政府、公众更加关注"经济发展"这一件大事，会为了经济发展忍受环境污染、生态破坏。公众主动参与社会治理的意识较弱。同时，政府沟通机制不畅通，不能及时对公众的合理诉求做出回应。对四个区域的异质性回归分析如表7-3所示。

表7-3 异质性回归

控制变量	（1）东部	（2）中部	（3）西部	（4）东北
Pub	0.000136***	0.000029	0.000115	0.000198
	（0.000037）	（0.000389）	（0.000808）	（0.000626）
ind	0.237112***	0.224207***	0.073276	0.032811
	（0.076692）	（0.028215）	（0.064045）	（0.035910）
lnexp	0.036218***	0.027734***	0.038631***	0.071307***
	（0.011142）	（0.004799）	（0.010639）	（0.005986）
lnfdi	−0.665070**	−0.008639	0.021575***	0.107543**
	（0.293808）	（0.202548）	（0.007799）	（0.049239）
pop	0.000087***	0.000128***	0.000100*	0.000187***
	（0.000017）	（0.000023）	（0.000055）	（0.000054）
_cons	−0.141328	−0.141056**	0.184439	0.219633***
	（0.152290）	（0.060886）	（0.129315）	（0.070957）
地区	控制	控制	控制	控制
r^2	0.777900	0.848504	0.667450	0.820835

（2）资源型城市和非资源型城市。参考李江龙等对资源丰裕程度如何影响经济绿色程度的研究，根据《全国资源型城市可持续发展规划（2013—2020年）》，将284个城市划分为相应的资源型城市和非资源型城市，探究公众参与对两类不同类型城市绿色竞争力的影响。回归结果见表7-4列（1）和列（2）显示，在非资源型城市，公众参与的系数为正，且通过了显著性检验；在资源型城市，公众参与的系数为负。相较于资源型城市，非资源型城市的资源约束较强，有提高资源利用效率和推动产业结构转型升级的激励作用。政府的服务意识较强，有畅通的民情反映机制，能积极回应公众关切。公众的环保意识和城市绿色发展意识较强，注重经济发展和环境保护并行，会通过网络途径

搜寻更多相关信息，从而向相关职能部门反馈意见或者通过相关媒体新闻曝光环境污染等事迹，推动问题解决。在资源型城市，政府和公众都是享受资源带动城市发展的红利享受者。在城市发展中，政府可以忍受资源利用所带来的环境破坏和生态恶化，对公众反映的相关问题可能不能及时解决，不能更好地推动整个城市的绿色发展。

表 7-4 异质性回归和稳健性检验

控制变量	（1）资源型城市	（2）非资源型城市	（3）更换计量模型
Pub	-0.002190*	0.000213***	0.000159***
	(0.001290)	(0.000065)	(0.000053)
ind	0.092673***	0.144043***	0.119557***
	(0.031099)	(0.049248)	(0.033735)
lnexp	0.059958***	0.038723***	0.044608***
	(0.004593)	(0.007435)	(0.005270)
lnfdi	0.045171	0.013557	0.013258
	(0.084681)	(0.015719)	(0.012940)
pop	0.000243***	0.000107***	0.000114***
	(0.000057)	(0.000014)	(0.000013)
_cons	0.074510	0.035838	0.000159***
	(0.072625)	(0.097702)	(0.000053)
地区	控制	控制	控制
r2	0.691507	0.694696	

（三）稳健性检验

更换计量模型。为保证实证结果的稳健性，本报告采用 Tobit 模型再次对基准模型回归。因为被解释变量城市绿色竞争力的取值范围为 0~1，适用受限模型 Tobit。回归结果如表 7-4 列（3）所示，公众参与的系数为正且通过显著性检验，进一步证实了结果的可靠性。

四、结论与建议

本报告将 284 个城市作为研究对象，采用双向固定回归方法进行回归，结果表明，公众参与的系数为正且通过了显著性检验，表明公众参与可以提高城市绿色竞争力。基于此，本报告对城市绿色发展提供以下建议：

第一，提高公众参与意识。政府应丰富宣传教育形式，通过政府平台、电视、网络，尤其是短视频等渠道提供有关环境保护、科技创新、资源节约等多方面关于城市绿色发展的重要性的相关内容，提高公众绿色发展意识，推动形成社会绿色发展的蔚然风气。同时，公众是城市生产生活的主体，是城市生活质量的直接感受者和利益相关者。公众在城市绿色建设中面对企业环境违法行为和政府监管不足等问题，应积极发挥主体职责，缓解政府、企业、公众等的信息不对称问题，表明绿色发展的强烈需求和民意，形成社会舆论，提升环境规制水平，推动企业绿色工艺创新，减少环境污染。

第二，畅通公众参与的渠道。政府、企业、公众作为城市绿色发展建设的主体，公众群体发挥的作用不可忽视。政府应积极畅通、维护公众发表评论和意见的平台建设。应积极向公众说明信访、人大政协提案等公众参与方式的流程和内容，扩展公众参与渠道。随着互联网的蓬勃发展，越来越多的公众通过网络发声，表达社会舆情。为推动互联网更加健康、平稳、可持续发展，相关职能部门应积极履行自身监管职责，落实互联网信息传播等相关政策要求，对虚假信息和社会重大舆情及时作出回应，共同营造风清气正的网络环境。

第三，积极回应社会关切。政府作为公众反映信息的最后接受者和处理者，应充分调研整个事项，推动相关职能部门处理负责，及时向公众和社会作出回应，保障答复的质量和效率，积极构建有为政府。同时，政府应该推进信息公开制度建设，提高工作透明度，优化信访流程，最大限度地方便公众，对公众所反映的城市绿色发展方面的问题由小见大，及时完善相关工作内容和制度性建设，加强环境监管和保护，推动城市绿色发展。

第八章

以"双碳"目标为绿色城镇化重要抓手,打造城市空间协调模式

一、背景

党的二十大报告中指出：要贯彻新发展理念、构建新发展格局、推动高质量发展，大自然是人类赖以生存的基本条件，必须牢固树立和践行绿水青山就是金山银山的理念，站在人与自然和谐共生的高度谋划发展。到二〇三五年，我国发展的总体目标是：广泛形成绿色生产生活方式，碳排放达峰后稳中有降，生态环境根本好转，美丽中国目标基本实现。

如今，全球气候变暖给人类的生产生活带来了巨大挑战，实现2030年碳达峰与2060年碳中和是以习近平同志为核心的党中央做出的重大战略决策。"双碳"目标时间紧、任务重，而城市绿色发展是实现双碳目标的必然选择，城市作为碳排放的主要阵地，在实现"双碳"目标较为紧迫的条件下，城市亟须由传统的高耗能、高污染的发展模式转变为绿色可持续的发展模式，从注重数量上的发展转为注重质量上的飞跃。城市绿色竞争力是结合了经济发展与国家竞争力理论，理解绿色发展的内涵，进而对城市绿色发展竞争力综合评价的指标。城市绿色竞争力水平体现了可持续发展理念，反映出城市发展的质量水平，是衡量城市绿色发展质量的关键指标之一，城市绿色竞争力水平越高，绿色发展质量越高。因此，通过深入分析城市绿色竞争力的影响因素及其在空间层面的分布，有助于推动城市实现高质量绿色发展，促进城市发展模式创新并推动区域间绿色协调发展。

关于城市竞争力的概念，倪鹏飞指出，城市竞争力指城市在竞争和发展过程中与其他城市相比所具有的吸引、拥有、控制和转化资源，争夺、占领和控制市场以创造价值，为其居民提供福利的能力。城市竞争力对于城市认识自身发展并学习其他城市发展经验具有极为重要的参考作用，也有助于城市之间产生合理的竞争关系，促进区域经济协调发展。然而，随着城市化进程的加快，城市在追求经济发展的过程中产生了一些不可逆转的环境问题，各个城市开始重视以更加可持续的方式推动城市发展，因此，越来越多的学者开始关注城市绿色竞争力的发展。而关于城市绿色竞争力的研究中，李妍基于生态理念提出了城市绿色竞争力的概念，并从绿色生产、绿色治理、绿色产业、绿色社会与绿色环境五个准则方面提出城市绿色发展竞争力评价指标体系"绿色模型"。此外，现有的文献大多集中于城市绿色竞争力的评价体系以及城市绿色发展效率的研究，关于城市绿色竞争力的测度，李健分析三大城市群绿色竞争力的指数测度与空间分析；关于城市绿色发展效率，张泽义测算我国260个城市的绿色发展效率，并得出城市规模对城市绿色发展效率呈现非线性影响，周亮指出，中国城市绿色发展效率呈现波动上升的状态。

关于碳排放的研究较多将城市碳排放强度作为研究对象，大多文献将城市碳排放强度作为被解释变量，较少考虑将城市碳排放强度作为解释变量分析其对某一方面的影响。践行"双碳"目标对于城市绿色竞争力水平的影响如何的现有文献研究较少。因此，基于前人的研究成果，本报告以287个地级市及以上城市为研究对象，首先，从经济基础与科技进步、自然资产与环境压力、资源与环境效率、城市政策响应与社会福利四个维度建立了城市绿色竞争力的评价指标；其次，通过实证分析碳排放强度对城市绿色竞争力的影响作用；再次，从空间角度运用莫兰指数对城市绿色竞争力的空间相关性进行分析；最后，揭示本报告研究结论并为推动城市绿色竞争力水平提出相关建议。

二、碳排放对城市绿色竞争力影响的实证分析

（一）模型设定

为检验碳排放对城市绿色竞争力的影响作用，本报告利用面板数据设定模型如下：

$$UGC_{it}=\beta_0+\beta_1 CI_{it}+\beta_2 X_{it}+\mu_i+\delta_t+\varepsilon_{it} \quad (8-1)$$

式中，i为地级市；t为年份；UGC_{it}为城市i在第t时期的绿色竞争力；CI_{it}为城市i在第t时期的碳排放强度；X为控制变量的汇总；μ_i为个体固定效应；δ_t为时间固定效应；ε_{it}为模型的随机误差项。

（二）变量说明

1. 被解释变量（lnUGC）

如报告中第一章所述，城市绿色竞争力通过四个维度评价中国城市绿色竞争力，遵循逻辑性、科学性、代表性、可比性及可获得性五大原则，形成中国城市绿色竞争力指标体系，包括4个一级指标、8个二级指标与37个三级指标，受限于指标数据的可得性，本报告只测算了2010年、2015年、2020年的城市绿色竞争力的数据，通过上述指标评价得出城市绿色竞争力数据，随后的计量分析报告利用Stata软件通过插值法补充2013年、2018年的城市绿色竞争力数据。

2. 核心解释变量（lnCI）

碳排放强度通过计算城市碳排放占该城市GDP的比重得出，城市碳排放强度作为

相对量的指标，能够较为合理地反映城市绿色碳排放的实际变化情况。

3.控制变量

为了减少遗漏变量对模型的潜在影响，还需对核心解释变量碳排放强度外的其他可能的影响因素进行控制，参考现有文献，选取产业结构、是否为绿色城市、财政自给率以及职工平均工资作为模型的控制变量。

（1）产业结构升级指数（IS）。产业结构升级反映出由传统的高耗能产业、低附加值产业向低耗能、高附加值行业的转变，是劳动生产率的提升，也是城市实现绿色化转型的关键因素，产业结构升级能够促进第三产业高级化发展，进而有助于提升城市绿色竞争力水平。本报告参考徐敏等人（2015）的研究中的各省份产业结构层次系数，对不同产业赋予不同系数来说明各城市的产业结构升级水平，测算公式为：

$$IS = \sum_{i=1}^{3} y_i \times i = y_1 \times 1 + y_2 \times 2 + y_3 \times 3$$

其中，y_i 为第 i 产业增加值所占比重。

（2）绿色城市（GC）。城市绿色竞争力的发展离不开政策的引导，一方面，2010年国家发展改革委发布《关于开展国家低碳城市试点工作的通知》，确定了部分低碳试点地区，2012年与2017年进一步增加低碳城市试点范围；另一方面，生态环境部积极推动创建国家生态文明建设示范市，其对城市绿色发展也起到了一定的政策引导作用。因此，本报告通过设置是否为低碳试点城市以及是否是生态文明建设示范市县来判断该城市是否属于绿色城市，政策引导的绿色城市有助于提升其绿色竞争力。对于是生态文明建设示范市县或为国家低碳试点城市的设置为1，反之，则为0。

（3）财政自给率（lnFin）。政府财政支出主要来源于本地财政收入与政府转移支出，城市财政自给率能够在一定程度上反映政府对于财政的掌控度，掌握度越高，可能越有助于提高政府对于推动城市绿色发展的资金投入，进而提高城市绿色竞争力水平。该指标计算参考陈硕（2012）通过城市政府财政一般预算收入/财政一般预算支出来衡量地方政府财政自主权。

（4）职工平均工资（lnSalary）。这与城市绿色竞争力发展联系较为密切。职工平均工资越高，相对而言，居民收入越高，随着居民消费水平的提高，居民的环保意识也会有一定程度的提高，对消费质量与生活环境则会提出较高的要求。因此，本报告选取职工平均工资作为控制变量之一。

本报告以2010年、2013年、2015年、2018年、2020年的中国281个地级市及以上城市（巢湖市、毕节市、拉萨市等城市缺失数据较多，故删去）作为分析对象，数据来源为《中国城市统计年鉴》《中国区域经济统计年鉴》、国泰安CSMAR数据库，缺失数据通过查找各个城市统计公报以及插值法进行补齐，考虑到缩小数据方差等原因对变量进行对数化处理。数据描述性统计分析如表 8-1 所示。

表 8-1 数据描述性统计分析

Variable	Obs	Mean	Std. Dev.	Min	Max
lnUGC	1405	0.404	0.036	0.262	0.577
lnCI	1405	0.337	0.253	0.027	4.536
GC	1405	0.248	0.432	0	1
IS	1405	0.445	0.148	0	1
lnFin	1405	0.362	0.151	0.056	1.005
lnlSalary	1405	0.263	0.091	0	0.693
FDI	1405	0.017	0.018	0	0.198

（三）计量检验

1. 基准模型回归

面板数据的估计方法主要是固定效应和随机效应两种，本报告通过豪斯曼检验，结果显示在 1% 水平上拒绝原假设，因此，本报告同时考虑城市个体固定效应与时间固定效应，采用双向固定效应对模型进行回归，回归结果如表 8-2 所示。

表 8-2 基准回归结果

	（1）	（2）
	lnUGC	lnUGC
lnCI	−0.0095***	−0.0046*
	(−3.4008)	(−1.7547)
GC	0.0073***	0.0047***
	(5.6137)	(3.8748)
IS	0.0280***	−0.0316***
	(3.4996)	(−3.6044)
lnFin	−0.0162*	−0.0153*
	(−1.9356)	(−1.8886)
lnlSalary	0.1852***	0.0399***
	(23.7898)	(3.3901)
FDI	−0.1236***	−0.0656**
	(−3.4827)	(−2.0358)
时间固定效应	否	是
城市固定效应	是	是
N	1405	1405

续表

	（1）	（2）
adj.R^2	0.637	0.705

注：t statistics in parentheses；

* $p<0.1$，** $p<0.05$，*** $p<0.01$。

从表8-2的回归结果可以看出，回归系数为负数，表示城市碳排放强度对城市绿色竞争力的作用呈现负向关系，且通过10%水平下的显著性检验，因此可以得出城市碳排放强度减少有助于提升城市绿色竞争力。碳排放强度反映出技术水平的提升，生产过程中碳排放强度减少，对于城市绿色竞争力的提升作用较大。

绿色城市对城市绿色竞争力影响的符号显著为正，且通过1%的显著性检验，表明低碳试点城市以及生态文明示范城市的设立对于城市绿色竞争力的提升具有一定的促进作用。政府对于城市的引导作用是较为重要的，能够引领城市绿色化发展，进而提升城市绿色竞争力水平。

产业结构升级指数对于城市绿色竞争力的影响为正，且通过了1%水平的显著性检验，表明产业结构向高级化方向发展，产业由高耗能高污染的产业向低耗能低污染的产业转移，是城市发展模式转变的标志，产业结构高级化发展，生产要素的效率提高，有助于提升城市绿色竞争力。

职工平均工资对于城市绿色竞争力的影响为正，且通过了1%水平的显著性检验，职工平均工资是表征城市社会经济发展的重要因素之一，指标值越高，一般而言，居民收入较高，对于绿色生活环境要求越高，为绿色化产品的消费提供了一定的购买力支撑，城市绿色竞争力水平也会随之上升。

对外直接投资对于城市绿色竞争力的影响为负，且通过了5%水平的显著性检验，表明对外直接投资的增加反而导致城市绿色的竞争力水平下降，外资的引入更多投资在低附加值和高耗能等产业，对城市绿色竞争力的影响更多表现为负向效应。

2. 稳健性检验

为避免回归结果的偶然性，本报告采取多种方法进行稳健性检验，以确保基准回归结果的稳定性，从而证明本报告研究内容。

（1）滞后变量。本报告采用滞后两期的解释变量进行回归。回归结果显示，滞后两期的城市碳排放强度对城市绿色竞争力影响显著为负，表明回归模型较为显著。

（2）缩尾处理。为避免极大值与极小值对回归结果产生偏差，本报告在1%和99%分位做缩尾处理，缩尾后对回归模型进行逐步回归，回归结果表明城市碳排放强度对城市绿色竞争力呈现显著负向影响，证明回归模型稳健性较好。（表8-3）

表 8-3 稳健性检验

	不加控制变量	缩尾检验	滞后三期解释变量
	lnUGC	lnUGC	lnUGC
lnCI	−0.0117***	−0.0128***	
	（−2.9772）	（−3.3062）	
L3.lnCI			−0.0182***
			（−2.8404）
GC		0.0047***	0.0046**
		（3.8308）	（2.4847）
IS33		−0.0335***	−0.0322**
		（−3.7846）	（−2.2866）
lnFin		−0.0113	−0.0248*
		（−1.3420）	（−1.9385）
lnlSalary2		0.0388***	0.0262
		（2.7376）	（0.8297）
FDI		−0.0727*	−0.0686
		（−1.8778）	（−1.5148）
_cons	0.3793***	0.3916***	0.4171***
	（234.2807）	（76.3345）	（40.4554）
N	1405	1405	562
adj. R^2	0.694	0.705	0.576

注：t 统计值；
$* p<0.1, ** p<0.05, *** p<0.01$。

3. 异质性分析

按照城市的政治影响力、经济发展等因素进行划分，其可分为一线、二线、三线等，对本报告研究的中国城市绿色竞争力发展具有一定的借鉴作用，因此，按照现有一线、新一线、二线、三线、四线及五线城市将一线、新一线、二线、三线城市划分为大城市，将四线及五线城市划分为小城市，进行碳排放强度对城市绿色竞争力影响因素的分样本检验。此种样本分类能够有效避免由于年份跨度较大而导致城市划分不清晰使得结果出现偏差等问题，具有一定的参考意义。

对于小城市而言，可以看出，小城市碳排放强度与其绿色竞争力发展呈现负向关系，但未通过显著性水平检验，推测其原因可能是由于小城市碳排放强度较大，而城市绿色竞争力水平相对较低，城市经济发展尚处于转型初期阶段，属于高耗能、高污染的阶段，且政府相对更注重城市经济的发展，尚未达到对城市绿色发展的治理阶段，没有形成一定的规模效应。因此，对于城市绿色竞争力的发展无显著作用。

对于大城市而言，可以看出，大城市碳排放强度与城市绿色竞争力水平呈现负向关系，且通过5%的显著性检验。大城市相对而言经济基础较好，政府对于绿色城市的建设较为积极主动且监管程度相对较严，加之公众的环保意识较高以及对绿色生活环境的要求较高，大型企业会考虑加快技术转型，提高自己的绿色竞争力，综合因素使大城市的碳排放强度显著影响城市绿色竞争力水平，且碳排放强度对大城市绿色竞争力的影响系数要大于对于小城市的影响系数，表明大城市可能会形成一种规模效应，进而使碳排放强度的下降导致城市绿色竞争力的影响不同。（表8-4）

表 8-4　分样本检验

	大城市	小城市
	lnUGC	lnUGC
lnCI	−0.0127**	−0.0015
	（−2.0010）	（−0.4864）
GC	0.0021	0.0056***
	（1.4706）	（3.0618）
IS33	−0.0087	−0.0421***
	（−0.7156）	（−3.5694）
lnFin	0.0056	−0.0310***
	（0.5596）	（−2.6687）
lnlSalary2	0.0811***	0.0051
	（4.7190）	（0.3281）
FDI	−0.1207***	0.0842
	（−3.9530）	（1.2905）
_cons	0.4073***	0.4131***
	（43.1496）	（59.6302）
N	600	805
adj. R^2	0.936	0.808

注：t 统计值；

* $p<0.1$，** $p<0.05$，*** $p<0.01$。

三、城市绿色竞争力的时空格局演化特征分析

莫兰指数是较早对空间相关性分析的方法，为深入分析城市绿色竞争力的空间溢出效应，本节根据城市绿色竞争力对莫兰指数进行空间相关性分析，以探究绿色竞争力在城市间的空间相关关系。

（一）全局空间自相关分析

本文对 281 个地级市计算其城市绿色竞争力的全局莫兰指数，计算公式如下：

$$I = \frac{n \sum_{i=1}^{n} \sum_{j=1}^{n} w_{ij}(y_i - \bar{y})(y_j - \bar{y})}{\left(\sum_{i=1}^{n} \sum_{j=1}^{n} w_{ij}\right) \sum_{i=1}^{n} (y_i - \bar{y})^2} \quad （8-2）$$

$$w_{ij} = \begin{cases} \dfrac{1}{|\bar{d}_i - \bar{d}_j|} \\ 0 \end{cases} \quad （8-3）$$

式中，n 为城市个数；y_i 和 y_j 分别为 i 和 j 城市绿色竞争力指数；$\bar{y}$ 表示城市群内城市绿色竞争力指数的均值；w_{ij} 为城市 i 和 j 的空间权重矩阵；本报告对城市间地理距离取倒数，得到空间反地理矩阵，作为空间权重矩阵，构建反地理距离矩阵能够更合理地分析城市之间的空间关系，进而分析城市绿色竞争力的空间自相关性。I 的取值范围为 [-1, 1]，若 I 为 (0, 1]，则表示其存在空间正相关；若 I 为 [-1, 0)，$I=0$ 表示不存在空间相关性。通过 Stata16 软件得出城市绿色竞争力全局 Moran's I 的指数表，如表 8-5 所示。

表 8-5 城市绿色竞争力指数的全局 Moran's I 的指数表

Variables	I	E（I）	sd（I）	z	p-value*
UGC2010	0.117	−0.004	0.005	23.263	0.000
UGC2013	0.123	−0.004	0.005	24.476	0.000
UGC2015	0.119	−0.004	0.005	23.861	0.000
UGC2018	0.135	−0.004	0.005	26.816	0.000
UGC2020	0.125	−0.004	0.005	24.800	0.000

通过对 2010 年、2013 年、2015 年、2018 年、2020 年城市绿色竞争力指数进行空间自相关性检验可以看出，5 年来，城市总体绿色竞争力全局 Moran's I 值均位于（0, 1]，且 p 值均小于 0.01，通过显著性检验，表明城市间存在显著的空间自相关性，即城市绿色竞争力指数高的城市会产生空间溢出效应，其周边城市绿色竞争力指数也相对较高，即城市绿色竞争力指数较高的城市相互集聚；反之，城市绿色竞争力指数较低的城市，其周围城市绿色竞争力值也较低，即城市绿色竞争力指数较低的城市相互集聚，表明当地城市绿色竞争力指数不仅受本地碳排放的影响，而且周边地区的城市绿色竞争力也会对本地产生一定的空间溢出效应。从时间维度来看，随着年份的增加，从 2010 年到 2018 年，城市绿色竞争力之间的关系呈现上升趋势，可见城市绿色竞争力之间的相

关关系是随时间逐渐加强的，而2018—2020年呈现出下降的趋势，本报告推测是由于2020年新冠疫情暴发，铁路运输暂时停止，城市彼此隔离，城市绿色竞争力空间相关性略有下降，符合现实情况。

（二）局部空间自相关分析

本报告进一步分析城市之间的空间集聚效应或者分异效应，通过计算局部 Moran's I 来分析空间城市局部的相关程度，具体计算公式如下所示：

$$I = \frac{n(y_i - \bar{y})\sum w_{ij}(y_j - \bar{y})}{\sum_{i=1}^{n}(y_i - \bar{y})^2} \quad (8-4)$$

本报告选择2010年、2015年、2020年的城市绿色竞争力进行局部空间自相关分析，绘制散点图，如图8-1所示。图中，横轴代表本地区的城市绿色竞争力指数，纵轴代表邻近地区的城市绿色竞争力指数；第一象限是高高集聚，第二象限是低高集聚，第三象限是低低集聚，第四象限是高低集聚。由于样本城市数据较多，为了保持总体图片的直观性此处省略城市名称。从图8-1中可以看出，大部分城市分布在第一、第三象限，表现为高高集聚与低低集聚。其中，位于第一象限的城市主要有北京市、上海市、广州市、深圳市、天津市、南京市、珠海市、中山市等，大多为东部城市，表明这些城市本身绿色竞争力水平较高，并且其周边城市绿色竞争力水平也相对较高，周边地区辐射作用较强，二者呈现出正相关关系。位于第三象限的城市主要有六盘水市、自贡市、资阳市、防城港市、宜宾市、雅安市等，大多为西部地区，其城市绿色竞争力水平较低，且周边地区也较为落后。分布在第二象限的主要城市有宣城市、滁州市等，表现为低高集聚。分布在四象限的主要城市有成都市、西安市、长沙市与武汉市等，表现为高低集聚。这些城市大多为新一线城市或二线城市，推测其原因可能是地区本身正处于发展之中，尚未形成正向的辐射作用。其中，对比2010年与2020年的散点图可以看出，长沙市、武汉市、青岛市等城市2010年位于散点图的第四象限，而2020年则位于散点图的第一象限，这些城市的绿色竞争力水平由高低转为高高，表明这些城市在绿色化发展的过程中，逐步产生辐射作用，与周边邻近地区城市绿色竞争力具有显著的正向相关性。

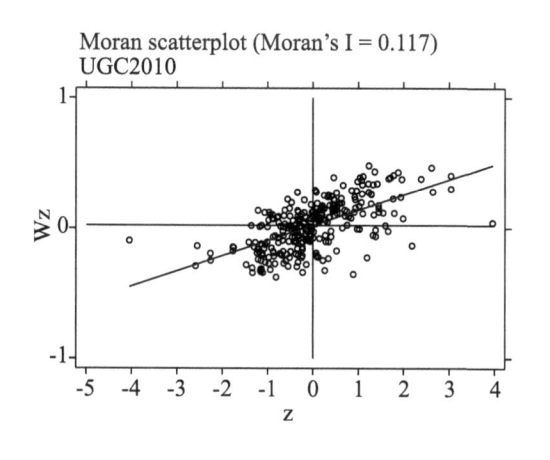

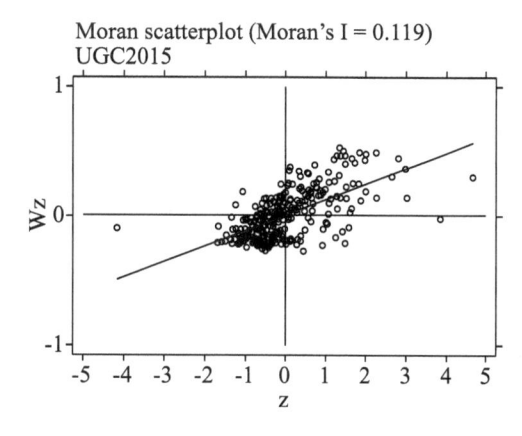

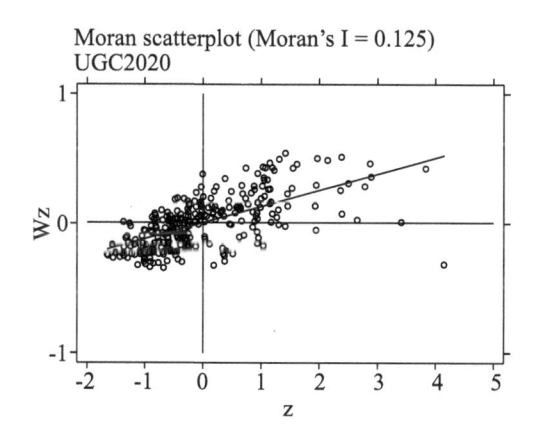

图8-1 局部莫兰指数散点图

1. 城市绿色竞争力局部莫兰指数的时间变化分析

第一象限高高集聚的地区主要出现在东南沿海,表现为城市绿色竞争力发展的空间相关性,即自身绿色竞争力较高的城市,其周围城市的绿色竞争力指标也较高。此外,多数城市的莫兰指数的象限在2010—2020年没有发生明显跃迁,发生象限跃迁的城市主要是从第二、第三象限跃迁到第一象限,即由低高集聚或低低集聚变为高高集聚,如珠海市、汕尾市、唐山市和湘潭市等,在自身城市绿色竞争力较低或者周围城市绿色竞争力较低的情况下,逐渐实现了自身和周围"双高"的共赢局面。根据城市绿色竞争力的测算指标,表明城市内部的经济基础与科技进步、自然资产与环境压力等方面发展较好,这些城市也因此逐渐形成新的增长极,带动周边地区的发展。与此同时,也存在部分城市逐渐降到"双低"的第三象限的情况,即城市绿色竞争力在2010—2020年呈现出下降的趋势,如咸阳市、宣城市、南宁市、乌海市以及通化市等城市。

由表8-6可见,部分城市2010年与2020年所处象限一致,但其于2010年至2015年象限发生了跃迁,如唐山市2010年处于高高集聚,2015年变为高低集聚,2020年又变化为高高集聚，表明中间存在一定程度的环境恶化现象，随后进行调整并逐渐恢复至原来高高集聚的水平。与之类似的还有以珠海市为代表的部分城市，2010年与2020年均表现为高高集聚，但是2015年跃迁至高低集聚，表明2015年珠海市城市绿色竞争力的发展主要表现为虹吸效应，自身城市绿色竞争力发展较好，但是周围城市表现不佳，经过一定时期的调整后，2020年仍表现为高高集聚；此外，以眉山市为代表的部分城市2010年与2020年均表现为低低集聚的状态，但是值得注意的是，其在2015年跃迁至第四象限，表现为高低集聚，表明其自身城市绿色竞争力存在一定的进步，但是可能由于自身经济粗放式的发展等原因未能持续且未能发挥对周围城市的带动作用，因此，2020年又恢复至原先的低低集聚状态。

表8-6 部分城市莫兰指数象限变化

城市名称	2010年所处象限	2015年所处象限	2020年所处象限
唐山市	1	2	1
乌兰察布市	2	1	2
七台河市	2	1	2
池州市	2	1	2
永州市	2	3	2
珠海市	1	4	1
汕尾市	1	2	1
河源市	1	2	1
云浮市	1	2	1
海口市	1	3	1
眉山市	3	4	3
延安市	3	4	3

2. 城市绿色竞争力的局部莫兰指数的空间分析

根据2020年莫兰指数的分布可知，从东、中、西区域城市角度而言，高高集聚的地区主要出现在东南沿海，侧面反映出东部地区经济基础较好，产业结构相对合理，城市绿色竞争力发展处于前列；而第三象限的部分主要分布在中部地区，中部地区经济基础相对薄弱，产业布局相对多为高能耗的产业，且侧面反映出区域间尚且存在发展差异，且对于城市绿色竞争力的发展产生了一定的影响。从城市群的角度来看，选取京津冀、长三角、珠三角、成渝、哈长城市圈以及哈长城市群着重分析。长三角地区全部位于第一象限，呈现出高高集聚，表明长三角地区的城市辐射效应较好，实现了区域间的协调发展；相比之下，珠三角地区表现次之，其城市大多位于第一象限，但仍有两个城市在第四象限，城市绿色竞争力指数表现为自身高周围低。而京津冀地区中，北京、天津等城市位于第一象限，石家庄作为潜力城市位于第四象限，而邯郸市、保定市等城市位于第二象限，表现为自身低而周围较高，表明京津冀城市群中虹吸效应较为明显，尚未形成较好的城市绿色发展的带动作用。成渝地区表现较差，大多城市位于第三象限，表现为低低集聚，仅重庆、成都位于第四象限，表明成渝城市群的虹吸效应较大，绿色竞争力莫兰指数较高的城市集中于中心城市。哈长城市群中大多城市，如长春、哈尔滨等城市的绿色竞争力莫兰指数表现为第一象限，仍有少数城市，如四平市和辽源市等位于第二、第三象限，尚未凸显出其溢出效应。

四、研究结论与对策建议

（一）研究结论

践行"双碳"目标有助于城市绿色竞争力水平的提升，有利于打造生态文明城市，证明国家提出"双碳"目标是经济现实的需要且对城市绿色竞争力有正向作用。实证回归发现，碳排放强度与城市绿色竞争力呈现负向关系，碳排放强度越低，城市绿色竞争力水平越高，且经过一系列稳健性检验发现结果依然稳定。分样本回归可以得出，内陆城市的碳排放强度对于城市绿色竞争力的影响大于沿海城市的碳排放强度对于城市绿色竞争力的影响。

此外，是否具有政策引导，如是否为低碳城市试点以及是否为生态文明示范市县对城市绿色竞争力水平的提高具有积极作用；产业结构高级化同样表现出显著促进城市绿色竞争力的水平，此外，职工平均工资的提高对于城市绿色竞争力水平的提升具有促进作用。

城市绿色竞争力存在空间正相关性。通过全局空间自相关分析可以看出，城市绿色竞争力指数在空间中存在正向的集聚效应，并且随着时间的增加，其城市绿色竞争力水平也在逐步上升，表明城市的绿色发展取得了一定成效，在注重经济发展的同时也考虑到了城市环境的可持续性发展；通过局部空间自相关分析可以看出，城市绿色竞争力呈现出高高集聚与低低集聚的特点，表明其存在空间上的相关性，城市绿色竞争力高高集聚的城市大多位于东部经济发达地区，表明其经济发展的同时也实现了城市绿色发展，产生了一定的空间正外部性，而城市绿色竞争力水平低低集聚的地区表明其绿色发展水平相对较低，且周围未形成一定的规模效应，多为经济相对落后的西部地区。

部分潜力城市随着时间的变化产生了城市绿色竞争力的象限跃迁。位于高低集聚的地区逐渐转移到了高高集聚的地区，且这些地区大多为新一线或二线城市，表明随着城市本身经济的不断发展，城市绿色竞争力水平较高的城市带动周边地区的绿色竞争力水平逐步增加。

（二）政策建议

1. 政府引导城市差异化实现绿色发展

一方面，从顶层设计上规划城市的绿色发展，政府部门完善环境监管的相关法律法规，并且加大对城市碳排放强度的监管力度，完善现有企业碳排放权相关的法律法规，将企业发展过程中产生的负外部性内部化处理；另一方面，打造城市绿色名片，为城市赋予绿色相关荣誉，如政府通过设置低碳试点城市等政策鼓励城市进行绿色转型。另外，对于不同的城市类型设置差异化的政策，如资源型城市鼓励加快产业转型，而创新型城市则鼓励其产业结构高级化发展，分别对其实行一定的名誉奖励。此外，加大对于小城市欠发达地区的绿色发展引导。小城市的经济发展尚处于初期阶段，环境问题相对简单，较易治理，绿色发展提升作用较为显著，鼓励其在经济发展的同时注重城市绿色竞争力的提升，传统的以牺牲环境为代价的发展模式是行不通的，应贯彻环境治理与经济发展并重的理念，加快城市发展模式创新，进而实现城市发展模式的可持续性。

2. 引导城市产业结构高级化发展

要合理升级城市产业结构。对于高耗能、高污染的产业要实行一定的政策或制度约束，倒逼企业进行低碳技术转型，提高企业绿色技术创新能力，同时，对于绿色企业要提供一定的税收优惠或财政补贴，吸引生产要素向低耗能、低污染的行业流动，引导城市产业结构绿色化与高级化发展，此外，还应对于不同的产业实行差异化政策，鼓励城市利用当地资源禀赋发展特色绿色产业，促进城市产业的高级化与合理化，将绿水青山与冰山雪山转为金山银山。

3. 提高居民绿色消费意识

城市绿色竞争力不仅需要供给端发挥作用，更重要的是消费者所在的需求端，因此应从源头实现全流程的绿色消费，提高公众的环保意识，减少其对污染产品的需求。收入较高的居民会对城市发展提出更高的要求，如除了关于城市经济方面的发展，更多的是关于城市生活质量，如城市环保等问题，因此，应适当提高居民收入以鼓励居民的环保意识，从需求侧助力城市绿色竞争力水平的提升。

4. 规划绿色发展示范城市

应积极打造大城市绿色竞争力的增长极，并带动周围城市绿色竞争力水平的提升，充分利用城市绿色竞争力的空间溢出效应。在城市之间打造正向示范效应，推动相邻城市之间的绿色发展交流，在竞争中取长补短、互相合作，共同促进城市绿色竞争力水平的提高；城市内部也积极发挥高绿色竞争力水平的区县的正向溢出效应，利用绿色发展相对较好的区县带动周边区县的绿色竞争力水平提升。对于自身绿色竞争力水平高的城市，引导其对于周边城市的绿色发展进行帮助，并将自身绿色竞争力发展的案例变为可供推广的经验，以供周边城市参考。关于污染产业转移到周边城市的方式是不可持续的发展，较难实现区域间的绿色水平发展，因此各个城市要找到适合自身实际情况的绿色转型道路，从而实现较高的城市绿色竞争力水平带动城市绿色竞争力水平较低的城市，促使其向第一象限（高高集聚）转移。同时，对于处于第四象限（高低集聚）的城市，积极推动具有发展潜力的城市的绿色发展，在其自身发展的同时，释放溢出效应，带动周边城市的绿色竞争力发展，推动区域协调发展，从而尽可能地实现由第二、第三、第四象限向第一象限的过渡。

参考文献

［1］R HAHN W. The Impact of Economics on Environmental Policy［J］. Journal of Environmental Economics and Management, 2000, 39（3）: 375-399.

［2］STAFFORD, S L. The Effect of Punishment on Firm Compliance with Hazardous Waste Regulations［J］. Journal of Environmental Economics and Management, 2001, 44（2）: 290-308.

［3］KONAR, S, MARK A. Cohen. Information As Regulation: The Effect of Community Right to Know Laws on Toxic Emissions［J］. Journal of Environmental Economics and Management, 1997, 32（1）: 109-124.

［4］BLACKMAN, A, Bannister G J. Community Pressure and Clean Technology in the Informal Sector: An Econometric Analysis of the Adoption of Propane by Traditional Mexican Brickmakers［J］. Journal of Environmental Economics and Management, 1998, 35（1）: 1-21.

［5］SIMMONS, P, Wynne B. Responsible care: trust, credibility and environmental management［M］. Washington, D. C.: Island Press, 1990: 201-226.

［6］Richards, Deanna J, Braden R. Allenby, Robe~ A. Frosch. The Greening of industria 1 ecosystems: Overview and Perspective［M］. Washington, D. C.: National Academy Press, 1994: 1-19.

［7］SOVEZ, DIETRICH. Industrial resource use and transnational conflict: geographical implications of the James Bay Hydropow er Se hemes［M］. England. A vebury Press, 1995, 107-127.

［8］SONG T. A study on China urban environmental management efficiency-An empirical analysis based on four-stage DEA and bootstrap-DEA model［J］. Contemporary Asian Economy Research, 2012, 7: 35.

［9］SONG T. Evaluation and Regional Comparison Research of Green Development Level in Thailand［J］. Contemporary Asian Economy Research, 2014, 15（3）: 22-42.

［10］Tao Song. Research on Developmental Level, Spatial Difference and Influencing Factor of Chinese Green Urbanization［J］. Contemporary Asian Economy Research, 2014, 15（1）: 56-72.

［11］Williamson, Jeffrey G. Migration and urbanization. Handbook of Development Economics, in Hollis Chenery［J］.T. N. Srinivasan, 1988, 11（1）.

［12］关成华, 韩晶. 城市绿色竞争力提升战略探析［J］. 中国国情国力, 2019（6）: 45-48.

［13］关成华. 中国城市化进程新特征［J］. 人民论坛, 2023（2）: 62-65.

［14］关成华. 衡量绿色发展: 突出生物多样性价值［J］. 人民论坛, 2022（9）: 72-75.

［15］陈超凡, 王泽, 关成华. 国家创新型城市试点政策的绿色创新效应研究: 来自281个地级市的准实验证据［J］. 北京师范大学学报（社会科学版）, 2022（1）: 139-152.

［16］关成华, 李晴川. 环境规制对技术创新效率的影响分析——基于创新链视角的两阶段实证检验

[J].中国环境管理,2020,12(2):105-112.

[17] 王公博,关成华.中国城市创新水平测度方法及空间格局研究[J].经济体制改革,2019(6):46-52.18

[18] 关成华,刘华辰.关于完善"一带一路"绿色投融资机制的思考[J].学习与探索,2018(2):124-128.

[19] 关成华,张伟.数字金融对行业资源配置效率的实证研究——基于一级行业周收益率数据[J].技术经济,2022,41(7):146-158.

[20] 关成华,左玲.中国居民无酬家务劳动经济价值的估算[J].统计与决策,2022,38(4):64-68.

[21] 关成华.电子治理:让城市更有"韧性"[J].人民论坛,2020(17):54-57.

[22] 关成华.经济高质量发展亟待补齐四个短板[J].人民论坛,2019(22):79.

[23] 关成华,邱英杰,袁祥飞.财政政策工具与中国科技企业孵化器效率[J].财政研究,2018(12):48-61.

[24] 关成华,袁祥飞,于晓龙.创新驱动、知识产权保护与区域经济发展——基于2007—2015年省级数据的门限面板回归[J].宏观经济研究,2018(10):86-92.

[25] 关成华,张佑辉,方航.哪些人更有可能成为志愿者?——基于时间分配视角的实证分析[J].北京师范大学学报(社会科学版),2018(2):127-137.

[26] 刘杨,刘华辰,赵峥.京沪地区考虑环境因素调整的全要素生产率分析[J].中国科技论坛,2018(10):154-162.

[27] 赵峥,刘杨.环渤海湾区经济发展的战略价值与主要路径[J].中国国情国力,2018(6):35-38.

[28] 赵峥.城市创新发展的导向与路径[J].中国国情国力,2017(4):51-54.

[29] 赵峥,刘杨.丝绸之路经济带城市绿色经济增长效率及影响因素[J].宏观质量研究,2016,4(4):29-37.

[30] 刘涛,赵峥.城市绿色转型与服务业发展关系的思考[J].学习与探索,2016(4):93-96.

[31] 赵峥.城市绿色发展:内涵检视及战略选择[J].中国发展观察,2016(3):36-40.

[32] 赵峥,刘芸,李成龙.北京建设全国科技创新中心的战略思路与评价体系[J].中国发展观察,2015(6):77-81.

[33] 荣婷婷,赵峥.区域创新效率与金融支持的实证研究[J].统计与决策,2015(7):159-162.

[34] 赵峥,刘涛.着力推进中国城镇化转型[J].中国发展观察,2014(2):40-46.

[35] 赵峥.我国城市绿色发展的战略路径[J].中国国情国力,2014(9):15-17.

[36] 赵峥.基于绿色发展的中国城市公共支出效率研究——基于四阶段DEA和Bootstrap-DEA模型的实证分析[J].云南财经大学学报,2013,29(5):31-40.

[37] 李晓西.2010中国绿色发展指数年度报告:省际比较[M].北京:北京师范大学出版社,2010,10:315-320.

[38] 刘世锦.传统与现代之间:增长模式转型与新型工业化道路的选择[M].北京:中国人民大学出版社,2006:216.

[39] 吴敬琏.中国应当走一条什么样的工业化道路?[J].管理世界,2006,(8):1-7.

[40] 李晓西,刘一萌,宋涛.人类绿色发展指数的测算[J].中国社会科学,2014(6).

[41] 李晓西,姜欣,宋涛.可持续发展——资源和环境新挑战[A]//卫光华.社会主义经济理论研究集萃（2010）——加快转变经济发展方式.北京:经济科学出版社,2010.

[42] 李晓西,潘建成.中国绿色发展指数研究[A]//郑新立.中国经济分析与展望（2010—2011）.北京:社会科学文献出版社,2011.

[43] 李晓西.全国高校社会主义经济理论与实践研讨会第25次年会闭幕词[A]//社会主义经济理论研究集萃——从经济大国走向经济强国的战略思维（2011）.北京:经济科学出版社,2011.

[44] 李晓西.用绿色发展指数否定"黑色发展"[N].第一财经日报,2011-12-08（A07）.

[45] 李晓西,潘建成.中国绿色发展指数的编制——《2010中国绿色发展指数年度报告——省际比较》内容简述[J].经济研究参考,2011（2）:36-64.

[46] 张琦.资源约束下我国循环经济发展战略探讨[A]//资源·环境·循环经济——中国地质矿产经济学会2005年学术年会论文集.2005.

[47] 宋涛,李哲,郭迷.北京发展绿色建筑须有"四个一"思路[J].中国勘察设计,2015（4）:80-82.

[48] 宋涛.京津冀环保一体化需运用市场机制推进[N].中国环境报,2014.

[49] 韩晶,宋涛,陈超凡,等.基于绿色增长的中国区域创新效率研究[J].经济社会体制比较,2013（3）:100-110.

[50] 赵峥,宋涛.中国区域环境治理效率及影响因素[J].南京社会科学,2013（3）:18-25.

[51] 赵峥,宋涛.绿色发展视角下城市居民幸福感及其影响因素——对长三角城市居民的实证分析[J].现代经济探讨,2013（2）:42-46.

[52] 赵峥,宋涛.中国构建世界休闲城市战略环境与路径选择研究[J].旅游科学研究.2012.

[53] 宋涛.绿色发展视角下的中国公共支出效率研究:基于四阶段DEA和bootstrap-DEA模型的实证分析[C].全国政治经济学博士生学术论坛论文集.2012.

[54] 张江雪,宋涛,王溪薇.国外绿色指数相关研究述评[J].经济学动态,2010（9）.

[55] 魏后凯,张燕.全面推进中国城镇化绿色转型的思路与举措[J].经济纵横,2011（9）:15-19.

[56] 赵峥.中国城市化与金融支持[M].北京:商务印书馆,2011,11:279.

[57] HAO C, WANG E, SONG T. Research on Embodied Carbon Transfer Measurement and Carbon Compensation among Regions in China [J]. International Journal of Environmental Research and Public Health, 2023, 20: 2761.

[58] Nuo Wang, Yuxiang Zhao, Tao Song. Accounting for China's Net Carbon Emissions and Research on the Realization Path of Carbon Neutralization Based on Ecosystem Carbon Sinks [J]. Sustainability 2022, 14（22）.

[59] N Wang, T Zhang, E Wang, et al. Dynamic Correlation between Industry Greenization Development and Ecological Balance in China [J]. Sustainability, 2020, 12（20）: 1-16.

[60] SONG T, WANG E, LU X. Research on the Calculation and Influencing Factors of the Green Development of Regional Industry in China [J]. Regional Economic Development Research, 2020.

［61］宋涛，荣婷婷．人力资本的集聚和溢出效应对绿色生产的影响分析［J］．江淮论坛，2016（3）：46-53．

［62］宋涛．"两山论"践行效果指标体系构建及省际测评［N］．中国环境报，2020-08-18．

［63］宋涛．运用绿色科技引领智慧城市建设［N］．中国环境报，2016-03-28．

［64］宋涛．智慧城市需与五大发展理念有机融合［N］．中国环境报，2016．

［65］王诺，宋涛，臧春鑫．基于"两山论"的中国经济社会可持续发展评价2019—2020［M］．北京：经济日报出版社，2021．

［66］颜振军，宋涛．2015—2016城市绿色发展科技战略研究报告［M］．北京：北京师范大学出版社，2016．

［67］宋涛．中国可持续发展的双轮驱动模式：绿色工业化与绿色城镇化［M］．北京：经济日报出版社，2015．

［68］宋涛，郭迷．城市可持续发展与中国绿色城镇化发展战略［M］．北京：经济日报出版社，2015．

［69］Tao Song. Empirical Analysis on Measurement of China Green Industrialization Level and Influence Factors［J］．Contemporary Asian Economy Research. 2015, 6（1）．

［70］OECD, Towards Green Growth: Monitoring Progress—OECD Indicators, Paris: OECD, 2011: 17-37.

［71］SCHWAB K. The global competitiveness report 2018［C］．World Economic Forum, 2018.

［72］陈运平，宋向华，黄小勇，等．我国省域绿色竞争力评价指标体系的研究［J］．江西师范大学学报（哲学社会科学版），2016，49（3）：57-65．

［73］李健，李彦霞，张杰．三大城市群绿色竞争力指数测度及演化分析［J］．统计与决策，2022，38（20）：93-97．

［74］张峰，宋晓娜，董会忠．粤港澳大湾区制造业绿色竞争力指数测度与时空格局演化特征分析［J］．中国软科学，2019，346（10）：70-89．

［75］李妍，朱建民．生态城市规划下绿色发展竞争力评价指标体系构建与实证研究［J］．中央财经大学学报，2017（12）：130-138．

［76］黄晓芬．基于资源生产率的城市绿色竞争力研究［D］．上海：同济大学，2006．

［77］康艳青，李春荷，朱永明．黄河流域城市群高质量发展评估与空间分异研究［J］．生态经济，2023，39（2）：86-91．

［78］崔丹，李国平．中国三大城市群技术创新效率格局及类型研究［J］．中国科学院院刊，2022，37（12）：1783-1795．

［79］万广华．不平等的度量与分解［J］．经济学（季刊），2008（4）：347-368．

［80］杨骞，刘华军．中国二氧化碳排放的区域差异分解及影响因素——基于1995—2009年省际面板数据的研究［J］．数量经济技术经济研究，2012，29（5）：36-49，148．

［81］高鸣，宋洪远．粮食生产技术效率的空间收敛及功能区差异——兼论技术扩散的空间涟漪效应［J］．管理世界，2014，250（7）：83-92．

［82］刘传明，王卉彤，魏晓敏．中国八大城市群互联网金融发展的区域差异分解及收敛性研究［J］．数量经济技术经济研究，2017，34（8）：3-20．

［83］李永乐，舒帮荣，吴群．中国城市土地利用效率：时空特征、地区差距与影响因素［J］．经济地

理，2014，34（1）：133-139.

[84] 潘家华，张丽峰.我国碳生产率区域差异性研究［J］.中国工业经济，2011，278（5）：47-57.

[85] 张彦琦，唐贵立，王文昌，等.基尼系数和泰尔指数在卫生资源配置公平性研究中的应用［J］.中国卫生统计，2008，25（3）：243-246.

[86] 赵伟，马瑞永.中国区域金融增长的差异——基于泰尔指数的测度［J］.经济地理，2006，26（1）：11-15.

[87] 陈明华，郝国彩.中国人口老龄化地区差异分解及影响因素研究［J］.中国人口·资源与环境，2014，24（4）：136-141.

[88] TIEBOUT C M. A Pure Theory of Local Expenditures［J］. Journal of Political Economy, University of Chicago Press, 1956, 64（5）: 416-424.

[89] ZHENG S, KAHN M E, SUN W, et al. Incentives for China's urban mayors to mitigate pollution externalities: The role of the central government and public environmentalism［J］. Regional Science and Urban Economics, 2014, 47: 61-71.

[90] 张国兴，雷慧敏，马嘉慧，等.公众参与对污染物排放的影响效应［J］.中国人口·资源与环境，2021，31（6）：29-38.

[91] 张志彬.公众参与、监管信息公开与城市环境治理——基于35个重点城市的面板数据分析［J］.财经理论与实践，2021，42（1）：109-116.

[92] ECKERBERG K, JOAS M. Multi-level Environmental Governance: a concept under stress?［J］. Local Environment, Routledge, 2004, 9（5）: 405-412.

[93] 郑思齐，万广华，孙伟增，等.公众诉求与城市环境治理［J］.管理世界，2013（6）：72-84.

[94] 游达明，杨金辉.公众参与下政府环境规制与企业生态技术创新行为的演化博弈分析［J］.科技管理研究，2017，37（12）：1-8.

[95] 秦炳涛，郭援国，葛力铭.公众参与如何影响企业绿色技术创新——基于中介效应和空间效应的分析［J］.技术经济，2022，41（2）：50-61.

[96] 李光亮，谭春兰，石珊珊.公众参与的减污降碳效应及其作用机制研究［J］.调研世界，2023（1）：22-32.

[97] 寇坡，韩颖，王佛尘.公众参与、政企合谋与环境污染——互联网的调节作用［J］.东北大学学报（社会科学版），2023，25（1）：47-54.

[98] Verónica T F, Fernando A F, Blanca Pérez-Gladish, et al. Developing a green city assessment system using cognitive maps and the Choquet Integral［J］. Journal of Cleaner Production, 2019, 218: 486-497.

[99] 严宇珺，严运楼.江浙沪地区城市绿色发展竞争力评价指标体系设计与实证研究［J］.生态经济，2021，37（8）：49-54.

[100] 李健，李彦霞，张杰.三大城市群绿色竞争力指数测度及演化分析［J］.统计与决策，2022，38（20）：93-97.

[101] 李兰冰，李焕杰.技术创新、节能减排与城市绿色发展［J］.软科学，2021，35（11）：46-51.

[102] 何爱平，安梦天.地方政府竞争、环境规制与绿色发展效率［J］.中国人口·资源与环境，

2019,29(3):21-30.

[103] 靖学青.产业结构高级化与经济增长——对长三角地区的实证分析[J].南通大学学报(社会科学版),2005,21(3):45-49.

[104] 许和连,邓玉萍.外商直接投资导致了中国的环境污染吗?——基于中国省际面板数据的空间计量研究[J].管理世界,2012(2):30-43.

[105] 李江龙,徐斌."诅咒"还是"福音":资源丰裕程度如何影响中国绿色经济增长?[J].经济研究,2018,53(9):151-167.

[106] 陈强.高级计量经济学及Stata应用[M].北京:高等教育出版社,2010:211-217.

[107] 倪鹏飞.中国城市竞争力与基础设施关系的实证研究[J].中国工业经济,2002(5):62-69.

[108] 李妍,朱建民.生态城市规划下绿色发展竞争力评价指标体系构建与实证研究[J].中央财经大学学报,2017,364(12):130-138.

[109] 周亮,车磊,周成虎.中国城市绿色发展效率时空演变特征及影响因素[J].地理学报,2019,74(10):2027-2044.

[110] 李健,李彦霞,张杰.三大城市群绿色竞争力指数测度及演化分析[J].统计与决策,2022,38(20):93-97.

[111] 王少剑,黄永源.中国城市碳排放强度的空间溢出效应及驱动因素[J].地理学报,2019,74(6):1131-1148.

[112] 江三良,贾芳芳.数字经济何以促进碳减排——基于城市碳排放强度和碳排放效率的考察[J].调研世界,2023(1):14-21.

[113] 禹湘,陈楠,李曼琪.中国低碳试点城市的碳排放特征与碳减排路径研究[J].中国人口·资源与环境,2020,30(7):1-9.

[114] CHEN, J, GAO, M, CHENG, S, et al. County-level CO_2 emissions and sequestration in China during 1997-2017[J]. Scientific Data, 2020, 7: 391.

[115] 逯进,王晓飞,刘璐.低碳城市政策的产业结构升级效应——基于低碳城市试点的准自然实验[J].西安交通大学学报(社会科学版),2020,40(2):104-115.

[116] 徐敏,姜勇.中国产业结构升级能缩小城乡消费差距吗?[J].数量经济技术经济研究,2015,32(3):3-21.

[117] 陈硕,高琳.央地关系:财政分权度量及作用机制再评估[J].管理世界,2012(6):43-59.

[118] 岳书敬,邹玉琳,胡姚雨.产业集聚对中国城市绿色发展效率的影响[J].城市问题,2015(10):49-54.

[119] 武红.中国省域碳减排:时空格局、演变机理及政策建议——基于空间计量经济学的理论与方法[J].管理世界,2015(11):3-1.

[120] FANG G H, GAO Z Y, WANG L, et al. How does green innovation drive urban carbon emission efficiency?: Evidence from the Yangtze River Economic Belt[J]. Journal of Cleaner Production, 2022, 375(15): 1-15.

[121] LAN T, SHAO G F, XU Z B. Considerable role of urban functional form in low-carbon city development[J]. Journal of Cleaner Production, 2023.

［122］HU R，Xu WQ，LIU L F，et al.The impact of urban agglomerations on carbon emissions in China：Spatial scope and mechanism ［J］. Journal of Cleaner Production，2023.

［123］CHENG X，LONG R，CHEN H .Obstacle diagnosis of green competition promotion：a case study of provinces in China based on catastrophe progression and fuzzy rough set methods ［J］. Environmental Science and Pollution Research，2018，25（5）：4344–4360.

附录　中国城市绿色竞争力指数测算指标解释及数据来源

1. 人均地区生产总值

国内生产总值（GDP）是指按市场价格计算的一个国家（或地区）所有常住单位在一定时期内生产活动的最终成果。对于一个地区来说，称为地区生产总值或地区 GDP。

人均地区生产总值的计算公式为：

$$人均地区生产总值 = \frac{地区生产总值}{(上年年末总人口数 + 当年年末总人口数)/2}$$

资料来源：国家统计局城市社会经济调查司. 中国城市统计年鉴（2022）[M]. 北京：中国统计出版社，2023.

2. 地区财政收入

地区财政收入是指地方财政年度收入，包括地方本级收入、中央税收返还和转移支付，由省（自治区、直辖市）、县或市（自治州、自治县）的财政收入组成。

资料来源：国家统计局. 中国城市统计年鉴（2022）[M]. 北京：中国统计出版社，2023.

3. 第一产业劳动生产率

第一产业劳动生产率是指一定时期内第一产业增加值与第一产业年平均就业人员数的比值。

第一产业劳动生产率计算公式为：

$$第一产业劳动生产率 = \frac{第一产业增加值}{(上年年末第一产业就业人员数 + 当年年末第一产业就业人员数)/2}$$

资料来源：国泰安数据库。

4. 第二产业劳动生产率

第二产业劳动生产率是指一定时期内第二产业增加值与第二产业年平均就业人员数

的比值。

第二产业劳动生产率计算公式为：

$$第二产业劳动生产率 = \frac{第二产业增加值}{（上年年末第二产业就业人员数 + 当年年末第二产业就业人员数）/2}$$

资料来源：国泰安数据库。

5. 第三产业劳动生产率

第三产业劳动生产率是指一定时期内某地区第三产业增加值与第三产业年平均就业人员数的比值。

第三产业劳动生产率计算公式为：

$$第三产业劳动生产率 = \frac{第三产业增加值}{（上年年末第三产业就业人员数 + 当年年末第三产业就业人员数）/2}$$

资料来源：国泰安数据库。

6. 第三产业增加值比重

第三产业增加值比重是指报告期内某地区第三产业增加值占地区生产总值的比重。

资料来源：国家统计局.中国城市统计年鉴（2022）[M].北京：中国统计出版社，2023.

7. 科技投入占公共财政支出比例

科技投入是一种概念，是指支持开展科技活动的投入，也是生产性的投入。

公共财政支出是公共财政分配的第二阶段，它是国家将集中起来的社会产品或国民收入按照一定的方式和渠道有计划地进行分配的过程。

科技投入占公共财政支出比例的计算公式为：

$$科技投入占公共财政支出比例 = \frac{科技投入}{公共财政支出}$$

资料来源：国家统计局.中国城市统计年鉴（2022）[M].北京：中国统计出版社，2023.

8. 万名从业人口中科学技术人员数

从业人口指从事一定的社会劳动并取得劳动报酬或经营收入的全部劳动人口，它包括职工、城镇的私营企业从业人员和个体劳动者、农村社会劳动以及其他社会劳动者。

科学技术人员是指掌握某种专门科学技术知识、技能的人，包括各种专门的科学技术人才。

万名从业人口中科学技术人员数的计算公式为：

$$万名从业人口中科学技术人员数 = \frac{科学技术人员}{从业人口数（单位：万）}$$

资料来源：国家统计局.中国城市统计年鉴（2022）[M].北京：中国统计出版社，2023.

9. 教育投入占公共财政支出比例

教育投入占公共财政支出比例指对于教育支出总额在公共财政总支出中占据的份额。

教育投入占公共财政支出比例的计算公式为：

$$教育投入占公共财政支出比例 = \frac{教育投入}{公共财政支出}$$

资料来源：国家统计局.中国城市统计年鉴（2022）[M].北京：中国统计出版社，2023.

10. 每万人在校大学生人数

每万人在校大学生人数计算公式为：

$$每万人在校大学生人数 = \frac{全市大学生数}{人口总数（单位：万）}$$

资料来源：国家统计局.中国城市统计年鉴（2022）[M].北京：中国统计出版社，2023.

11. 人均耕地面积

人均耕地面积是指一定时期内一个地区个人平均拥有的耕地面积。其中，耕地面积为该地区总耕地面积，人口数量为地区总人口。

资料来源：国家统计局.中国城市统计年鉴（2022）[M].北京：中国统计出版社，2023.

12. 人均当地水资源量

人均当地水资源量是指一定时期内一个地区个人平均拥有的水资源总量。其中，一定区域内的水资源总量是指当地降水形成的地表和地下产水量，即地表径流量与降水入渗补给量之和，不包括过境水量。

资料来源：国家统计局．中国城市统计年鉴（2022）[M]．北京：中国统计出版社，2023．

13. 人均绿地面积

绿地面积是指报告期末用作绿化的各种绿地面积，包括公园绿地、单位附属绿地、居住区绿地、生产绿地、防护绿地和风景林地的总面积。

人均绿地面积计算公式为：

$$人均绿地面积 = \frac{绿地总面积}{市辖区常住人口}$$

资料来源：国家统计局．中国城市统计年鉴（2022）[M]．北京：中国统计出版社，2023．

14. 森林覆盖率

森林覆盖率指一个国家或地区森林面积占土地面积的百分比。在计算森林覆盖率时，森林面积包括郁闭度 0.20 以上的乔木林地面积和竹林地面积、国家特别规定的灌木林地面积、农田林网以及四旁（村旁、路旁、水旁、宅旁）林木的覆盖面积。森林覆盖率表明一个国家或地区森林资源的丰富程度和生态平衡状况，是反映林业生产发展水平的主要指标。

森林覆盖率的计算公式为：

$$森林覆盖率 = \frac{森林面积}{土地总面积} \times 100\% + \frac{灌木林地面积}{土地总面积} \times 100\% + \frac{林网树占地面积}{土地总面积} \times 100\% + \frac{四旁树占地面积}{土地总面积} \times 100\%$$

资料来源：各个市公报。

15. 单位土地面积二氧化硫排放量

单位土地面积二氧化硫排放量的计算公式为：

$$单位土地面积二氧化硫排放量 = \frac{二氧化硫排放量}{土地调查面积 - 沙漠戈壁总面积}$$

数据来源：国家统计局．中国城市统计年鉴（2022）[M]．北京：中国统计出版社，2023．

国家统计局，生态环境部．中国环境统计年鉴（2022）[M]．北京：中国统计出版社，2023．

各个市公报。

16. 人均二氧化硫排放量

人均二氧化硫排放量的计算公式为：

$$人均二氧化硫排放量 = \frac{二氧化硫排放量}{行政区域土地面积}$$

数据来源：国家统计局.中国城市统计年鉴2022［M］.北京：中国统计出版社，2023.

国家统计局，生态环境部.中国环境统计年鉴（2022）［M］.北京：中国环境科学出版社，2023.

各个市公报。

17. 单位土地面积化学需氧量排放量

单位土地面积化学需氧量排放量的计算公式为：

$$单位土地面积化学需氧量排放量 = \frac{化学需氧量排放量}{行政区域土地面积}$$

数据来源：国家统计局.中国城市统计年鉴2022［M］.北京：中国统计出版社，2023.

国家统计局，生态环境部.中国环境统计年鉴（2022）［M］.北京：中国环境科学出版社，2023.

各个市公报。

18. 人均化学需氧量排放量

人均化学需氧量排放量的计算公式为：

$$人均化学需氧量排放量 = \frac{化学需氧量排放量}{年平均人口}$$

数据来源：国家统计局.中国城市统计年鉴（2022）［M］.北京：中国统计出版社，2023.

国家统计局，生态环境部.中国环境统计年鉴（2022）［M］.北京：中国环境科学出版社，2023.

各个市公报。

19. 单位土地面积氮氧化物排放量

单位土地面积氮氧化物排放量的计算公式为：

$$单位土地面积氮氧化物排放量 = \frac{氮氧化物排放量}{行政区域土地面积}$$

数据来源：国家统计局.中国城市统计年鉴（2022）[M].北京：中国统计出版社，2023.

国家统计局，生态环境部.中国环境统计年鉴（2022）[M].北京：中国环境科学出版社，2023.

各个市公报。

20. 人均氮氧化物排放量

人均氮氧化物排放量的计算公式为：

$$人均氮氧化物排放量 = \frac{氮氧化物排放量}{年平均人口}$$

数据来源：国家统计局.中国城市统计年鉴（2022）[M].北京：中国统计出版社，2023.

国家统计局，生态环境部.中国环境统计年鉴（2022）[M].北京：中国环境科学出版社，2023.

各个市公报。

21. 单位土地面积氨氮排放量

单位土地面积氨氮排放量的计算公式为：

$$单位土地面积氨氮排放量 = \frac{氨氮排放量}{行政区域土地面积}$$

数据来源：国家统计局.中国城市统计年鉴（2022）[M].北京：中国统计出版社，2023.

国家统计局，生态环境部.中国环境统计年鉴（2022）[M].北京：中国环境科学出版社，2023.

各个市公报。

22. 人均氨氮排放量

人均氨氮排放量的计算公式为：

$$人均氨氮排放量 = \frac{氨氮排放量}{年平均人口}$$

数据来源：国家统计局.中国城市统计年鉴（2022）[M].北京：中国统计出版社，2023.

国家统计局，生态环境部.中国环境统计年鉴（2022）[M].北京：中国环境科学出版社，2023.

各个市公报。

23. 单位地区生产总值用水量

单位地区生产总值用水量的计算公式为：

$$单位地区生产总值用水量 = \frac{总用水量}{地区生产总值}$$

数据来源：国家统计局.中国城市统计年鉴（2022）[M].北京：中国统计出版社，2023.

国家统计局，生态环境部.中国环境统计年鉴（2022）[M].北京：中国环境科学出版社，2023.

各个市公报。

24. 工业固体废物综合利用率

工业固体废物综合利用率是指工业固体废物综合利用量占工业固体废物产生量（包括综合利用往年储存量）的百分率。计算公式为：

$$工业固体废物利用率 = \frac{工业固体废物综合利用量}{工业固体废物产生量 + 综合利用往年贮存量} \times 100\%$$

其中，工业固体废物产生量是指报告期内企业在生产过程中产生的固体状、半固体状和高浓度液体状废弃物的总量，包括危险废物、冶炼废渣、粉煤灰、炉渣、煤矸石、尾矿、放射性废物和其他废物等；不包括矿山开采的剥离废石和掘进废石（煤矸石和呈酸性或碱性的废石除外）。酸性或碱性废石指采掘的废石其流经水、雨淋水的pH值小于4或pH值大于10.5者。工业固体废物综合利用量是指报告期内企业通过回收、加工、循环、交换等方式，从固体废物中提取或者使其转化为可以利用的资源、能源和其他原材料的固体废物量（包括当年利用往年的工业固体废物储存量），如用作农业肥料、生产建筑材料、筑路等。综合利用量由原产生固体废物的单位统计。

数据来源：国家统计局.中国城市统计年鉴（2022）[M].北京：中国统计出版社，2023.

25. 单位地区生产总值二氧化硫排放量

二氧化硫排放量分为工业二氧化硫排放量和生活二氧化硫排放量，其中工业二氧化硫排放量是指报告期内企业在燃料燃烧和生产工艺过程中排入大气的二氧化硫总量，计算公式为：

$$工业二氧化硫排放量 = 燃料燃烧过程中二氧化硫排放量 + 生产工艺过程中二氧化硫排放量$$

生活及其他二氧化硫排放量以生活及其他煤炭消费量和其含硫量为基础，根据以下公式计算：

$$生活及其他排放量 = 生活及其他煤炭排放量 \times 含硫量 \times 0.8 \times 2$$

单位地区生产总值二氧化硫排放量是指一定时期内某地区二氧化硫排放量与地区生产总值的比值。计算公式为：

$$单位地区生产总值二氧化硫排放量 = \frac{二氧化硫排放量}{地区生产总值}$$

数据来源：国家统计局.中国城市统计年鉴2022［M］.北京：中国统计出版社，2023.

国家统计局，生态环境部.中国环境统计年鉴（2022）[M].北京：中国环境科学出版社，2023.

各个市公报。

26. 单位地区生产总值化学需氧量排放量

化学需氧量（COD）是指用化学氧化剂氧化水中有机污染物时所需的氧量。COD值越高，表示水中有机污染物污染越重。化学需氧量排放量主要来自工业废水和生活污水。其中，生活污水中COD排放量是指城镇居民每年排放的生活污水中的COD的量，用人均系数法测算。其测算公式为：

$$城镇生活污水中 COD 排放量 = 城镇生活污水中 COD 产生系数 \times 市镇非农业人口 \times 365$$

单位地区生产总值化学需氧量排放量是指一定时期内该地区化学需氧量排放量与地区生产总值的比值。

$$单位地区生产总值化学需氧量排放量 = \frac{化学需氧量排放量}{地区生产总值}$$

数据来源：国家统计局.中国城市统计年鉴（2022）[M].北京：中国统计出版社，2023.

国家统计局，生态环境部.中国环境统计年鉴（2022）[M].北京：中国环境科学出版社，2023.

各个市公报。

27. 单位地区生产总值氮氧化物排放量

氮氧化物排放量是指报告期内排入大气的氮氧化物量。

单位地区生产总值氮氧化物排放量是指一定时期内该地区氮氧化物排放量与地区生产总值的比值。计算公式为：

$$单位地区生产总值氮氧化物排放量 = \frac{氮氧化物排放量}{地区生产总值}$$

数据来源：国家统计局.中国城市统计年鉴（2022）[M].北京：中国统计出版社，2023.

国家统计局，生态环境部.中国环境统计年鉴（2022）[M].北京：中国环境科学出版社，2023.

各个市公报。

28. 单位地区生产总值氨氮排放量

氨氮排放量是指报告期内企业排出的工业废水和城镇生活污水中所含氨氮的纯重量。

单位地区生产总值氨氮排放量是指一定时期内该地区氨氮排放量与地区生产总值的比值。计算公式为：

$$单位地区生产总值氨氮排放量 = \frac{氨氮排放量}{地区生产总值}$$

数据来源：国家统计局.中国城市统计年鉴（2022）[M].北京：中国统计出版社，2023.

国家统计局，生态环境部.中国环境统计年鉴（2022）[M].北京：中国环境科学出版社，2023.

各个市公报。

29. 节能保护支出占财政支出比重

节能保护支出占财政支出比重的计算公式为：

$$节能保护支出占财政支出比重 = \frac{节能保护支出}{公共财政支出} \times 100\%$$

数据来源：国家统计局。

30. 城市市容环境卫生投资占市政公用设施建设固定资产投资比重

城市市容环境卫生投资指为加强城市市容和环境卫生管理，创造清洁、优美的城市工作、生活环境而增加的投资。

数据来源：国家统计局。

31. 每万人拥有公共汽车数量

每万人拥有公共汽车数量的计算公式为：

$$每万人拥有公共汽车数量 = \frac{公共汽车总量}{地区人口以万计数}$$

数据来源：国家统计局. 中国城市统计年鉴（2022）[M]. 北京：中国统计出版社，2023.

32. 城市污水处理率

城市污水处理率是指报告期内城镇生活污水处理量占城镇生活污水产生量的百分率，计算公式为：

$$城镇生活污水处理率 = \frac{城镇生活污水处理量}{城镇生活污水产生量} \times 100\%$$

数据来源：国家统计局. 中国城市统计年鉴（2022）[M]. 北京：中国统计出版社，2023.

33. 生活垃圾无害化处理率

生活垃圾无害化处理率是指报告期生活垃圾无害化处理量与生活垃圾产生量的比率。在统计上，由于生活垃圾产生量不易取得，可用清运量代替。其计算公式为：

$$生活垃圾无害化处理率 = \frac{生活垃圾无害化处理量}{生活垃圾产生量} \times 100\%$$

数据来源：国家统计局. 中国城市统计年鉴（2022）[M]. 北京：中国统计出版社，2023.

34. 城镇居民人均可支配收入

城镇居民人均可支配收入是指反映居民全部现金收入能用于安排家庭日常生活的那部分收入。它是家庭总收入扣除交纳的所得税、个人交纳的社会保障费以及调查户的记账补贴后的收入。

数据来源：国家统计局. 中国城市统计年鉴（2022）[M]. 北京：中国统计出版社，

2023.

中国省市经济发展年鉴编委会.中国省市经济发展年鉴（2021）[M].北京：中国财政经济出版社，2022.

35. 商品房销售均价

商品房销售均价计算公式为：

$$商品房均价 = \frac{商品房销售额}{商品房销售面积}$$

数据来源：中国省市经济发展年鉴编委会.中国省市经济发展年鉴（2021）[M].北京：中国财政经济出版社，2022.

各市公报；各市年鉴。

36. 建成区绿化覆盖率

建成区绿化覆盖率指报告期末建成区内绿化覆盖面积与区域面积的比率。计算公式为：

$$建成区绿化覆盖率 = \frac{建成区绿化覆盖面积}{建成区面积} \times 100\%$$

数据来源：国家统计局.中国城市统计年鉴（2022）[M].北京：中国统计出版社，2023.

37. 空气质量达到二级以上天数

城市空气质量等级是据城市空气环境质量标准和各项污染物的生态环境效应及其对人体健康的影响所确定的污染指数分级以及相应的污染物浓度限值。

数据来源：生态环境部网站；各市公报。

上述指标中，个别城市存在数据缺失，本报告采取省级数据替代市级数据，若省级数据缺失则采用地理位置相邻或者经济水平相近的省（区、市）的数据替代。